KB261908

블루스타킹

블루스타킹

글쓴이 | 유혜선 · 정기은
펴낸이 | 김성실
편집주간 | 김이수
편집기획 | 한승오 · 김인현 · 박남주
마케팅 | 이동준 · 김창규 · 강지연
편집디자인 | (주)하람 커뮤니케이션(02-322-5405)
표지 인쇄 | 중앙 P&L(주)
본문 인쇄 · 제본 | 한영문화사
펴낸곳 | 시대의창
출판등록 | 제10-1756호(1999. 5. 11)

초판 1쇄 인쇄 | 2006년 9월 27일
초판 1쇄 발행 | 2006년 10월 11일

주소 | 121-816 서울시 마포구 동교동 113-81 4층
전화 | 편집부 (02) 335-6125 · 영업부 (02) 335-6121
팩스 | (02) 325-5607
홈페이지 | www.sidaew.co.kr

ISBN 89-5940-052-1 03320
    978-89-5940-052-2
값 13,500 원

• 잘못된 책은 바꾸어 드립니다.

블루스타킹

유혜선 · 정기은 지음

시대의창

화려한 오케스트라를 꿈꾸며

여성 리더십이라는 주제로 강의를 갔다. 항상 그렇듯이 강의를 하기 시작하기 전의 열띤 분위기와 순간적으로 나에게 집중해오는 그런 긴장감이 나의 아드레날린을 솟아나게 한다. 그리고 그런 분위기를 좋아한다. 그런데 이번 분위기는 심상치 않다. 왜 우리 여직원들만 이렇게 특별히 교육하느냐는 것이다. 여성들의 시대가 왔잖아. 여러분의 세상이 왔으니까 이제는 한번 잘해봐야 하지 않겠어? 하고 내심 이야기하고 싶어진다.

여성들의 시대가 왔으니까 어떻게 하라는 것인가? 이때까지 해오던 방식대로 하라는 건지 아니면 지금처럼 꾹꾹 참지만 말고 목소리 높여 자신들의 권리와 주장을 마음껏 외치고 주장하라는 것인지, 여성 리더십이 도대체 뭐냐는 것이다. 이렇게 여자들만 모아서 교육하는 자체가 바로 차별이라는 것이다.

여성 리더십!

강의 주제로 근사한 말들만 생각했지 그들의 요구와 그들의 입장은 깊이 생각하지 못하였다. 이런 말 자체가 너무 우습다는 생각이 들었다. 아무리 외쳐도 약한 자들의 합창에 지나지 않는다는 것이다. 여성과 남성의 문제가 아니라 전체적인 리더십의 문제였던 것이다. 그동안 묻혀 있었던 여성들의 능력과 요구가 하나의 목소리가 되어 세상에 나오고 있지만, 머지않아 여성 리더십이라는 단어 자체가 없어져야 할 것 같았다. 여성 리더십은 철저하게 여성 자신들의 의식과 능력에 의한 셀프리더십 차원에서 요구되고 학습되어야 할 문제인 것이다.

2006년 토론토 세계미래학회의에서 카렌 멀로니 소장은 대부분의 미래 산업이 서비스 산업 중심으로 재편될 것이라고 한다. 코펜하겐 미래학연구소장 롤프옌센은 그의 저서 『드림 소사이어티』에서 정보화시대가 끝나면 다음 사회는 소비자에게 꿈과 감성을 제공하는 드림 소사이어티가 도래할 것이라고 하였다. 이러한 미래사회에서는 서비스 산업과 감성 서비스에 더 유리한 우먼파워가 일반적인 사회 현상이 될 것이라고 예측하였다.

대부분의 작업들이 정보화와 디지털화로 대체되고 제조업의 기반들이 동남아나 아프리카 등 제3세계로 옮겨지고 있다. 2010년쯤이 되면 대부분의 선진국에서 감성과 감동, 인간적 터치와 센스를 갖춘 여성인력들이 두각을 나타내게 될 것이다.

소비자 파워에서도 모든 소비의 주체가 되는 여성이 시장과 경제를 주도하게 된다. 자동차, 교육, 환경, 금융에 이르기까지 대부분의 소비시장과 경제에서 우먼파워가 확산되고, 그녀들의 요구에 귀 기울이는 여성친화적인 상품들이 주종을 이루게 될 것이다. 따라서 남성 중심이었던 기존의 법과 제도와 정책은 여성의 요소가 가미되는 시스템으로 변해갈 수밖에 없다.

여성 리더십은 특히 개인주의에 의한 다문화 · 개성화 · 다양화가 특징을 이루는 미래사회에서 더 빛을 발하게 될 것이다. 사람들에게 긍정적인 사고를 심어주고 용기와 위로, 따뜻한 감성으로 삶에 동기를 부여하는 등 서로를 조화롭게 감싸는 능력이 탁월한 여성의 감성적인 리더십이 절대적이기 때문이다.

앞으로 21세기는 여성의 시대다. 하지만 그런 시대적 요구에 부응하여 여성들의 역할이 증대되는 것만큼 내실있게 준비되어 있는 여성 인재는 그렇게 많지 않다. 여성의 시대가 왔다고 모든 여성이 골고루 혜택을 받는 것은 아니다. 혜택은 주어진 기회를 미리 읽고 철저하게 준비한 사람에게만 오는 달콤한 열매다. 이러한 시대에 지나간 시절의 고루한 사례들을 열거하면서 비슷한 행동강령들을 만들어내는 것은 진부하고 어색한 시대의 산물이 되어 버렸다.

10년의 법칙이라는 것이 있다. 어떤 한 분야에서 10년 이상 몸담았다면 그 분야의 전문가가 되어야 한다는 말이다. 한 조직에서 20년 이상 생활을 하면서 우리 사회의 여성문제에 관하여 나름대로 경험하고 깨달았다고 생각한다. 눈에는 보이는데, 다가갈 수 없는 환한 유리천장들. 암묵과 타협으로 우리의 삶을 괴롭혔던 부정과 편견의 가시들. 그런 것들이 무엇이냐는 질문에 답을 할 순 있지만, 그것에 대한 대안이나 해결책을 묻는다면 나는 아무것도 대답할 수 없을 것 같다. 왜냐하면 그런 바람직한 상황을 본적도 없고 또 누군가에게서 배운 적도 없기 때문이다. 그래서 수없이 많은 책들 속에서 그 해결점을 찾으려고 했다. 그리고 개선되고 치유되어야 하는 사실만을 뼛속깊이 인지하고 있을 뿐이다. 그러한 상태를 이제는 우리 후배들의 세상에서 기대해 볼 수밖에 없다는 생각이 든다. 그래서 나는 여자대학교에서 학생들을 만나면서 열심히 강의한다. 그러한 사슬에 얽매이지 않고 더 넓은 세상 밖으로 툭툭 치고 나갈 수 있도록.

지나친 여성성을 지닌 순종적이고 의존적인 사람은 좀 곤란하다. 그렇다고 남성적인 권위와 파쇼적인 리더십을 가진 사람도 좀 아닌 것 같다. 뭔가 카리스마가 있으면서도 따뜻함을 잃지 않고 너무 감성적이지 않으면서 이성적인 판단력과 냉철함을 잃지 않은 쿨하고 단정한 리더십을 가진 여성이어야 한다는 생각이 든다.

우리는 이때까지 여성 인재 최상의 격을 핑크칼라라고 하였다. 핑크칼라는 고급 정보화시대를 살아가는 신데렐라였다. 고고하고 지성적이며 자신의 삶에 대한 높은 자부심을 가지고 있었다. 다른 여성집단에 비해 차별화되고 존중받으려는 계급의식이 강한 소수의 리더였다. 그러나 핑크칼라에서 기대했던 감성적이고 따뜻한 카리스마는 정보의 평준화, 디지털의 보편화에 의해서 구심점을 잃어버렸다.

좀 더 창의적이고 다양한 솔루션을 제시해 줄 수 있는 부드러운 감성의 현장형 여성 리더들이 필요로 하게 되었다. 오랜 역사적 바탕 위에서 훈련되고 길들여진 여성 리더들은 고고했으나 계급의식이 강한 그동안의 핑크칼라와는 다른, 새로운 여성 리더들이었다. 그들은 감춰져 있던 끼와 순발력, 예술적 기질과 감각으로 뭉친 블루스타킹이었던 것이다.

블루스타킹은 자신의 전문성과 지적 경쟁력을 자신의 안위에만 사용하지 않았다. 그것을 사회적이고 근원적인 문제들 앞에 당당히 펼쳐 놓는 법을 알고 있었다. 사회적으로 폭넓게 리더십을 발휘하는 방법을 그들은 이미 알고 있었다. 그래서 블루스타킹은 파격이며 일탈이다. 창의적인 21세기 신여성의 새로운 모델인 것이다.

책은 총 5개의 PART로 나뉘어졌다.

PART 1에서는 블루스타킹의 등장 배경과 앞으로 요구되는 역할에 대해서 나름대로 정리했다. 하지만 그런 세상이 왔다고 해서 모두 다 그 역할에 충실하면서 잘할 수 있는 것만은 아니다. 그동안 순종적이고 의타적으로 살아온 습성 속에서 나타나는 강한 여성들의 착각과 딜레마가 더 큰 저해 요인이 되고 있음을 우리는 냉철하게 인지할 수 있어야 한다. 그래서 PART 2에서는 오늘날 조직과 사회에서 쉽게 볼 수 있는 강한 여성의 착각과 딜레마에 대해서 냉철하게 끄집어내어 보았다.

PART 3에서는 오늘날 요구되는 블루스타킹의 성공 요인들을 12가지의 관점에서 정리했다. 처세술이라기보다는 이 시대를 성공적으로 살아가는 여성들이 너무 쉽게 놓치고 양보하기 쉬운 것들과 경쟁력을 가진 여성으로서 갖추어야 할 내용들이다. 그리고 PART 4에서는 팀 코칭 속의 블루스타킹을 소개하고 있다. 리더십이란 결국 설득과 대화를 통해 힘을 발휘한다는 전재 아래 리더십을 키워가는 방법과 스킬들을 실제 사례 중심으로 정리했다. 2인 대화 또는 3인 대화를 통해 대화를 풀어가는 과정들이 소개되어 있다.

마지막으로 PART 5에서는 이러한 시대적 요구에 맞는 여성 인재들이 학교 교육에서부터 길러지고 학습되어야 한다는 사례를 소개하고 있다. 그 대표적인 사례가 숙명여자대학교의 여성 리더십 교육 시스템이다. 그 현장에서의 학습 사례가 소개되었다.

등산과 사막여행은 엄청난 차이가 있다. 남성 중심의 조직 시스템 속에서 리더십이란 잘 닦여진 등산로를 걷는 것과 같다. 하지만 여성의 시대가 왔다고 주장하더라도 아직까지 여성이 걸어가야 할 길은 사막여행과도 같다. 언제 돌풍이 불어올지 모르고, 길은 흔적도 없이 사라질지도 모를 일이다. 척박한 길을 가야 하고, 희미하고 불안정한 여정을 계속해야 한다. 언제 끝날지도 모를 먼 길을 걸어가야 한다.

새로운 리더십에서 그 해결점을 찾아야 한다. 남녀의 문제가 아니라 각 개인의 능력과 역량의 문제에서 리더십이 연구되어야 한다. 후배 여성학자 최미정 씨는 그것을 균형적 리더십The Balanced Leadership 이라고 하였다. 남녀가 균형을 이루면서 살아가야 하는 리더십의 문제라는 것이다.

새로운 리더십은 잘 정리된 기존의 리더십 유형보다는 자신만의 장점을 무기로 주변 사람들을 감싸 안을 수 있는 독특한 능력이어야 한다. 그것은 자신의 장점을 제대로 발견했을 때라야 가능해진다. DNA인자에 의해서 나타나는 꼭짓점이 이 세상과 맞닿는 점인 것이고 그 점이 바로 그 사람의 독특한 장점이다.

바람직한 리더십은, 왜 나는 이런 면이 부족할까? 왜 나는 그렇게 잘하지 못하는가? 한탄하지 않는다. 내가 가진 장점을 강점으로 만들고, 그것을 통해 내가 갖지 못한 것들을 갖추고 있는 사람들과 서로 공조하고 공생할 줄 아는 것이다.

블루스타킹은 21세기를 리드하는 부드럽고 강한 여성의 창의적 리더십이다. 예상치 못한 걸림돌에서 서로에게 아픔과 상처를 주는 변수를 만나게 될지도 모른다. 하지만 어쨌든 지금의 이 길을 가야 한다. 비록 잘 닦여진 등산로가 아니더라도 사막에는 오아시스가 있다는 사실을 우리 모두는 알고 있다. 다양성을 인정하는 사회. 올록볼록, 울퉁불퉁, 알록달록한 모양과 무늬가 모여서 화려한 세상을 만들어가는 것이 오늘날 블루스타킹 세상에서의 진정한 리더십인 것이다.

화려한 오케스트라를 꿈꾸면서 여름 더위를 이겨냈다. 그리고 8월 한 달간 나는 이 책을 썼다.

작업실에서, 유 혜 선

조화와 상생의 여성 리더십

요즘 갑자기 부각되는 여성의 시대와 여성인재에 대한 관심이 여기 저기에서 쏟아지고 있다. 하지만 특별히 어떤 여성이어야 한다고 말 하기에는 혼란스러울 때가 많다. 오랫동안 교육현장에서 몸담고 학 생들을 가르쳐왔지만, 이러한 상황에 대비해서 유능한 여성인재의 발굴과 육성에 특별히 신경을 쓰지는 못했다. 다만 학생들 모두가 구 별 없이 이 사회에서 자신의 역할을 충실히 잘 해 나갈 수 있는 그런 인재가 되기를 바라며 노력해 왔을 뿐이다.

그런데 얼마 전 유혜선 교수가 자신이 오랫동안 조직에서 경험했 던 사례들을 중심으로 후배여성들을 위한 여성 리더십에 관한 책을 쓴다고 하였다. 유혜선은 20년 전 동아대학교 정치외교학과 재학시 절 「헤겔의 정치사상에 대하여」라는 졸업논문으로 나에게 지도를 받 으면서 무척 인상에 남았던 학생이었다. 헤겔의 정正, 반反, 합合의 이 론을 연구하면서 그때 나름대로 세상을 보는 눈을 키워왔다는 생각 이 든다.

정보화시대를 꽃 피웠던 골드칼라, 그 중에서도 여성의 핑크칼라
에 대한 비판의식을 바탕으로 그동안 빛을 보지도 못하고 음지에서
그들의 열정을 삭혀왔던 블루스타킹을 새로운 시대를 이끌고 갈 창
의적 리더십의 표본으로 발굴해 내는 지적 탐구심과 그 열정이 새삼
놀랍고 참신하다.

여성 리더십, 이 말은 남성에 반대되는 입장이 아니라, 서로 조화
를 이루고 상생의 원리에 의한 새로운 패러다임을 만들어 가자는 뜻
에서 『블루스타킹』을 탄생시켰다는 생각이 든다.

국민소득 3만 달러 시대를 준비하고 있다. 대한민국이 동북아의
중심으로 자리하려는 이 시점에서 우리는 글로벌시대를 이끌어갈 새
로운 성장 동력을 풍부한 감수성과 따뜻한 마음을 지닌 여성인재에
서 찾고자 한다.

『블루스타킹』은 여성의 경쟁력이야말로 이 시대에 요구되는 새로운 블루오션이라는 의미에서 오늘날 요구되는 여성인재의 이미지를 지니고 있다.

아직도 전통적인 유교사상이 많이 남아 있는 우리나라에서 여성문제를 새롭게 접근하고 부각시키는 데는 많은 어려움이 있으리라는 생각이 든다. 또 기존의 기업과 사회에서도 마냥 긍정적이지만은 않은 것 같다. 그러기에 오히려 블루스타킹의 창의적인 리더십은 Multi Human Relationship을 지향하는 예술적 기질과 센스에 바탕을 둔 글로벌 인재상이라는 점에서 상당히 설득력이 있다.

온 세계가 다양한 변화의 물결 속에서 자신들의 우위를 확보하기 위한 몸부림을 치고 있다.

이러한 변화의 물결 속에 신선하고 건전한 성장 동력이 되어줄 여성인재의 발굴과 사회적 참여에 우리는 새로운 시선으로 관심을 가져야 할 때다.

그런 의미에서 새롭게 등장한 여성 리더십의 새로운 패러다임인 『블루스타킹』의 탄생을 축하하며 앞으로 그의 역할을 기대해 마지않는다.

경기대학교 총장

정치학 박사 이 태 일

감 사 의 글

유난히도 길고 더웠던 올해의 여름을 『블루스타킹』과 함께 보냈습니다. 항상 책을 쓰고 낼 때마다 느끼는 마음이지만 나신裸身으로 세상에 서 있다는 아쉬움과 부끄러움을 가집니다.

지난 20년간 산업현장에서 배우고 느낀 본인의 경험과 이제는 학교에서 초롱초롱한 눈을 반짝이면서 나의 이야기에 귀 기울여주는 아리도록 예쁘고 사랑스런 나의 제자들의 이야기와 또 나와 동시대의 아픔을 가진 선배, 후배와 동년배들의 많은 경험사례를 내 나름대로 정리하여 보았습니다.

현실적인 입장을 감안하여 그들의 사례를 다소 각색하기도 하였고 또 그들의 소속과 이름을 좀 우회하여 소개하기도 했음을 알려드립니다. 어쨌든 이런저런 이야기로 동참해 준 많은 분들의 고견이 왜곡되거나 그릇되게 표현되어, 혹시 그들의 마음을 상하게 하지 않았을지, 걱정이 앞섭니다. 부정하기 위해서 비판하는 것이 아니라, 좀 더 새로운 방법의 모색을 위한 강렬한 자기반성의 글로 읽어주시기를 바라는 마음입니다.

과거를 부정하는 현재는 있을 수 없고, 현재를 부정하는 미래는 더욱 더 존재하지 않는다고 생각합니다. 과거 속에서 부끄러웠던 것들은 쌀알에서 겨를 가려내듯이 골라내고, 앞으로의 세상은 행복한 모습만이길 기대하면서 블루스타킹이라는 새로운 리더십 모델을 제시해 보았습니다.

『블루스타킹』을 위하여 많은 이야기를 아낌없이 던져주신 분들에게 진심으로 감사의 마음을 전합니다. 여성이 가진 무한한 능력과 창의적인 시선과 그들의 열정에서 저는 새로운 희망을 만납니다.

원고보다 더 잘 다듬어주신 시대의창 김인현 팀장님. 남성의 입장에서 거북하거나 어색한 내용이 없느냐고 수시로 물어보았습니다. 남자와 여자, 함께 더불어 살아가야 할 아름다운 동반자이기 때문입니다. 그리고 많은 관심을 가지고 좋은 글이 될 수 있도록 지도해주신 김이수 주간님과 김성실 사장님. 시대의창 직원 모두에게 진심으로 감사드립니다. 또 앞으로 블루스타킹의 산실로 키워가고자 노력하고 계시는 숙명여자대학교 문화관광과 정기은 교수님. 세상을 냉철하고 객관적인 시선으로 판단하고 언제나 자신에게 부끄러움 없이 당당하게 행동함을 가르쳐주신 엄격하고 따뜻한 엄부이신 이태일 총장님께도 진심으로 감사를 드립니다.

앞으로『블루스타킹』이라는 새로운 불씨를 통하여 자신의 능력과 경쟁력과 다양한 분야에서 펼쳐 보일 승리의 쾌거들이 아우성처럼 들려오기를 기대하겠습니다.

CONTENTS

PART 04 팀 코칭 속에서의 블루스타킹

PART 05 블루스타킹의 산실-숙명여자대학교와 여성 리더십

블루스타킹 세상 만들기

Blue
유혜선의 블루스타킹

핑크칼라와 블루스타킹

'당신의 정숙한 아내는 왜 밤마다 블루스타킹을 벗는가?'

'나는 그저 당신의 조그만 개구리인데, 당신은 어쩌면 그렇게 커다란 악어입니까?'

한때 열렬하게 사회정의를 부르짖던 체류탄 속의 여대생이었고, 칸트와 사르트르에 심취하고 브람스를 좋아했던 재즈광 시몬 드 보부아르. 그녀는 생각할 줄 알고 논쟁할 줄 아는 여자였다. 학문을 좋아하고 이성적인 통찰력을 가졌으며 지적이고 박식했다. 하지만 남자들이 만든 문화 속에서 그들이 만든 언어로 이야기하고 그들의 관습 속에서만 살아야 했다. 그녀가 스스로 할 수 있는 일은 많지 않았다. 모든 여성이 그랬던 것처럼 그녀 역시 결국은 딸이거나 어머니여야 했다. 모성이라는 이름으로 아름답게 포장되었던 정숙한 여자는 고통과 황홀함을 함께 하며 결국 여자에 대한 근원적인 문제로 밤마다 블루스타킹을 신기 시작했다. 더 이상 남자가 그들을 위해 사회를 바꾸어 줄 때까지 참을성있게 기다릴 수 없다는 느꼈던 여성들이 나타나기 시작했다. 시대는 그렇게 앞서나가는 여성들을 블루스타킹이라 불렀다.

블루스타킹들은 자신의 전문성과 지적 경쟁력을 자신만의 안위로 활용하지 않는다. 좀 더 사회적이고 근원적인 여성의 문제에 적극적으로 부딪치고, 그 중심으로 당당하게 들어갈 줄 안다. 당당하게 시대를 이끌고 가는 선구자적인 자리에 서 있는 것도 블루스타킹이다. 파격이고 일탈이며, 창의적인 21세기 신여성이다.

"Willst du glucklich sein, heirate keinen Blaustrumpf"

이것은 프랑스 시의 한 구절로 행복하려면 블루스타킹과 결혼도 하지 말라는 뜻이다. 블루스타킹은 18세기의 신지식인으로서 유럽의 문예애호가들이 청색 스타킹을 신었던 것에서 유래하였다. 여류문학가, 학식을 뽐내는 여자, 문학 병에 걸린 여자, 문학이나 학문에 관심이 있는 척하는 여자를 지칭하는 표현으로 경멸에 의미가 담겨 있었다.

글을 쓰고 남성주의적 사고방식을 가졌다는 이유로 그녀들은 조소를 받았다. 우울증과 질시와 반목의 대상이었다. 하지만 오늘날의 시야에서 보면 그들은 진정한 예술가였다. 창의적이고 문화를 이끌어간 선구적인 여성들이었다. 카리 우트리오가 지은 『이브의 역사』 속에도 18세기 유럽 사교계에서 '블루스타킹'이라 불렸던 '이상한' 여성들의 존재에 대한 언급을 발견할 수 있다. 그들은 외모를 꾸미는데 거의 하루를 투자하던 당시 사교계 여성들과는 달랐다. 예술과 과학, 철학과 같은 창의적이고 지적인 영역에 관심을 가졌다. 못생기고 옷을 잘 차려입지도 않았다. 단정치 못했으며, 때론 두

꺼운 안경까지 썼다. 그러므로 '블루스타킹'으로 지칭되던 일련의 여성들은 경멸과 조소의 대상이었다. 그리고 그 호칭은 예술과 철학에 매력을 느끼던 당시 여성들의 용기를 단숨에 빼앗아갔다.

여성이 학문을 한다는 것. 지적 호기심을 가지고 있다는 것. 앎에 대한 의지를 가졌다는 것. 그것만으로도 경멸을 받았다. 조선시대를 살아야 했던 여성들도 마찬가지였다. 시를 쓰고, 학문을 하는 여성들에 대한 경계심이 대단했다. 천부적인 재능을 지녔던 신사임당申師任堂(1504~1551), 임금 앞에 서고 싶었던 규방의 부인 송덕봉宋德峯(1521~1578), 서리 맞은 푸른 연꽃 허난설헌許蘭雪軒(1563~1589), 조선시대 여성 철학자 임윤지당任允摯堂(1721~1793), 사업가, 재력가로 제주에서 금강산을 꿈꾼 여인 김만덕金萬德(1739~1812) 등 조선시대에 태어난 재능 있는 많은 여성들은 대부분 불우한 삶을 살아야 했다. 뛰어난 자질을 가졌더라도 교육의 기회는 얻질 못했다. 시댁의 위계질서 속에 편입된 채 숨죽이며 살았다. 봉제사奉祭祀, 접빈객接賓客, 상봉하솔上奉下率로 이어지는 부녀자의 직분만을 받아들이며 어렵게 한 시절을 보내야 했다. 우리가 조선시대의 여성을 떠올리면 대부분 인내하고 순종하는 모습이었던 것도 그 때문이다.

그들은 그들의 시대에 태어나 '나'로서 당당히 살아갔던 도도한 영혼들이었다. 우리의 딸들은 우리 할머니들 중에 마음에 드는 역할모델을 전혀 갖지 못하고 자랐다. 누군가의 현모와 양처가 되라는 주입된 가치관보다 사회적·인간적인 성취에 더욱 마음 끌리는 영민한 딸들에게, 가장 닮고 싶은 역사 속의 역할모델은 거의 대부분 남성이었다. 이는 여성성을 부정하는 무의식의 한 부분이 되었다.

(『조선의 여성들』 박영무 외 지음)

저의 별명이 부드러운 카리스마입니다. 잘 아시겠지만 장악력이 뭡니까? '장악掌握' '손아귀에 꽉 거머쥔다.' 는 겁니다. 여성인 저에게는 여기 계시는 많은 남성들보다 손에 힘이 좀 약하다는 것을 솔직히 인정합니다. 그러나 '리더십'과 '장악력' 사이에는 어떠한 필연적 등식도 성립하지 않는다고 생각하는 사람입니다. 장악의 의미는 낡은 리더십의 표현입니다. 저는 거꾸로 여러분에게 '장악'이라는 콘셉트를 이제 극복하자고 제안하고 싶습니다. 여성적 리더십은 이해와 소통, 부드러움과 강인함, 배려와 섬김이 조화를 이룬 지도력입니다. 진정한 리더십은 자기가 모든 것을 다 알아서 실행하는 능력이 아니라 가르침을 받을 수 있는 능력입니다. 사랑하는 공직자 여러분! 우리 공직자 사회가 수평적 우정의 관계로 거듭나기를 바랍니다.

(「서울신문」 2006년 4월 21일)

대한민국 제1호 여성 국무총리의 취임사다. 세상을 움직이는 부드러운 힘의 발현이었다. 지금 한국 사회에서는 여성의 힘이 커지고 있다. 외무고시 합격자의 52.6퍼센트를 여성이 차지했으며, 사법시험과 행정고시에서도 각각 32퍼센트와 44퍼센트를 여성이 차지했다. 더욱이 고시3과의 수석은 모두 여성 몫이었다. 고시에서 보여준 여성의 약진은 다양한 방면에서 더욱 커지고 있는 여성 파워를 실감하게 한다.

여성의 경제활동 참가율이 49.7퍼센트로 전체의 절반에 육박하고 있으며, 사법고시 여성합격자는 10년 사이에 3배로 늘어났다. 각종 전문직에서도 여성의 활동은 두드러지고 있다. 여성이 사회로 당당하게 진출할 수 있는 기회가 많아지면서 자신의 능력으로 엘리트 집단에 진입하는 여성의 수도 늘어나고 있다. 한국이 2010년까지 진정한 세계 10위권의 선진국 대열에 동참하기 위해서는 여성 두뇌의 활용을 90퍼센트까지 늘려야 한다는 주장도 끊임없이 재기되고 있다.

핑크칼라와 블루스타킹

이 두 단어는 오늘날 여성의 파워가 커지고 있는 사회현상을 설명하는데 빠뜨릴 수 없을 것이다. 그동안 희생을 감내하면서 여성의 권익신장에 선구자를 자처했던 블루스타킹이 없었다면 오늘날의 핑크칼라가 존재할 수 있었을까? 핑크칼라와 블루스타킹은 시대의 흐름과 역사적, 사회적 변천에 따라 의미를 달리했다. 예전엔 부정적 의미였다면 현대로 올수록 긍정적이고 발전적인 의미로 바뀌고 있는 것이다.

초기의 핑크칼라는 생계를 위해 일터로 뛰어든 저임금 미숙련 노동자들을 가리키는 말이었다. '80년대 미국 경제의 구조조정 과정에서 투입된 여성노동자들을 지칭하는 이 말은 당시 남성들을 가리키는 블루칼라와 대비되는 개념으로 개발된 신조어였다. 미국은 '70년대부터 성별에 따른 직업 분석을 시도했다. 이 당시 핑크칼라로 지칭되던 여성들은 대부분 비서직이나 점원 등 전문기술은 필요치 않는 저임금의 단순 기능직이었다. 현대로 오면서 여성들의 활약은 두드러졌고, 그들을 바라보는 사회의 인식들도 변화하기 시작했다. 이제 핑크칼라는 부드럽고 섬세한 감성을 갖추고 남자와 동등한 입장에서 사회적 활동을 하고 있는 당당한 여성들을 가리키는 단어로 쓰이고 있다. 남성들이 블루칼라, 화이트칼라를 거쳐, 고도정보화사회에서 두드러지는 신인재인 골드칼라로 변해 갔던 것처럼, 여성에게 핑크칼라는 남성들의 골드칼라였다.

핑크칼라로 불리는 지금의 여성들은 남성들을 위한 보조 업무를 수행하거나 단순 업무에 치중하는 게 아니다. 그들은 부가가치가 높은 분야에서 당당히 일하고, 상당수는 리더로서 사회를 이끌어가고 있다. 많은 정보학자들은 여성들의 두드러진 약진에 힘입어 21세기는 '여성의 세기'가 될 것이라고 주장한다. 감성지능과 유연성 그리고 협상력과 창의력을 중시하는 21

세기 고도정보화사회는 핑크칼라인 여성의 사회진출이 필연적이라는 것이다. 그리고 내용 면에서도 단순한 사회참여가 아니라 '리더로서의 여성'이 특징을 이룰 것이라고 한다.

핑크칼라를 넘어 블루스타킹으로

고도 정보화사회에서 핑크칼라는 고급 전문직 여성 리더다. 하지만 그들은 얇은 입술과 가느다란 손끝으로 세상의 정의와 이론을 가름하는 훈련된 무능자로 전락되기 쉽다. 왜냐하면 정보의 평준화와 디지털 통신의 발달로 그녀들의 고급정보는 안경 너머로 보이는 차가운 이성에 지나지 않았기 때문이다. 핑크칼라가 말과 머리의 지식으로 조직을 이끈다면 블루스타킹은 직접 몸으로 부딪치는 사람이다. 때론 억척스럽게 몸으로 실천하는 사람. 깃대를 들고 과감하게 앞에 설 수 있는 리더의 표본이다. 현실감각이 풍부하고 현장에서의 다양한 경험을 통해 솔루션을 제시해 낼 줄 아는 사람이다.

삼성경제연구소에서는 매년 10대 히트상품을 발표한다. 올해엔 과거 공주풍의 여자주인공과는 상반되는, 솔직하고 생활력 강한 여성을 주인공으로 한 드라마가 선정되어 화제였다. 삼순이, 금순이 시리즈인 억척녀 주인공의 TV드라마가 그것이다. 2006년 방송계에선 자신의 삶과 사랑을 적극적으로 개척해 나가는 보통의 여성 캐릭터를 내세운 드라마들이 큰 인기를 끌었다. 삼순이, 금순이, 맹순이로 불리는 소위 3순이들은 드라마 속에서 현실적인 여자 주인공으로 등장했다. 그들의 등장은 공주 형, 신데렐라 형으로 불리던 기존의 여성 성공모델을 완전히 뒤엎어 버렸다. 내 일과 사랑에 대한 선택은 백마 탄 왕자가 아니라 내가 한다는 것이다.

미국의 어느 심리학자가 실시한 뜨거운 열선 위에 있는 새끼 쥐를 엄마

쥐와 아빠 쥐 중에서 어느 쥐가 구할 것인가를 묻는 연구에 의하면, 아빠 쥐가 온도와 거리에 대한 계산으로 머뭇거리는 동안 엄마 쥐는 앞뒤 가리지 않고 몸부터 날렸다. 이 실험은 계산하지 않을 정도로 무모한 여성의 모성애와 책임감을 보여준다. 결국 팔을 걷어붙이고 일하는 것은 여성이라는 것이다.

핑크칼라는 고급 정보화시대의 공주다. 그들은 고고하고 지적이며 자신의 삶에 대한 높은 자부심을 가지고 있다. 다른 여성 집단에 비해 차별화되고 존중받으려는 계급의식이 강하다. 반면 블루스타킹들은 자신의 전문성과 지적 경쟁력을 자신만의 안위로 활용하지 않는다. 좀 더 사회적이고 근원적인 여성의 문제에 적극적으로 부딪치고, 그 중심으로 당당하게 들어갈 줄 안다. 당당하게 시대를 이끌고 가는 선구자적인 자리에 서 있는 것도 블루스타킹이다. 파격이고 일탈이며, 창의적인 21세기 신여성이다.

기존의 여성성을 잃지 않으면서 일과 사랑에도 완벽하게 성공해 내는 콘트라섹슈얼이다. 남자들과 짜릿한 경쟁을 즐길 줄 알면서도 사랑이라는 사슬로 꽁꽁 묶어 꼼짝 못하게 만들 줄 아는 사랑의 마술사다. 백마 탄 왕자를 기다리는 것이 아니라, 자신의 성안에서 자기 남자를 백마 탄 왕자로 만들어 낼 줄도 아는 여우같은 여자다. 핑크칼라의 따뜻한 감성적 피를 가지면서도 차가운 이성과 성공을 쟁취하고 자신의 삶을 즐길 줄 아는 여성. 그래서 21세기를 리드해가는 여성의 새로운 변신코드가 블루스타킹이다. 도전적이고 창의적이며, 강한 개척정신으로 새로운 경쟁의 영역을 만들어낼 줄 아는 블루오션이다.

지나치게 도발적이지 않으며, 남성과 함께 융화하고 공통의 목표를 이루기 위해 함께할 줄 안다. 여성해방을 주장하지만, 결코 남성혐오자는 아니다. 칙칙하게 여성의 덕목을 부인하는 무감각한 여성도 아니며 한 올의

머리카락도 흐트러짐을 용서하지 않는 엄숙한 성녀도 아니다. 하지만 아무 일도 하지 않고 예쁜 꽃단장만 잘하고 있으면 백마 탄 왕자가 자신을 데려 갈 것이라 믿는 신데렐라신드롬과 이 세상의 모든 남성들은 자신의 관심을 얻기 위하여 존재한다는 백설공주신드롬과 해맑은 미소와 단아한 자태만이 행복한 여성의 표본이 될 것이라 믿는 모나리자신드롬은 부정한다. 자신이 삶의 주체자로서, 삶을 리드하며 사람과 사랑 속에서 울고 웃을 수 있는 그런 여자가 되길 원한다.

못 오를 나무는 쳐다보지도 않는 소극적이고 수동적인 여성이 아니라, 못 올라갈 나무에 사다리를 놓을 줄 알고, 그 열매를 따다가 주변 사람들과 나눌 줄 아는 그런 넉넉함이 있는 여자다.

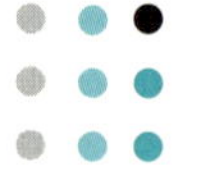

02

하이콘셉트와 하이터치

코펜하겐 미래학 연구소장 롤프옌센은 그의 저서 『드림 소사이어티』에서 정보화시대가 끝나면 다음 사회는 소비자에게 꿈과 감성을 제공해 주는 드림 소사이어티가 될 것이라 표현했다. 전 세계 40퍼센트 이상의 화이트칼라들이 우리가 이때까지 해오던 모든 일하는 방식을 바꾸기 위하여 노력하고 있다. 일의 방식을 개선하고 고객을 위해 새로운 부가가치를 만들어내는데 머리를 쓰고 있다.

우리가 해오던 모든 일하는 방식이 바뀌어 가고 있다. 기존의 일들이 정보화와 디지털 시스템에 의해서 밀려나고 있다 조만간 지금까지의 작업방식이 50퍼센트 이상은 수정될 것이다. 이제 사람이 주력으로 해야 하는 일은 생명공학이나 인체의 건강을 다루는 일, 사람의 마음을 다스려 움직이게 하는 일이 전부일 것이다.

사람의 오감을 움직일 수 있는 일은 오로지 사람의 몫이다. 그 외의 일들은 모두 디지털화되고, 기계로 대체된다. 따라서 앞으로의 직업개념이 바뀔 것이다. 산업화사회에서 정보화사회를 거쳐 자동화사회로 빠르게 진행 블루스타킹은 단순하고 의무와 책임만이 강요되어온 지난날 그들의 삶과 업무가 아닌, 좀 더 활발하고 유쾌하며 상쾌한 이미지의 콘셉트로 분위기를 이끌어갈 수 있는 그런 시대를 맞이한 것이다. 그들의 감성은 너무 퍼지거나 넘쳐나지 않는다. 쿨하면서도 따뜻하고Cool & Hot, 다정다감하다.

되고 있기 때문에, 인재도 변해야 한다. 새로운 사회가 요구하는 유능한 인재는 어떻게 변해가야 하는지를 미리부터 알고 준비할 줄 알아야 한다.

세계미래학회가 발간하는 격월간지 『퓨처리스트』는 21세기를 리드할 유능한 인재의 트렌드를 하이퍼 휴먼Hyper-human으로 제시하였다. 하이퍼 휴먼이란 초월적 인간. 즉 인간을 인간답게 만드는 요소들이 미래에 각광을 받는다는 것이다. 기계가 인간의 육체노동을 대체했듯이 이제는 인간의 화이트칼라들이 자동화로 대체되어가고 있다. 자동화와 기계화로 대체되기 어려운 인간에 대한 배려와 칭찬, 공감, 판단, 직관, 윤리, 영감, 희망과 상상, 용기는 누가 대체할 수 있겠는가?

감성의 시대가 열리고 있다. 감성이 곧 품질이다. 상품은 필요Need를 만족시키고 경험은 욕구Desire를 만족시킨다. 모든 개개인은 자신의 경험과 직관으로 모든 것을 선택하기 때문에 자신의 내면적 감각 즉 감성을 자극해줄 수 있는 것에 더 많은 호감을 갖는다. 각 개인의 직감과 감성을 자극할 수 있는 능력을 가진 사람이 앞으로의 인재가 될 것이다.

21세기 정보화시대의 유능한 여성 인재를 핑크칼라라고 불렀다. 그럼 핑크칼라는 어떻게 변화되어야 할까? 인간의 감성을 잘 이해할 것 같은 핑크칼라의 논리적 업무가 자동화로 대체되고 또 대중화, 보편화 되어감에 따라 인간이 하루에 할 수 있는 일들은 단 몇 초 만에 완벽하게 수행되어지고 있다. 그동안 논리적이고 이성적인 디지털 정보화시대의 인재로 길들여진 핑크칼라들은 자신의 업무영역에 대한 차별화와 구별 짓기에 더 많은 시간을 할애해 왔다. 덕분에 그들이 다시 대중 속으로 돌아가기엔 너무나 많은 노력이 필요하다.

논리적으로 정리된 컴퓨터와 디지털 저편에 있던, 차가운 안경 너머로 세상을 바라보던 핑크칼라의 감성은 결코 따뜻하지 못했다. 사람들 사이에서 몸으로 다가가며 감성을 불어넣었던, 늘 실천하는 현장 형 리더를 우리는 블루스타킹이라 불렀다. 이들이 핑크칼라를 대체하는 오늘날의 새로운 여성 리더 모델이었다. 다니엘 핑크는 그의 저서 『새로운 미래가 온다』에서 오늘날 우리 경제와 사회가 논리적이고 기능적인 사고에 바탕을 둔 정보화 사회에서 창의성과 감성 그리고 거시적 안목이 중시되는 개념의 시대로 이동해 가고 있다고 기술했다. 개념의 시대란 지금까지의 하이테크Hightech에 바탕을 둔 하이콘셉트High-concept과 하이터치High-touch의 시대를 말한다.

하이콘셉트란 모든 것에 예술적이며 감성적인 아름다움을 부여하는 능력을 말한다. 오늘날의 조직사회에서 보면 겉으로는 관계가 없어 보이는 아이디어를 결합하고, 그것을 다시 새로운 관점으로 재해석하여 또 다른 아이디어를 만들어내는 창의적인 능력이다. 즉 새로운 기회와 패턴을 읽어내는 능력. 그러한 기회와 패턴을 재미있고 유익한 스토리로 구성해 내어 주변사람을 설득해 내는 능력을 말한다.

하이터치는 감정을 이입하는 능력을 말한다. 긍정적이고 낙천적이다.

때론 열정적으로 자신의 즐거움을 발견해 내고 그 즐거움을 주변사람들과의 즐거움으로 이끌어 낼 줄 안다. 사람들 사이에 대화가 있어 그들의 분위기와 감성을 이해하고 그들 속에서 새로운 시너지를 창출해 내어 상상외의 능력과 성과를 만들어 내는 능력을 말한다.

『직장인 10년차』의 저자 김현정 씨는 이러한 하이콘셉트와 하이터치를 기반으로 한 하이퍼 휴먼이 앞으로 지식근로자의 미래이며 디자인, 감성, 유희 등을 비롯한 부드러운 특징들이 직장인 개인은 물론이고 기업과 조직의 결정적 생존 수단이 될 것이라고 말하였다.

정보화시대에 유능한 여성 인재였던 핑크칼라가 그들의 업무 속에서 감성과 감정을 이입하여 성과를 창출하고 능력을 발휘하기에는 그들만의 무기가 너무 보편화, 자동화가 되어버렸다. 결국 하이콘셉트와 하이터치는 블루스타킹들에게 더 적합한지도 모른다. 시대적 냉대 속에서 도외시되었던 그녀들의 예술적 끼와 감성과 재능들이 이제는 사람들과의 관계 속에서 마음껏 펼쳐 보일 수 있는 때를 만난 것이다. 블루스타킹은 단순하고 의무와 책임만이 강요되어온 지난날 그들의 삶과 업무가 아닌, 좀 더 활발하고 유쾌하며 상쾌한 이미지의 콘셉트로 분위기를 이끌어갈 수 있는 그런 시대를 맞이한 것이다. 그들의 감성은 너무 퍼지거나 넘쳐나지 않는다. 쿨하면서도 따뜻하고Cool & Hot, 다정다감하다.

그녀들은 여성성을 잃지 않고, 자신들의 사랑과 열정을 내뿜을 줄도 안다. 도전적이기도 하지만 색다른 그녀들만의 끼와 재능으로 분위기를 만들어갈 줄 안다. 평범함 속에서 삶의 목적과 가치를 추구해나갈 줄 알며, 냉정과 열정 사이에서 중용의 코드를 찾아낼 줄 안다. 21세기를 힘 있고 부드러운 세상으로 바꾸는 새로운 여성 리더의 변신 코드는 블루스타킹이다.

03

여성의 경쟁력은 블루오션이다

오늘날의 리더는 치어리더와 같아야 한다는 신문기사를 본적이 있다. 열심히 일하는 팀원들을 위하여 혼신의 힘을 다해 다리를 올리면서 응원하는 치어리더 같은 상사를 상상해 보라. 리더는 조직의 목표와 성과에 책임을 져야 한다. 그런 그들에게서 치어리더를 원하는 것은 기존의 개념을 완전히 바꿔 버리는 일이다. 조직원들에 대한 강한 카리스마가 조직을 성공으로 이끈다는 기존의 개념을 뒤흔드는 발상이기 때문이다. 이 주장은 실제 사례에서도 설득력을 얻고 있다.

많은 산업전문가들로부터 도산을 하게 될 것이라는 예견으로 시작된 사우스웨스트항공. 미국의 작은 항공사였지만, 그들은 지금 전문가들의 예견을 뒤집고 최고의 수익률을 올리고 있다. 그 항공사의 허브 켈러허 회장이 엘비스 프레슬리 복장으로 춤을 추는 것을 본 적이 있는가? 그는 독특하고 색다른 리더십으로 모든 직원들을 하나로 묶었다. 재미와 사랑이라는 테마로 직원을 가족과 같은 결속력으로 묶었던 것이다. 많은 사람들이 그의 리더십에 관해 질문을 던지자, '특정한 유행에 구애받지 않는 것이 자기만의 블루스타킹은 새로운 시대에 새로운 시장을 만들어내는 창의적 리더십의 산실이다. 남성들과 싸우지 않고 조직의 성장을 이끄는 새로운 동력이다. 새로운 시각으로 세상을 바라보고 사람과 세상 사이에서 관계성의 혁명을 일으킨다. 새로운 패러다임으로 성공적인 삶과 조직의 가치를 재구성할 수 있다. 이것이 새로운 법칙이고 룰이다.

스타일'이라고 말했다. 관료주의를 멀리했으며, 리더는 자신의 상사가 아니라 같은 팀이라고 가르쳤다.

21세기 디지털의 혁명과 사무자동화기기의 발달, 기계화된 조직문화 속에서 이제 절실하게 요구되는 리더십은 인간의 감성과 본질을 가장 잘 이해하는 서비스 리더십에 있다. 이것은 여성의 차별화된 친화력과 조정력, 갈등해결능력을 갖춘 여성 리더십에 가깝다. 오늘날 많은 여성들이 조직 속에서 자신의 성장과 성공에 도전하고 있다. 우리나라 여성들은 능력과 재능이 뛰어나면서도 제대로 능력을 인정받지 못하는 경우가 많다. 흔히 말하는 유리천장 아래서 조직생활을 끝내는 경우가 많다. 이것은 어디까지나 남성 위주의 조직 시스템에서만 해당하는 이야기다. 오늘날 요구되는 리더십은 각 개인의 역량과 개성이 강한 팀원들을 잘 포용하면서 팀에 활력을 불어넣는 치어리더와 같은 감성리더십, 서비스 리더십이다. 여성의 강점이 최대한 발휘될 수 있는 시대에 이른 것이다.

기존의 치열한 경쟁의 공간에서 벗어나 보다 창의적이고 새로운 시대적 요구와 니즈에 걸맞은 리더십이 요구되고 있다. 남자들과의 경쟁을 적당히 비켜가면서, 때론 적당히 즐기면서 여성의 경쟁력은 그야말로 조직에 새롭게 창출되는 '블루오션'이 되고 있다. 블루오션이란 치열한 경쟁시장인 레드오션에 비하여 게임의 규칙이 아직 정해지지 않은 경쟁과 무관한 새로운 시장을 말한다. 남성 중심의 조직문화 속에서 한두 명의 여성 리더가 버티어내는 것이 치열한 경쟁 속의 레드오션이었다면, 기존의 남성과 여성의 경쟁방식에 포커스를 맞추지 않고 유연하고 새로운 조직문화의 창출과 함께 비약적으로 증대되는 여성과 감성위주의 조직문화에 발맞춘 경쟁방식이 블루오션이다. 기존의 경쟁에서 좀 더 자유롭고 새로운 가치를 지닌 게임의 법칙을 만들어내는 것이다.

여성 리더십 중심의 블루오션은 구시대의 고정관념과 상식의 틀을 과감하게 깨부수는 창조적 파괴자로서의 블루스타킹 역할을 기대하고 있다. 그것은 이미 치열한 레드오션 속에서 살아남은 여성 인재가 핑크칼라였다면, 너무 평면적이며 노골적이고 그 깊이와 이면이 들켜버린 다 드러난 카드에 지나지 않는다.

블루스타킹은 새로운 시대에 새로운 시장을 만들어내는 창의적 리더십의 산실이다. 남성들과 싸우지 않고 조직의 성장을 이끄는 새로운 동력이다. 새로운 시각으로 세상을 바라보고 사람과 세상 사이에서 관계성의 혁명을 일으킨다. 새로운 패러다임으로 성공적인 삶과 조직의 가치를 재구성할 수 있다. 이것이 새로운 법칙이고 룰이다. 변화무쌍한 오늘날의 경쟁시장에서는 오랫동안의 인고와 내공으로 다듬어진 블루스타킹만이 진정한 리더로서의 능력을 발휘할 수 있다.

남성들의 요구 또한 높아지고 있다. 일에 대한 기존의 사고방식과 국민소득 2만 달러 시대를 맞이하는 최근의 방식은 분명 다르다. 여성과의 동반

성장을 요구하는 남성들이 늘어나면서 여성들도 다양한 부가가치를 창출해 내야 한다. 2만 달러 이상의 선진사회에서는 기존의 생산과 기업, 조직중심에서 벗어나야 한다. 고객의 요구에 부응하는 다양한 서비스산업과 부가가치산업으로 발전해야 하기 때문이다. 좀 더 소프트하고 정서적인 조직문화와 노동시장이 필요해졌다. 따라서 이러한 시대에 걸맞은 유능한 여성 리더의 필요성은 아무리 강조해도 지나치지 않다. 좀 더 지혜롭고 현명하게 조직에서의 처세와 파워를 가져야 한다.

「오마이뉴스」의 서명숙 편집장은 배려와 리더십으로 부족한 2퍼센트를 채웠다고 한다. 자신의 후배 여기자들에게 '초반에 너무 도전하고 경쟁해서 기운을 빼지 말라.'고 조언한다. 베테랑 언론인이 된다는 것은 단거리 경주가 아니라 마라톤을 하는 것이라고 표현했다. 스트레스가 많은 언론인은 중간 중간 숨고르기를 잘해야 결승선에 골인할 수 있다는 말도 잊지 않았다.

첫 여성 준 임원으로 발탁된 김경자 우리은행 강서본부장은 고객과 직원에게 베푸는 '섬김의 리더십'으로 조직 속에서 파워를 유지하고 있다고 말한다. 여성들은 자신을 적극적으로 드러내야 주목받을 수 있다며 남성 중심 사회에서 성공하는 방법을 이야기 한다. 자기 계발에 더욱 적극적이고, 동료들에게 흔쾌히 자신의 시간을 나눠줄 수 있는 것. 그런 노력으로 조직을 친화적으로 만들 수 있을 때 성공할 수 있다는 것이다.

여성언론인으로서 성공적인 롤 모델이 되기 위해 늘 노력한다는 「조선일보」 문화부 박선이 기자 역시 '맹목적으로 열심히 일하기보다는 똑똑하게 일하라.'는 충고를 잊지 않는다.

여성 리더가 남성성을 가질 필요는 없다. 남성을 적대시하거나 혐오할 필요도 없다. 여성해방론자처럼 강한 목소리도 이젠 낡았다는 핀잔만 듣는다. 남성들과 더불어 성장할 수 있는 능력과 자부심을 가질 수 있어야 한다.

알맹이를 놓치지 말아야 한다. 조직 속에서 탱탱한 젖꼭지를 물어야 한다. 자신의 장점과 강점을 최대한 활용하면서 주변의 인재를 널리 활용할 줄 아는 여우같은 리더십이 필요하다.

21세기 새로운 여성 리더십의 모델로 제시한 Cool & Hot의 블루스타킹을 통하여 그동안 여성들이 조직에서 흔히 범할 수 있는 실수와 우매함을 극복해야 한다. 좀 더 세련되게 가다듬고 재무장하여 새로운 시대에 새로운 인재로 인정받을 수 있는 유능하고 성공적인 조직의 일원으로 거듭날 수 있어야 한다.

04
인간의 원형은 여성이었다

첩보영화 007시리즈의 주인공 제임스 본드. 그의 실제모델로 알려진 이는 피터 스미더스 경이다. 제2차 세계대전 당시 영국 해군의 특수부대에서 첩보원으로 활동했던 그는 유럽을 무대로 눈부신 첩보활동을 펼치며 전쟁영웅이 된다. 전쟁 후에도 영국 하원에 입성하여 정치인으로 성공했으며, 외교관이 되어 유럽공동체EC 사무총장이 되기도 했다. 하지만 그는 2006년 6월 14일, 명을 달리했다.

007시리즈는 그의 삶에 소설적 재미를 더하면서 남자들의 우상으로 거듭났다. 또한 여성들의 삶에도 많은 영향을 미친다. 멋진 남자에 대한 환상과 드라마틱한 삶에 대한 동경. 영국 문화에 대한 부러움 등을 불러일으키면서 영화는 회를 거듭해갔다.

「다이아몬드는 영원히」의 숀 코너리를 시작으로 죠지 라젠비, 로저 무어 등으로 이어지던 제임스 본드는 여성들의 인기를 얻기에 충분한 남성들이었다. 하지만 그 중에도 돋보인 인물은 「골든 아이」의 여자 주인공이었던 주디 덴치였다. 007이 속한 정보국 M16의 여성 정보국장 M역을 연기한 주

수천 년 동안 여성들은 자신들의 남성상을 후손들에게서 발견해 왔고, 필요에 따라 자신들에게 필요한 남성상을 만들어 왔다. 따라서 인간의 기본형은 여성이고, 남성은 단지 여성의 변형이라고 말할 수 있다. 모든 태아는 여성으로 생성되고 남성 호르몬이라는 화학물질의 간섭을 받지 않는 한 그대로 여성으로 태어나는 것이다.

디 덴치의 등장은 대단한 파격이었다. M국장은 1991년 영국 국내정보를 담당하는 N15 최초의 여성 수장이 된 스텔라 리밍턴 국장이 실제 모델이라고 한다.

기업과 조직에서 여성 리더가 겪어야 하는 현실과 비교해 보면 국가의 안위와 첩보원들의 생명을 지휘하는 중대한 자리에 여성이 있다는 것은 대단한 일이다. 과연 그녀의 어떤 능력이 정보국장의 자리에 여성이 오를 수 있도록 했을까? 사냥꾼처럼 정보의 현장을 누비는 첩보원들의 생명과 국가의 안위를 결정하고 책임져야 하는 파수꾼의 자리에서 그녀가 성공할 수 있었던 배경은 무엇일까?

영화 속에서 M국장은 남자 부하들로부터 마귀할멈으로 불리지만, 정확한 분석과 냉철한 판단력으로 그들을 꼼짝 못하게 만든다. 직감을 능가하는 철저한 분석과 냉철한 판단에 의한 명령이 강한 카리스마로 작용하고 있는 것이다.

사냥꾼과 파수꾼. 어느 자리가 더 중요하다고는 말할 수 없다. 개인의 역량과 역할에 따라 서로 다른 차이를 보이기 때문이다. 하지만 우리 사회에서 사냥꾼의 역할은 비하되고, 개인의 능력이나 역량과는 무관하게 그 일은 여성들의 몫이 되고 있다. 그리고 그들을 관리하는 것은 당연히 남성이어야 한다는 시스템 속에 살아가고 있다. 통솔력과 권력은 남성의 몫이어야 한다는 시스템 속에서 남성과 여성 모두가 매몰되고 있는 것이다.

어쩌다 파수꾼의 능력을 인정받아 여성이 그 자리에 올라가게 되면, 같은 위치를 인정하기 싫어하는 남성들로 인해 매도되기 십상이다. 파수꾼의 자리는 권한과 등급에 의하여 보장되어진 자리가 아님에도 능력이나 역할과는 무관하게 등급이 매겨진다.

사냥꾼과 파수꾼의 능력과 역할을 분석했을 때, 그 역할을 잘 수행할 수 있는 쪽은 어느 쪽일까? 남자와 여자의 원형을 두고 관찰해보면 다음과 같다.

『여자와 남자에 관한 69가지의 진실』의 작가 오익재 씨는 다음에 근거하여 인간의 원형이 여성임을 밝히고 있다.

1987년 미국 캘리포니아 대학의 앨런 윌슨 박사는 각 대륙을 대표하는 147명의 여성 미토콘드리아 DNA를 분석했다. 결과는 놀라운 것이었다. 이들 모두가 약 20만 년 전 아프리카에 살고 있는 한 여성으로부터 유래되었다는 것이다. 이후 논란은 있었지만, 최초의 현대 여성은 약 14만 3천 년 전 아프리카에 살았다는 것이다. 또한 현재의 모든 남성은 5만 9천 년 전 역시 아프리카에 살았던 한 남성으로부터 유래됐다는 연구 결과가 나왔다. 어째서 여성과 남성의 조상은 8만 년 이상이나 차이가 나는 것일까?

생물학적으로 볼 때 여자가 여자이고 남자가 남자인 것은 세포 속에 있는 염색체의 차이 때문이다. 부모의 정자와 난자에는 X염색체나 Y염색체가 하나씩 들어 있다. 부모로부터 X염색체와 Y염색체를 받으면 남성XY이 되고, X염색체와 X염색체를 받으면 여성XX이 된다.

염색체 중에서 실제 성을 결정하는 유전자는 Y염색체에 위치한다. 이 유전자는 고환을 만드는 일을 한다. 이 유전자가 없으면 생식기관은 난소로 변해 여성이 되지만, 이 유전자가 있으면 고환을 만들어 남성이 된다. 인간의 경우 이 유전자가 없다면 여성이 되도록 기본 틀이 짜여있다.

음양오행설이라는 동양 사상에는 여성이 진화의 중심에 있다는 생각이 숨어있다. 음양오행설의 하나인 음양설은 음(−)·양(+)이라는 두 개의 기호에다 우주나 인간의 모든 현상, 모든 사물을 포괄·귀속시키는 것이다. 동양에서는 세상의 모든 법칙이 음에서 비롯된다고 생각한다. 그래서 양음설이 아니고 음양설이다. 모든 생물도 음에서 양으로 진화되었다고 생각한다. 그렇기 때문에 양음이라고 하지 않고 음양이라고 한다. 수천 년 동안 여성들은 자신들의 남성상을 후손들에게서 발견해 왔고, 필요에 따라 자신들에게 필요한 남성상을 만들어 왔다. 따라서 인간의 기본형은 여성이고, 남성은 단지 여성의 변형이라고 말할 수 있다. 모든 태아는 여성으로 생성되고 남성 호르몬이라는 화학물질의 간섭을 받지 않는 한 그대로 여성으로 태어나는 것이다.

여성이 진화의 중심에 있었다는 또 다른 증거가 있다. 생물의 계통을 밝히는 족보인 암컷, 즉 여성의 혈통을 거슬러 올라가보는 것이다. 여성이 간직해 온 가계 혈통은 미토콘드리아Mitochondria DNA를 통해서 알 수 있기 때문이다. 남성의 정자와 달리 여성이 만드는 난자에는 미토콘드리아 DNA가 있으며 태어나는 아이가 가진 미토콘드리아 DNA는 전적으로 여성으로부터 딸인 여성에게만 전달된다. 따라서 생물의 계통을 밝히는 데는 여성의 혈통을 확인하는 것이 가장 정확하다. 하지만 성적 차이의 원인을 보는 관점은 다음과 같이 두 가지로 나누어 볼 수 있다.

첫째, 남녀 성차의 원인을 생물학적으로 보는 견해에서는 남성과 여성이 갖고 있는 근본적인 생물학적 차이로 인해 두 성은 서로 상이한 심리적 특징들을 지닐 수밖에 없다고 말한다. 이 입장에서는 남녀가 보이는 지적 능력의 차이를 두 성의 구조차이에서 기인한다고 말한다. 예를 들어 남성의 우수한 공간지각능력과 여성의 우수한 언어능력은 각 반구가 발달하는 정도와 속도가 남성과 여성에게 다르게 나타나기 때문이라고 설명하고 있다.

둘째, 사회 문화적 원인으로 보는 관점은 성차를 생물학적 원인으로 설명하기보다 남녀가 보이는 지적, 사회적 능력의 차이를 두 성이 다르게 경험해 온 사회적 학습의 영향으로 설명한다. 따라서 사회적 여성과 남성은 만들어지는 것이다.

남녀의 생물학적 차이는 태아기나 사춘기에 뚜렷하게 나타날 뿐 생물학적 성Sex 차이가 남녀의 사회 심리적 성Gender 차이를 설명할 수 있을 만큼 결정적이지는 않다. 그보다 인간은 출생 시의 신체적 특징에 의해 부여된 성에 따라 사회적으로 기대되는 성 역할에 부합되는 특성을 발달시키는 것이라고 보아야 할 것이다.

이러한 인간의 원형으로 태어난 여성이 오히려 공격성을 가진 사냥꾼기질을 닮은 남성보다 훨씬 더 집합, 수집능력과 체계적인 분석능력이 뛰어나다고 볼 수 있다. 하지만 사회적 성 역할인식의 차이에 의해서 벌어지는 기회의 불균형이 점점 더 여성의 우수한 장점을 잠식시켜왔다고 할 수 있다.

블루스타킹으로서 M국장이 보여준 냉철한 판단과 발 빠른 행동력, 거친 사냥꾼들을 융화시키는 조직력은 인간의 원형으로서 타고난 동물적 감각에 의한 파수꾼으로서 믿음과 신뢰를 갖게 하는 충분한 근거가 되지 않을까 한다.

05

블루컬러로 보는 세상

내가 강의를 하고 있는 숙명여대에 '블루베리'라는 이름을 가진 독특한 카페테리아가 오픈되었다. 다양한 메뉴에 가격마저 저렴해서 학생들의 인기가 높다. 예쁜 이름에 대학시절의 낭만이 묻어나는 공간이다 보니 자주 기웃거리게 된다.

블루베리는 2002년 「타임」지가 선정한 10대 건강식품 중 하나다. 선진국에서는 블루베리가 21세기형 웰빙과일이라 불린다. 세계적인 장수국가인 핀란드에서는 최고의 건강과일로 블루베리를 꼽는다. 그래서 불리는 이름은 '검푸른 보석'이다. 식당 블루베리도 느낌이 남다르다. 음식 맛도 좋고, 직원들도 친절하다. 기존의 학교식당이 가진 획일화된 분위기와 사뭇 다르다. 싼값에 대충 한 끼 때운다는 느낌이 들던 그런 학교식당이 아니다.

블루베리의 블루는 숙명여대의 색이다. 그리고 베리는 숙명에서 배출되는 결실의 의미를 담고 있다. 부드럽고 강한 여성의 힘으로 세상을 바꿔갈 야심찬 미래 여성 리더십의 산실이 되겠다는 의지를 담고 있다. 이들은 세상을 바꾸는 부드럽고 강한 힘을 블루라는 색깔에서 찾고 있다.

가도 가도 끝없는 망망대해와 무한히 드넓은 하늘의 색깔, 블루는 바로 그것이다. 현실과 타협하지 않는 색이다. 새롭게 도전하며 자유를 꿈꾸는 사람들에게 각광받는 색이다. 상쾌하고 차분하며 온화한 색이며 많은 사람들이 좋아하는 색이다. 그래서 충성심과 신뢰감Blue Chips, 명예Blue Ribbon가 연상되는 색이기도 하다.

블루컬러로 보는 세상

지난 2000년대 이전의 색은 온통 레드였다. 포효, 광란, 외침, 경쟁, 몸부림, 분노, 뜨거움처럼 길거리 간판은 물론 모든 상품의 포장지, 기업의 이미지칼라는 그들의 강렬한 감정을 대신하듯 붉고 강렬했다.

21세기를 맞이하면서 세계 각국의 젊은이들이 가장 선호하는 색상은 '블루'로 변했다. 세기말에서 오는 막연한 불안감을 새로운 세기에 대한 비전으로 그리고 싶었기 때문일까? 지금까지의 이미지와는 뭔가 다른, 새로운 미래를 꿈꾸게 하는 사람들의 마음이 바로 블루에 대한 선호로 나타나고 있다.

가도 가도 끝없는 망망대해와 무한히 드넓은 하늘의 색깔, 블루는 바로 그것이다. 현실과 타협하지 않는 색이다. 새롭게 도전하며 자유를 꿈꾸는 사람들에게 각광받는 색이다. 상쾌하고 차분하며 온화한 색이며 많은 사람들이 좋아하는 색이다. 그래서 충성심과 신뢰감Blue Chips, 명예Blue Ribbon가 연상되는 색이기도 하다.

블루는 호흡과 맥박, 근육활동, 뇌파 등에 작용한다. 긴장이나 불안을 가라앉히는 신경안정의 효과가 있다. 또한 생체에 산소를 불어넣어 빠른 맥박을 늦추는 작용도 한다. 그래서 마음을 차분하게 하고 심신의 회복을 도와준다. 한편 정신적으로는 논리력과 분석력, 통찰력을 증진시키기도 한다. 기존의 화이트칼라 계층과 전문가 집단에게서 칼라의 카리스마를 발휘하기도 한다. 성공한 사람들과 마주앉아서 대화를 하다 보면 마치 넓고 푸른 바다 위에 잔잔하게 떠있는 조각배와 같은 느낌이 들 때가 있다. 모든 것을 다 이해하고 감싸면서 끝까지 들어주는 여유와 배려, 그것은 푸르디푸른 망망대해를 닮았다.

블루의 리더십은 지식으로 이끄는 슈퍼리더십이다. 앤드류 카네기는 전문성에 대하여 '어떤 일에 완전히 몰입하는 방법을 터득한 사람이 주어진 어떤 일에 완전히 몰입할 수 있는 능력'이라고 하였다. 그런 몰입할 수 있는 능력이 한 개인의 근원적인 경쟁력을 확보하게 한다. 새로운 기술에 대한 지식이나 탁월한 분석적 능력을 겸비하여 구성원들로부터 박식한 지식과 선견지명에 대해 존경을 받는 리더들을 지식형 리더라고 하였다.

『칼라리더십』의 저자 신완선 씨의 글에 따르면 지식형 리더는 구성원의 개인적인 능력을 중시하고 '알아서 스스로 한다.'는 정신을 중시한다고 기술되어 있다. 똑똑한 사람을 영입하고 교육과 훈련을 통한 인재육성을 강조하여 학습하는 조직문화를 만드는 리더로서, 각자가 스스로의 주인이고 리더가 되어야 진정한 조직 경쟁력이 형성된다는 것이다. 이러한 지식리더에 가까운 기존 리더십의 개념을 슈퍼리더십이라고 하였다.

슈퍼리더십의 등장배경에는 기업이 직면한 급격한 환경변화를 들 수 있다. 무엇보다도 경쟁이 격화되는 과정에서 기업은 인적 자원을 충분히 활용해야 했다. 국제적인 경쟁력을 높여야하는 부담을 가지게 되었으며, 급격한 변화 속에서 구성원 스스로가 끊임없이 변화하지 않으면 생존할 수 없는 상황에 직면하게 되었다. 그리고 이러한 진정한 리더십의 발현은 외부로부터가 아니라 구성원 내부의 자각에서 비롯된다는 인식을 공유하게 된 것이다. 이러한 인식의 전환이 바로 우리가 잘 알고 있는 패러다임의 전환이다. 구성원들 스스로가 자율적이면서도 효과적으로 자신의 운명을 이끌어 가도록 그들의 잠재력을 극대화시키는 것이 리더의 중요한 역할로 부각되기 때문이다. 이것이 진정한 블루스타킹의 리더십이 추구하는 스타일이기도 하다

문화가 발달하고 경제가 안정될수록 블루에 대한 선호도는 더 높아진다. 미국이나 유럽 등 선진국 도시들의 주조색이 대개 블루이다. 기업에서의 블루는 '비전'을 의미한다. 조직력, 신용, 통솔력을 의미하기 때문이 회사의 이미지를 높여주거나 상품의 마케팅 전략을 상승시키는 곳에도 많이 활용된다. 상품이 젊은이들을 주요 타깃으로 삼거나 신소재의 상품개발과 첨단의 기미가 보이는 제품의 판매에는 모두 블루의 감각으로 접근해야 한다. 사이버, 오락, 게임, 첨단과 선두의 의미는 단연 블루다. 차갑고 낯설어 보이지만 차츰 깊어가는 것이 블루의 매력이다.

2006년 6월말 삼성전자에서는 차세대 DVD로 '블루레이'를 출시한다고 발표하였다. 블루레이는 파장이 짧은 청색 레이저를 이용, 대용량 정보를 저장하는 새로운 광光디스크 규격을 말한다. 파장이 짧기 때문에 같은 공간에 보다 많은 데이터를 저장하는 원리를 이용했다. 블루레이 디스크 용량은 25기가바이트GB. MP3파일 6,000곡 이상을 저장할 수 있다. 현재 쓰이는 DVD는 최대 8GB다. 블루레이와 차세대 DVD가 전쟁을 벌이는 HD-DVD의 저장용량은 15GB라고 한다. 전자, 영화, 게임 등 앞으로 차세대의 디지털 콘텐츠시장에서 대세를 잡을 것으로 예상되는 블루레이의 파워는 당분간

전 세계를 지배하게 될 것이라고 한다.

차별화된 부를 상징하는 소수의 부자들만을 위한 특정거주지의 디자인 칼라 역시 블루다. Simple & Relax를 콘셉트로 내건 고급빌라나 아파트들은 편안한 휴식과 여유, 재창조의 의미를 담고 있다. 하지만 이들 고급빌라나 아파트들은 고품질과 사치라는 편견 때문에 일반인들의 눈총을 받는다. 그걸 넘어 편안한 이미지로 다가갈 수 있게 만들어주는 색이 블루다.

21세기는 디자인의 시대다. '色의 혁명으로 사회를 바꾸자'는 구호 아래 코코 샤넬, 크리스천 디오르, 피에르 가르뎅 소속의 세계적인 디자이너들이 한자리에 모여 색이 시대와 사회적 현상을 어떻게 변화시켜 왔는지를 조망하는 전시회를 열었다.

웨딩드레스의 상징이었던 흰색 드레스의 경우 19세기 초에는 유행에 민감한 귀족이나 부호 등 특권층의 전유물이었다. 하지만 19세기 중반을 지나면서 '처녀성'을 상징하는 색으로 인식됐다. 서양에선 장례식에 검은 옷을 입는 반면 동양에서는 흰색이 죽은 자에 대한 애도를 연상케 하는 색으로 알려졌다. 붉은색은 서양에서 성적 욕망의 의미로 받아들여져 웨딩드레스에서 금기시되고 있는 반면, 중국의 혼인예복에 자주 등장하는 색이 붉은색이다. 블루진은 애초에 노동자의 옷으로 출발했지만 20세기 이후로 오면서 젊음을 상징하는 패션 아이템으로 받아들여졌다.

이들은 예술과의 협동 작업을 통하여 초현실주의적 의상을 제작하였다. '쇼킹 핑크'나 '슬리핑 블루'와 같은 새로운 색을 만들어내 기존의 고정관념을 과감하게 깨부수는 의상들의 제작과 색의 혁명으로 새로운 세상을 창조하고자 하였다. 또한 블루는 창조의 공간이고 컴퓨터의 소프트웨어이기도 하다.

소프트웨어는 매순간 컴퓨터가 할 일을 말해 준다. 소프트웨어 없이는 컴퓨터가 작동할 수 없다. 블루는 첨단, 전문성, 미래지향적 비지니스 산업의 핵심가치이다. 블루스타킹은 조직 내에서 체계적으로 사고하려는 소프트웨어를 디자인하여 제공하는 역할을 한다. 초연함과 냉정함, 통제와 유연성 그리고 또 다시 창조. 이것이 블루스타킹이 세상을 바라보고 행동하는 방식이다.

06

탱탱한 젖꼭지를 물어라

서울의 S은행으로부터 여성 리더십 강의를 요청받은 적이 있다. 여성 리더십이 요즘 여성들의 조직 관리에서 중요한 이슈로 떠오르고 있기는 하지만 기업 내에서까지 그렇게 큰 관심을 보이고 있는 것 같지는 않았다. 게다가 여성 리더의 영향력이 별로 없었던 시절에 직장생활을 했던 나로서는 그들이 인정을 받고 조직에서 성공하기 위해서는 자신들만의 특별한 실력과 무기를 갖추어야 한다는 이야기 말고는 특별하게 해줄 것이 없었다.

'갤포스'라는 이름을 가진 여직원 모임을 대상으로 한 교육이었다. 갤포스는 꽃꽂이모임이나 등산모임처럼 친목도모를 위한 동호회쯤으로 생각되어지고 있었다. 그런 여직원들의 모임에 자신감과 당당함을 불어넣어주기 위해서 무슨 말을 해야 했을까?

기존의 남자 상사들로부터 '여직원들끼리 모여서 매일 무슨 쓸데없는 이야기나 하느냐?'는 핀잔이나 듣던 시절을 경험한 내가 아니었던가? 그런 내가 그녀들을 어떻게 부추겨야 할지 난감했다. 그런데 모임의 팀장을 만나

여자들에게 마지못해 물려줬던 공갈 젖꼭지와 같은 CS는 이제 기업의 운명을 좌지우지하는 탱탱한 젖꼭지로 변했다. 남자들로부터 가치없는 일이라며 버림받던 CS였다. 오히려 당당하던 기존의 젖꼭지들이 정보화시대와 디지털혁명의 시기를 거치면서 존재가치를 잃어버렸다. 쓸모없다고 방치되던 땅에서 유전이 터진 꼴이다.

면서 이야기의 흐름을 잡을 수 있었다. 갤포스는 고객만족CS을 위해 움직이고 있었던 것이다. 고객만족을 실천하고 그것을 리드하는 집단이었다. CS라는 단어가 그다지 활성화되지 않던 시절의 여직원회와 같은 모임이 아니었다. 그 여직원들은 달랐다. 예쁜 목소리로 분위기나 바꿔주는 분위기메이커가 아니었다. 그들은 남성 중심의 치열한 경쟁체제를 매끄럽게 연결시켜주는 윤활유 역할을 하고 있었다. 고객이라는 연결고리를 중심으로 기업의 강한 파워와 결속을 다지고 있는 젖줄을 물고 있었다. 그야말로 탱탱한 젖꼭지를 물고 있다는 생각이 들었다.

돼지우리 속의 형제들은 힘센 새끼들부터 탱탱한 젖꼭지를 문다. 젖이 콸콸 쏟아지는 탱탱한 젖꼭지는 늘 힘 있고 재빠른 새끼들의 몫이었다. 남성 중심의 비즈니스 세계에서 탱탱한 젖꼭지는 언제나 남성들의 몫이었다. 모든 요직들은 오직 남성들의 차지였다. 여성들은 젖줄의 대열에 끼어보지도 못했다. 시대가 변하면서 여성들에게도 젖꼭지가 나눠지긴 했다. 하지만 그들에게 나눠진 것은 젖이 콸콸 쏟아지는 탱탱한 젖꼭지가 아니었다. 여성

할당제나 토크니즘Tokenism에 의한 구색 맞추기로 나눠준 젖꼭지였다. 그 젖꼭지는 결코 탱탱하지 않았다. 때로는 한 방울의 젖도 나오지 않는 공갈 젖꼭지였다. 그런데 절대 바뀔 것 같지 않던 것들이 변했다. 젖꼭지의 우선순위가 변하고, 차지하려는 사람들이 달라졌다. 모두 뒤로 돌아! 시대가 되어버린 것이다.

여자들에게 마지못해 물려줬던 공갈 젖꼭지와 같은 CS는 이제 기업의 운명을 좌지우지하는 탱탱한 젖꼭지로 변했다. 남자들로부터 가치없는 일이라며 버림받던 CS였다. 오히려 당당하던 기존의 젖꼭지들이 정보화시대와 디지털혁명의 시기를 거치면서 존재가치를 잃어버렸다. 쓸모없다고 방치되던 땅에서 유전이 터진 꼴이다.

패트리샤 세이볼드 그룹의 패트리샤 세이볼드(Patricia B. Seybold) 회장은 '오늘날 우리는 고객혁명The Customer Revolution의 시대에 살고 있다.'고 하였다.

왜 고객혁명인가?

21C에는 고객이 모든 산업을 장악하고 있다. 치열한 시장경쟁의 논리가 난무하는 시대를 넘는 열쇠는 고객이 들고 있다. 고객이 유통이나 디자인, 가격구조, 상품과 서비스의 설계방식과 배달방식을 직접 선택하고 있기 때문이다. 이것은 디지털시대의 새로운 비즈니스 관행이다. 이러한 시대에서 경쟁하는 기업은 고객이라는 최대의 주주를 떠받들어 줄 조직과 시스템이 절대적이다.

이런 칼자루를 지고 있는 것이 S은행의 갤포스였다. 그들은 존재가치만으로도 대단한 모임이었다. 젖줄이 콸콸 흐르는 탱탱한 젖꼭지를 물고 있는 파워 있는 여성 리더들의 조직이었다. 그들과 함께 강의와 토론을 진행하면서 그녀들이 가진 열정과 힘을 느꼈다. 그들이 새로운 시대의 여성 리더들이며, 진정한 블루스타킹의 성공모델이라는 생각이 들었다.

조직도 맨 위에 고객을 모시고 있다는 파고다 아카데미의 박경실 사장. 그녀의 경영이념은 사람을 돕는 사람들People Helping People이다. 특히 그녀는 섬김의 리더십으로 잘 알려져 있다. 고객을 향한 진정한 서비스 정신을 강조했으며, 머리가 아닌 가슴으로 고객과 직원들을 잘 섬긴다는 것이다.

세계적인 다국적기업 HP의 칼리 피올리나 전 회장은 전 세계에 근무하고 있는 자사 직원들에게 다음과 같은 전문을 보냈다.

'앞으로 21세기의 경쟁은 상품Product의 경쟁도 아니고 유통Process의 경쟁도 아니다. 이제는 오로지 사람People의 경쟁시대다. 모든 상품들이 서로의 차이를 느낄 수 없을 정도로 잘 만들어져 있다. 또한 고객들에게 유통, 홍보, 마케팅을 펼치는 수준과 경쟁이 대단히 치열하다. 이제는 고객의 접점에서 누가 어떻게 고객의 마인드를 움직이고, 고객의 마음을 열게 하는가의 문제이다. 따라서 상품의 우수성을 인정받는 최종 마무리는 오로지 사람에게 달렸다. 사람이 어떤 마인드를 가지고 어떻게 마무리를 하느냐에 따라 성과가 달라진다. 이러한 사람을 Best People이라고 하며 오늘날 요구되는 인재다.'

인재란 많이 알고 있는 것이 중요한 것이 아니다. 자신이 알고 있는 모든 지식과 지혜를 충분히 잘 활용하여 기업이나 자신이 원하는 성과를 끌어낼 줄 아는 사람이다. 아는 것과 실천하는 것은 100퍼센트 다른 문제다. 따라서 실천하고 실행할 줄 아는 사람만이 인재이며, 그런 인재들을 스카우트하려는 인재의 전쟁The War for the Talent이 일어나고 있다.

세계 고객만족대상의 심사기준을 제시한 말콤 볼드리지Malcolm Baldrige는 고객만족을 위한 기업의 생산성과 효율성의 기준은 그 기업의 가장 중요한 자산인 사람People에게 있다고 하였다.

그럼 기업에 존재하는 모든 사람이 다 그 기업의 자산이고 인재인가? 그렇지 않다. 기존의 하던 일을 그대로 답습하는 것이 아니라 자신의 업무방식을 0.1퍼센트라도 개선할 줄 아는 사람People이 인재이고, 그러한 일 Project만이 일이라고 할 수 있다. 즉 0.1퍼센트라도 고객중심의 가치와 고객만족의 프로세스를 만들어 내는 일만이 일이고 그러한 사람만이 기업이 요구하는 인재인 것이다.

오늘날 많은 기업들이 기업의 성과창출을 위한 인재육성과 신 인사제도를 도입하고 있다. 이러한 신 인사제도의 가장 큰 핵심은 고객을 중심으로 하는 성과창출이다. 이제는 기업경영의 칼자루가 기업경영의 내부에 있는 것이 아니라 고객의 손에 달려있다. 이러한 시대를 고객혁명Customer Revolution의 시대라고 한다.

고객의 마음을 알고 고객의 마음을 이해하며 고객의 마음을 읽어 갈 줄 아는 사람만이 인재다. 그러한 인재만이 오늘날 치열한 기업경쟁의 전쟁터에서 살아남을 수 있다. 고객의 마음을 사로잡는 것, 그것이 진정으로 탱탱한 젖꼭지다. 그리고 탱탱한 젖꼭지를 여성이 잡고 있다.

07

신화는 없다. 노력만 있을 뿐

'70년대와 '80년대.

새마을운동과 함께 근대화시대의 산업역군이었던 남성들의 성공신화를 들으면서 10대와 20대를 보냈다. 현대그룹에서 샐러리맨으로 시작했던 이명박 씨가 CEO가 된 신화와도 같은 스토리, 샐러리맨들의 우상이었던 대우 김우중 회장의 성공신화와 우리나라 근대화의 주역이었던 사나이들이 땀과 눈물로 보낸 어렵고 힘들었던 시절을 넘어 성공에 이른 입지전적인 이야기를 들으면서 젊은 시절을 보냈다.

TV드라마 「사랑과 야망」의 남자주인공 박태수가 보여준 성공과 야망에 대한 이야기 또한 재미있었다. 젊은 시절 밤낮을 가리지 않고 현장을 내달렸던 그들의 성공스토리는 실감난다. 하지만 마음 한 쪽에 도사린 아쉬움과 허전함은 부인할 수 없다. 왜 남자들만 저리도 헌신적이었을까? 자신의 젊음과 열정을 불살랐던 여성은 왜 보이지 않는 것일까? 그리고 왜 성공한 여성들은 보이지 않는 것일까? 어쩌면 그때 여성들에겐 그런 기회조차 주어지지 않았던 것은 아니었을까? 찾아보면 분명 그런 여성이 있을 것이다. 70~

여성들에게 신화는 없다. 오직 노력한 대가만 있을 뿐이다. 여성 관리자는 한번 자리에서 물러나면 그 다음이 문제다. 상황을 반전시킬 수 있는 시간과 노력은 더 많이 필요하며, 무수한 세상의 편견과도 맞붙어야 하기 때문이다. 몇 번의 시련을 거치면서 더 단단해지고, 그런 경쟁을 거친 뒤에야 조직의 신뢰를 얻을 수 있다. 그 과정에서 여성에게 요구되는 것은 오직 노력이다.

80년대 여직원에서 CEO가 된 당당한 여성의 성공신화가 어딘가 분명 있을 것이다. 단지 우리가 모르고 있거나, 찾지 못하고 있을 뿐.

얼마 전에 새로 지은 아파트로 이사를 했다. 150세대 이상을 관리하는 관리소장으로 부임한 사람이 여자다. 그런데 관리소장이 여자라서 문제가 많은 모양이다. 꼼꼼하게 주변을 살피고, 주부들이 살기 편한 시스템을 만드는 등 여자의 마음을 잘 아는 관리소장이었다. 하지만 다른 사람들은 아니었던 모양이다. 어느 날 남자들이 모여 관리소장을 바꾸자며 목청을 높였다. 알고 보니 여자가 관리소장을 하는 것이 못마땅했던 거였다. 단지 여자라는 이유 하나가 문제였다. 소장은 남자가, 총무는 여자가 맡는 것이 당연하다는 그들의 주장은 반상회를 통해 구체화되었다.

그들에게 장이라는 자리는 남자만의 몫이었다. 여자들은 단지 소장을 잘 보필만하면 된다는 것이다. 여성 관리소장이 무슨 문제를 일으켰거나, 일을 못하고 있다면 당연히 바꿀 일이다. 단지 여자라는 이유로 탄핵의 대상이 되고 있다는 것은 옳은 일이 아니었다. 간판문화, 완장문화에서 길들여졌던 남성들의 깊은 속내를 보는 느낌이었다.

직장생활을 20년가량 했다. 돌아보니 일에 대한 열정만큼은 빛났던 시절이었다. 밤낮 가리지 않고 열심히 뛰었다. 기회만 있었다면 신화창조의 주역도 되었을 거라는 나만의 잣대를 들이대 보기도 했다. 하지만 이제 그런 욕심은 후배들을 통해 이뤄야 할 것 같다. 모든 것은 흐름이다. 그런 것들이 자연스럽게 받아들여질 수 있는 순간이 있다.

전 통계청장관이었던 오종남 IMF상임이사는 한국과 세계경제의 흐름을 바꿀 여성들의 역할에 대해 이야기하면서 우대가 아닌 기회를 강조했다. 여성이기에 우대하여 발탁하진 않는다. 단지 기회가 없었기에 능력발휘를 할 수 없었다는 것이다. 해본 적이 없기에 일을 주지 않는다는 논리로 여성에게 일을 할 수 있는 기회조차 주지 않는 것은 평등의 문제에도 맞지 않다는 것이다. 남자라고 모든 일을 다 잘 할 수 있는 것도 아니고, 여자라고 일을 못하는 것도 아니다. 일단은 서로 공평하게 기회를 주고 그 결과를 정확하게 표현하는 것이 중요하다. 그러면서 오종남 이사는 21세기 리더의 필수 자격조건으로 여성을 이해할 줄 아는 능력이라고 말했다.

21세기는 여성의 시대다. 능력 있는 여성들이 자신의 뜻을 펼칠 수 있는 세상과 만나고 있다. 능력 있는 여성의 상징인 블루스타킹은 이런 세상에서 완장문화에 익숙한 남성들과 어떻게 공존해야 하는가를 고민해야 한다. 여성의 시대가 왔다고 모든 여성들에게 기회가 주어지는 것은 아니다. 당연히 여성들이 보호받고 특혜를 받을 것이라는 생각 자체를 버려야 한다. 블루스타킹이라면 어색하고 딱딱한 분위기를 바꿀 줄 알아야 하며, 능력과 재치로 시대를 리드해 나갈 수 있어야 한다.

여성들에게 신화는 없다. 오직 노력한 대가만 있을 뿐이다. 여성 관리자는 한번 자리에서 물러나면 그 다음이 문제다. 상황을 반전시킬 수 있는 시간과 노력은 더 많이 필요하며, 무수한 세상의 편견과도 맞붙어야 하기 때문이다. 몇 번의 시련을 거치면서 더 단단해지고, 그런 경쟁을 거친 뒤에야 조직의 신뢰를 얻을 수 있다. 그 과정에서 여성에게 요구되는 것은 오직 노력이다. 이영도 시인은 「사랑하였으므로 행복하였노라」는 시를 썼다. 당당한 블루스타킹이라면 신화창조의 주인공 못지않게 열심히 일했기에 미련이 없다고 말할 줄 알아야 한다.

2006년 5·31지방선거에는 여성정치인들이 물 만난 고기마냥 많이도 쏟아져 나왔다. 하지만 말도 안 되는 여성우대 논리로 득을 본 정치인도 있다. 우리가 진정으로 바라는 것은, 열심히 일하려는 여성 인재들이 같은 여성으로 인해 피해를 받지 말았으면 하는 것이다. 열심히 일할 수 있는데, 기회조차 주어지지 않는 것은 서로를 위해서도 결코 득이 되는 일은 아니기 때문이다.

08

유리 구두를 거부하라

2006년 독일 월드컵. 대한민국은 물론 세계 모든 사람들을 둥근 공 하나로 울고 웃게 만들었던 세계의 축제였다. 우리에겐 아쉬움이 많은 대회였다. 하지만 잘 싸웠고, 선수들은 우리에게 영웅으로 남았다. 축구강국 프랑스와도 대등한 경기를 펼쳤던 태극전사들. 그라운드를 누빈 그들도 자랑스러웠지만, 해설가로 나섰던 차두리 부자도 멋있었다.

'70년대와 '80년대를 거치면서 한국 축구의 영웅으로 우뚝 섰던 차범근 감독. 그리고 독일에서 아버지 차붐의 신화를 재현하고 있는 차두리 선수. 두 부자의 해설 모습은 묘한 대조를 이루었다.

차 선수의 거침없는 해설은 건강하고 싱싱했다. 신세대 네티즌들은 그의 말 한마디에 열광했다. 쏟아낸 말들마다 어록이 되었다. 하지만 그런 차두리 선수를 지켜보는 아버지의 마음은 불편했다. 솔직한 표현 때문에 진땀이 났다는 말로 당시의 심정을 이야기하기도 했다.

최선을 다하지만 경직되어 있는 아버지의 모습과 여유 있고 즐길 줄 아는 아들의 모습은 극명한 대조를 보인다. 늘 최고여야 한다는 강박관념과 한참 잘 나가던 시절의 마지막 시기에 유리구두를 신겨줄 왕자가 나타나길 원했다. 하지만 지금의 대학생들은 다르다. 이제 그들에게 유리구두는 딱딱해서 발이 불편한 구두다. 좋은 구두란 자신의 발에 맞아야 하며, 그 구두는 자신이 직접 찾아야 한다고 생각한다. 대학 4학년이라고 조급해하지 않는 여유로움과 독립적인 사고, 당당함이 이제 그들의 또 다른 미덕이다.

치열한 경쟁의 시대를 살았던 아버지에 비해, 대표 팀엔 탈락했지만 열심히 뛰고 있는 동료들을 격려하고 행복해하는 아들의 모습이 새롭고 신선해 보였다.

'남의 행복이 커진다고 내 행복이 줄어들지는 않는다.' 행복에 대한 차두리 선수의 생각이다. 축구 자체가 행복한 생활인 신세대. 즐기듯이 운동을 할 줄 하는 차두리 선수에게 배컴이나 지단은 단지 경쟁상대일 뿐이다. 반짝이는 유리구두는 오직 나의 신발이어야 하고, 그것을 위해서라면 다른 것은 희생당해도 된다는 전투의식의 시대는 지났다. 풍요와 여유로움 속에서 누리고 나눈 시대가 시작된 것이다.

숙명여대 서비스리더십 강의 중에 '노브리스 오블리제'에 대한 학생들의 발표시간이 있었다. 가진 자의 사회적 의무를 말하는 노블리스 오블리제. 그것에 대한 한 여학생의 발표는 대단히 인상적이었다.

발표의 요지는 이랬다.

자신이 속한 그룹에 얼굴이 예쁜 친구가 있었다. 남다른 외모 덕에 남학생들의 눈길을 한 몸에 받았던 그 여학생. 자신의 장점을 십분 활용하여, 친구들에게 선행을 베풀었다. 대학생활 내내 친구들에게 남학생을 소개해주는 역할을 자청한 것이다. 친구는 자신의 역할을 성실히 수행했다. 덕분에 다른 친구들의 대학생활은 즐거웠다. 졸업할 때까지 많은 남자들과 만났고, 그들로 인해 대학생활의 추억이 많이 남았다는 것이다.

발표가 끝나자 학생들은 책상을 치며 웃었다. 능청스럽게 발표를 하던 그 여학생도 재미있었던 순간을 되새기는 것 같았다. 여대이기 때문에 어느 일반 대학의 여대생들보다 공주와 유리 구두의 경쟁이 치열할 것 같았는데, 의외였다. 그들은 독립적이면서 자기의 역할에 최선을 다하고 있었다. 발표를 들으면서 신선하고 재미난 그들의 삶이 문득 부러웠다. 예쁘고 잘난 친구가 있으면 왕따를 시키거나 질투하고 시기하기 마련이다. 자기 역할을 충실히 수행한 친구 덕분에 다른 친구들은 즐거워 보였다. 또한 그 친구 역시 자기 역할을 충분히 수행한 특혜를 톡톡히 누리고 있단다.

풋풋하고 건강한 그들의 대학생활은 충분히 재미있었을 것이다. 그들이 남자들과 만나면서 벌어진 다양한 이야기들은 또 두고두고 추억해도 될 만큼 흥미로울 것이다.

한 학기를 끝날 때면, 안부 인사를 한다며 학생들이 찾아온다. 그들의 방문은 많은 이야기보따리가 따라온다. 하와이로 여름휴가를 떠나는 학생이며 교환학생으로 인도에 가는 학생. 어학 연수차 미국이나 영국으로 떠나는 학생들도 있었다. 나머지 학생들도 지난 학기에 다녀왔거나, 이미 서너 차례 다른 나라들을 둘러보고 온 뒤였다. 졸업과 함께 아예 유학의 길을 나서는 학생들도 있었다.

짧게는 한두 달에서 6개월. 길게는 1년 이상의 시간을 그들은 외국에서 보내고 있었다. 세계를 들락거리면서 자신의 견문과 경험을 넓혀 나가고 있었다. 새로운 세상에 대한 도전을 멈추지 않았다. 글로벌이라는 단어 자체가 부담스럽던 이전 세대와는 많은 부분이 달랐다.

외국 여행을 위해 1년간 통역 아르바이트를 하는 친구도 있었으며, 항공승무원이 되기 위해 1학년 때부터 외국어를 공부하고 이미지메이킹에 힘쓰는 학생들도 있었다. 혼자서 배낭 하나만을 메고 1년 동안 중국과 태국을 돌아보고 왔다는 학생을 만났을 때는, 그들을 가르치는 나와 그들의 생각이 비교되었다.

내가 직장생활을 20년 이상은 하고 난 뒤에야 깨우쳤던 많은 것들은 그녀들은 이미 깨닫고, 당차게 준비까지 하고 있었던 것이다. 그리고 그것을 체험하고 경험하기 위해 몸소 실천하고 있었다.

사실 우리가 살아가는 사회와 직장은 낭만적인 공간이 아니다. 낭만은 캠퍼스에서 시간을 보내던 그 순간으로 끝난다. 치열한 경쟁과 자기와의 싸움만이 존재하는 곳이 사회다. 자기 브랜드 높이기에 힘쓰지 않으면 바로 도태되는 곳이 직장이다. 대학은 원론과 개념의 공간이지만, 사회는 각론과 결과의 공간이다.

예전에는 대학 4학년을 목메달이라 불렀다. 은메달이나 동메달보다 못한 목메달은 졸업하기 전에 직장이든 결혼상대자든 구하는데 목을 메야했던 당시 4학년들의 처지를 빗댄 말이었다. 한참 잘 나가던 시절의 마지막 시기에 유리구두를 신겨줄 왕자가 나타나길 원했다. 하지만 지금의 대학생들은 다르다. 이제 그들에게 유리구두는 딱딱해서 발이 불편한 구두다. 좋은 구두란 자신의 발에 맞아야 하며, 그 구두는 자신이 직접 찾아야 한다고 생각한다. 대학 4학년이라고 조급해하지 않는 여유로움과 독립적인 사고, 당당함이 이제 그들의 또 다른 미덕이다.

그들의 용기가 부러웠고, 세계를 다니면서 몸으로 깨닫게 된 경험과 추억들이 소중했다. 그들이 보고 배웠을 다양한 이국적 경험들이 너무 아까워 그들에게 명함과 이메일 주소를 나눠주며 자주 만나기를 청했던 기억이 난다. 직접 체험하지 못한 이국의 아름다움과 그곳에서 느끼고 깨달았을 다양한 경험들을 간접적이긴 하지만 몸소 체험하고 싶었기 때문이다.

세계와 소통하면서 알차고 당당하게 쌓아가는 그들의 독립적 사고와 자유정신. 그녀들이 이 세상의 리더가 되었을 때 정말 진정한 블루스타킹으로서의 역할을 성실히 다할 것이라는 생각이 들었다.

Cool & Hot. 차갑지만 따뜻하게. 노블리스 오블리제의 숭고한 정신을 실천하면서 부드럽고 강하게 세상을 바꾸어 놓을 그들을 생각하니 가슴이 풋풋해졌다.

09

당당하고 우아한 왕따 되기

어느 잡지에서 미국의 대기업에서 근무하고 있는 유능한 부사장인 일본 여성의 인터뷰를 본적이 있다. 미국에서 공부를 다 했으면 일본으로 돌아가 고국을 위해서 일해야 하지 않는가 하는 질문을 받았다. 하지만 그 부사장은 자신은 절대로 일본으로 돌아가지 않을 것이라고 했다.

왜냐하면 일본에 가면 아무리 자신의 능력을 인정받아도 겨우 차, 부장급의 중간관리자 이상의 기회는 절대 없을 것이라고 하였다. 하지만 그나마 미국이기 때문에 자신의 능력을 이 정도로 인정받고 마음껏 펼쳐 이 자리까지 올 수 있었다고 한다. 여자의 능력에 대하여 우리나라보다 더 폐쇄적인 일본의 현실을 보는 것 같아서 공감하는 부문이 적지 않았다.

이 시대의 당당한 블루스타킹이라고 생각되는 『힐러리처럼 일하고 콘디처럼 승리하라』의 저자 강인선 기자는 앞으로 우리나라의 밑 빠진 독에 물을 붓는 과부하식 퍼대기의 학습 열정과 세계 구석구석으로 발품을 팔은 그녀의 생생한 경험, 지적 노하우가 세계시장을 만나서 한판 승부를 벌릴 것 같은 느낌을 주었다.

강인선 기자, 워싱턴에 남아서 한국 여성의 강함과 능력 있음을 좀 더 뽐내고 돌아오지 하는 마음이 들었다. 외로웠나? 이 시대의 국적 없는 왕따로 남을까봐.

자리 지키기에 급급하고 남들에게 따돌림 안당하고 오로지 상대를 이겨야만 자리 지키고 밥 먹을 수 있는 경직되고 긴장되는 역군의 조직문화 시대를 살아온 우리들은 왕따가 제일 무섭기도 하다.

남자관리자들 틈에 한두 명 낀 능력 있는 여성 관리자들은 남자들의 술자리에 절대로 빠지지 않으려고 자신의 시간과 사투를 벌리곤 한다. 때론 가정의 남편과 아이들도 과감하게 팽개칠 때도 있었으니까.

술자리면 술자리, 노래방이면 노래방. 폭탄주 주는 대로 받아 마시고 화장실에서 다 토하는 선배의 등을 두드려 주면서 '절대 내가 토했음을 남자들에게 알리지 마라' 라는 신신당부를 잊지 않았던 시절이 있었다.

왜 자연스럽게 거절을 못하는가? 거절하면 어떤 불이익이 올까? 그다음에 무슨 일이 생길까? 하지만 그것 또한 여자들의 경직된 생각이다.

정작 남자들의 입장에서는 그렇게까지 먹게 할 생각은 없는데 사소한 것에 오기 먹고 목숨 걸고 매달리는 여자들의 모습이 너무 재미있어서 자꾸 권했다고 한다.

이런 자살골은 절대로 먹지 말아야 한다. 여자들 스스로 좀 더 여유를 가질 필요가 있다. 당당하고 우아하게 한잔 마시며 즐기는 문화, 비록 그것이 왕따가 되어도 좋다는 베짱이 없는 한 영원한 남자들의 먹잇감에 지나지 않는다.

어떤 선배는 여자가 있는 술자리까지 따라가서 분위기 돋우기 위해서 오히려 더 술을 마시고 더 망가지며 노래를 불렀다고 한다. 일에서도 150프로, 방과 후에도 150프로 오버해야 하는 우리 선배들의 처절한 직장생활의 생존 노하우를 귀에 따갑도록 들어왔다. 여자의 능력은 남자의 성공에 더해지는 +@나 구색 맞추기식의 정도로만 생각하는 것이 현실이었으니까.

그래서 강인선 기자처럼 아름답고 당당한 왕따의 길속에서 자신의 글과 말을 키워온 우리네 실력 있는 후배들이 더욱더 아쉽고 그리운 건 사실이다.

혹시나 그녀의 그 당당하고 눈부시도록 아름다운 지성에 남자들의 질투와 시기가 끼어 그 목소리가 보이지 않는 유리천장에 가려질까봐 우리가 더 두렵기도 하다.

워싱턴과 뉴욕에서 자리 잡고 능력 있는 후배를 세계무대로 끌어내 줄 수 있는 멘토의 역할이 더 지금 필요하지 않을까 하는 생각도 해본다.

좁은 국내무대에서의 지지고 볶는 멘토가 아니라 넓게 시장을 펼쳐주면서 멀리서 지원 사격해 줄 폭넓고 그릇이 큰 멘토가 더 필요한 시기인 것 같다.

내가 가르친 겁 없는 제자들도 이제 막 세계 정치무대에 도전하기 위해서 세상이 좁다 하고 미국으로 또 해외로 막 들이대고들 있는데.

강인선 기자의 다양한 경험과 세계적인 정치무대 워싱턴과 뉴욕에서도 밀리지 않는 당찬 그녀의 성공법칙에 많은 후배여성들이 공감하고 도전하기를 바라고 싶을 마음이다.

살짝 부풀린 헤어스타일에 푸른 정장을 입은 힐러리 클린턴 상원의원을 호텔의 프런트 데스크에서 발견하고 그녀를 통해 새로운 도전과 고뇌와 변신과 성장을 보았다고 하였다. 그녀의 변신코드가 앞으로 21세기 블루스타킹의 진정한 성장코드가 아닌가 생각한다. 사람들은 힐러리의 능력이 아니라 야심을 두려워한다.

'내 딸은 힐러리처럼 됐으면 좋겠지만 내 마누라는 절대 안 된다.' 는 모순에 찬 절규가 미국 중년 남자들의 보편적인 반응이다. 반면에 미국의 여성들은 무작정 힐러리를 좋아한다. 그 여자들의 마음속에는 이미 힐러리가 살고 있다.

당당하고 거침없고 강하고 자신만만하게 사는 모습, 권력에 대한 야심도 노골적으로 드러내고, 수없이 거친 비난을 받아도 억척스럽게 견뎌낸다.

그녀에 대한 재미있는 일화가 있다.

클린턴 대통령과 함께 자신의 출신주인 아칸소 주를 방문할 때 주유소를 지나게 되었다. 그 주유소의 사장은 힐러리의 학창시절 동료로서 한때 연정을 품었던 사이였다. 클린턴 대통령이 힐러리에게 당신이 만약 저 남자와 결혼을 했으면 지금 당신은 주유소 사장 부인이 되었겠다고 했더니 힐러리는 내가 만약 저 남자와 결혼을 했더라면 지금쯤 저 사람이 미국의 대통령이 되었을 것이라고 하였다고 한다.

르웬스키 스캔들로 인한 클린턴 대통령의 탄핵 때에도 이혼하지 않고 남편을 받아들이는 것은 진정한 남편에 대한 사랑이 아니라 클린턴의 옆자리를 놓치지 않으려는 그녀의 야망 때문이 아닌가 하는 오해도 받았다. 하지만 호기심 많은 기자들 앞에서 당당하게 내 남편의 바람은 국민들에 대한 정치적인 문제가 아니라 한 가정의 가정사에 지나지 않는다는 말로 일축하며, 화려한 퍼스트레이디의 이미지에서 니트 차림에 머리띠를 맨 평범한 주부의 이미지를 부각하여 국민들의 관심을 돌리게 하여 탄핵의 위기를 벗어나게 했다는 이야기도 있다.

화려하고 멋있는 퍼스트레이디로서 그리고 짧은 머리에 바지정장 차림의 진취적이고 추진력 있는 성공하는 정치인으로서 때와 장소에 따라서 자신의 이미지를 달리하면서 그 숱한 폭풍과 사람들의 거친 입을 견디어내 왔다, 그리고 더 강해지고 성숙해지고 노련해지고 아름다워진다.

그녀로 인해 여성의 아름다움의 기준이 바뀌었다. 독립적이고 자유롭고 강한 여자가 아름답다. 그녀를 통해서 바로 21세기를 바꾸어놓을 능력 있는 부드럽고 강한 힘 블루스타킹의 진정한 참 모습을 본다. 하지만 미국에서도 여전히 많은 기업과 조직이 남성문화의 지배를 받기 때문에 여성은 보이지 않는 차별과 싸우면서 일한다고 한다. 자신에게 맞지도 않는 다수의 문화에 휩쓸리지 않고 자신의 영역을 지켜나가는 것은 보통 정신력 가지고는 할 수 없는 일이다. 웬만하면 모난 돌이 되어 정 맞지 말고 적당히 따라가면서 둥글둥글 살아가자고 한다. '강한여자'라는 것은 거칠고 사납거나 하는 의미가 아니라 '자기다움'을 유지한다는 의미라고 말한다.

차갑고도 따뜻한 여자, 그녀 힐러리 클린턴. 그리고 이 시대의 진정한 블루스타킹. 자기 자신을 잃지 않으면서 세상에서 들이대는 각종 잣대에서 유능하다는 평가를 받는 것이야 말로 가장 어렵고 고독하고 긴 싸움에서 승리이다.

'프로의 남녀는 차별되지 않는다.'는 어느 카피라이트의 말처럼 "탁월함은 모든 차별을 압도한다Excellence excels all discreminination"고 하는 오프라 윈프리는 말이 가슴에 와 꽂힌다. 당당하고 우아한 왕따 되기.

　비교와 평균의 잣대를 완전히 넘어설 수 있는 탁월함을 갖춰야 하니 이 시대의 능력 있는 여성들은 얼마나 더 피곤하고 고단한 경쟁의 시대를 살아야 하는 것인가?

10

Out of Box의 실현

누군가를 성공에 이르게 한 방법은 성공하는 그 순간 이미 구식이다. 하지만 아직도 많은 사람들은 이미 구식이 되어버린 방법에 매달린다.

LG연구소에서 발표한 「기업흥망보고서」에 따르면 '많은 대기업들이 조직관성에 젖어 실패를 자초한다. 대기업의 조직관성은 과거의 성공노하우가 집약된 소중한 자산이기는 하나, 그 당시와 유사한 사고패턴이 조직 내의 지배논리가 되어 외부환경이 급격히 변할 때는 기회를 포착하거나 창조적인 실험정신을 발휘하는데 더 큰 장애가 된다.'고 기술하고 있다.

대기업의 조직관성은 과거 성공의 노하우가 화려한 조직일수록 더 크다고 한다. 그래서 일부 대기업에서는 기업초창기의 설립공신들에 대한 사례로 그들에게 자리를 주기보다 후한 보상으로 끝내는 경우가 많다. 오늘날과 같은 변화무쌍한 경쟁구도 속에서 과거의 성공노하우에 사로잡히는 것은 발 빠른 조직의 변화나 새로운 환경에 대한 도전에 장애가 될 수도 있기 때문이다. 과거는 이미 지나간 일이다. 추억하고 회상하면 된다. 현재와 미래

지금 당신을 가두고 있는 틀 밖에서 생각하라. 자신에게 가장 차가운 비판의 칼날을 들이대고 불필요한 부분을 잘라내라. 자신을 도마질할 냉정한 용기가 있을 때 비로소 과거의 노예가 되지 않을 수 있다. 그것이야말로 우리가 시간을 초월하고 내 자신을 초월해서 성장하는 유일한 방법이다.

는 또 다른 방식으로 맞이해야 한다. 좀 더 유연하고 발 빠르게 움직이지 못한 집단은 늘 과거의 영광에 사로잡힌 채 도태의 길을 걸을 뿐이다. 그런데 문제는 거대한 조직일수록 관성의 늪에서 벗어나지 못한다는 것이다. 보수와 혁신이 대립하고, 신구갈등이 증폭되는 모습은 우리 주변에서 흔히 일어나는 일이다.

안정과 성장의 완급 속에서 직장인들은 갈등하게 된다. '옛날에 잘 나갔는데 요즘은 왜 이럴까?' 그런 고민을 하고 있다면 과거의 성공법칙을 과감하게 버려야 한다. 과거에만 집착하다보면 변화의 계기마저 놓치고 만다. 강인선 기자는 자주 의문을 제기하라고 권한다. 지금 우리가 처한 현실은 무엇인가? 그리고 우리는 그 속에서 시대의 흐름에 잘 따라가고 있는가? 그런 끊임없는 의문 속에 또 다른 성공법칙이 있다는 것이다. 과거의 화려함에서 벗어나지 못하면 변화는 물론 성장도 없다. 피터 드러커는 '40대에 마주하게 되는 지겨움이 곧 지식노동자의 적'이라고 말했다.

한 조직을 책임을 맡고 있을 때의 일이다.

그 조직에는 7년 이상 경리업무만 맡고 있던 여직원이 있었다. 능력도 있고 일처리도 꼼꼼한 터라 승진의 기회를 마련해주고 싶었다. 그래서 리더로서의 능력을 발휘할 수 있는 다른 업무로 옮겨줄 요량이었다. 그런데 정작 본인은 지금의 자리가 좋다는 것이다. 지금의 일을 자기만큼 잘하는 사람도 없고, 이미 업무에 숙달되어 눈을 감고도 척척 해낼 수 있다는 것이다. 분명 지금의 일을 잘하지만, 이제는 좀 더 영역을 넓혀 자리도 옮겨보고 승진도 해야 할 게 아니냐며 자리 옮김을 권했다. 그랬더니 여직원은 화장실로 달려가서 펑펑 울고 돌아왔다. 얼굴 가득 서운함이 묻어나던 그 여직원이 던진 말은 충격적이었다. 여자의 적은 여자라는 것. 어이가 없었다. 여직원은 승진은 하지 않아도 좋으니, 그냥 지금의 자리에 그대로 있게 해 달라는 것이다.

그녀의 행동에는 이유가 있었다. 그녀의 상사들은 일정한 시기가 되면 다른 부서로 옮겨갔다. 그건 내게도 마찬가지였다. 경리업무를 보던 여직원은 아무리 상사가 바뀌어도 늘 그 자리에 있었다. 여자 상사는 처음이었다. 늘 남자 상사만을 모셔왔던 그녀에게 지금의 자리는 노른자위였다. 상당히 뛰어난 미모에 경리업무를 담당하면서 남자 상사들의 일을 도와준 것 때문에 사랑과 총애를 한 몸에 받고 있었던 것이다. 아마 그 여직원은 남자 상사들의 영수증 처리 또한 요령껏 해 주었을 것이다. 그리고 그 일을 가장 잘 할 수 있는 것은 자기뿐이라고 생각하고 있었을 것이다. 그 직원의 요령이 나를 암담하게 만들었다.

여직원이 영수증 처리를 요령껏 잘할 수 있다는 말은 무슨 의미일까? 금전과 영수증을 매개로 은밀하게 주고받았던 그 총애와 다른 직원들로부터 철저하게 지켜왔던 그녀의 자리. 아무도 넘보지 못했던 금단의 자리를 지금

여자 상사가 시기해서 빼앗으려 한다고 느낀 것이다.

　직장과 조직의 일원이면서 성장과 발전보다 오로지 자신의 자리와 남자 상사의 총애에만 연연했던 여직원에게 지금 이 순간은 최대의 위기였다. 다른 여직원들로부터 부러움과 시기를 받았던, 그래서 최대의 황금기를 구가하던 그동안의 시간들이 한순간에 사라질 위기에 처한 것이다. 그 여직원의 자리를 바꿔줘야겠다는 생각이 더욱 굳어진 것도 그 즈음이었다. 그녀의 안일한 생각 자체를 바꿔주고 싶었다. 지금은 나이가 문제되지 않지만, 그리고 지금의 자리가 최고의 자리라고 느껴지겠지만, 그건 한순간이다. 연차로 보면 단순한 행정업무나 보조업무를 하고 있을 처지가 아니었다. 성장하거나 도태되어야 할 위기의 순간 앞에 직면해 있었던 것이다. 조만간 닥쳐올 앞날은 보지 못한 채 지금 이 순간 자기에게 주어진 달콤함에만 빠져있었다. 그런 무지한 여직원이 안타까웠다. 한치 앞도 내다보지 못하는 그녀를 위해 해줄 수 있는 일은 하나 뿐이었다. 결국 그녀는 다른 곳으로 발령을 받았다.

　지금은 남자 상사의 그늘에서 벗어나 승진도 하고 나름대로 한 팀의 리더가 되어 자신의 능력과 리더십을 발휘하면서 재미난 직장생활을 하고 있다. 그녀에게 지금도 내가 원망스럽냐고 물었다. 그녀는 오랫동안 해왔던 업무를 두고 다른 업무를 해야 한다는 것이 상당히 두려웠고 또 그런 변화가 싫었을 뿐이라고 말했다. 만일 그때 지금의 자리로 옮기지 않았다면 자기는 무엇을 하고 있을지 궁금하다고 말했다. 덕분에 모든 업무를 두루 배우고, 지금의 자리에 설 수 있었던 것이 모두 내 덕이라며 고마워했다. 홍조 띤 그녀의 얼굴을 보면서 욕은 좀 먹었지만 억지로라도 밀어붙였던 당시의 내 행동이 잘한 것 같아서 뿌듯했다.

　10여 명의 성공한 엔지니어들을 면담한 피터 드러커는 직원들로부터 다음과 같은 말을 들었다.

"내가 하는 일이 회사의 성공에 중요하다는 것도 알고, 나는 이 일을 좋아한다. 벌써 10년 이상 이 일을 해왔다. 아주 익숙하고 자부심도 느낀다. 그런데 더 이상 이 일은 나에게 도전의식을 주지 않는다. 그래서 더 이상 매일 아침 회사에 나가기를 고대하지 않는다."

지금 이들에게 필요한 것은 진정한 의미의 흥미를 회복하는 것이다. 20년 이상을 근무했던 기업에 과감하게 사표를 낼 수 있었던 것은 조직생활이 주는 신선한 자극과 흥미가 사라졌기 때문이었다.

5개의 계열사들을 돌고 간 그 회사는 계열사 순환을 하기 이전의 분위기와 매너리즘 안에 그대로 주저앉아 있었다. 그런 막연함 속에서 다시 나를 추스르고 기를 불어넣어 새롭게 시작해야 한다고 생각하니 막막했다. 그리고 원점에서 다시 출발할 생각을 하니 힘이 빠졌다.

고인 물은 섞는다. 숲 속에선 숲이 잘 보이지 않듯, 한 곳에 깊이 몸을 담그고 있으면 스스로를 잘 모른다. 'Out of Box'에서의 생각은 또 다른 생각의 관점을 불러온다. 나는 어쩌면 조직에 대한 문제라기보다 오랜 직장생활에서 부딪쳐오는 '정신적으로 지쳐버리는 탈진과 기대감의 상실' 같은 것을 느꼈던 것일지도 모른다. 탈진과 기대감의 상실은 스트레스 때문이 아니었다. 그것은 변화 없음이 주는 단조로움 때문이었다. 나를 새롭게 변신시킬 수 있는 탈출구와 새로운 세상이 필요했다. 이때 흥미를 다시 불러일으키는 것이 'Out of Box'의 생각으로 자신을 가다듬는 것이다. 그 안에서는 절대로 보이지 않았던 것들이 틀 바깥으로 나가서 보니까 훨씬 더 새롭게 보이는 세상이 있었다. 평생직장이 아니라 평생직업의 마인드로 나 자신을 바라보니까 나를 담을 수 있는 그릇이 의외로 크고 다양하다는 것을 알게 되었던 것이다.

만약 그 직장이 내 인생의 전부였다면 그런 좌절은 곧 인생의 좌절이 되었을 것이다. 'Out of box'를 통해 생각과 위치를 바꾸고 나니, 인생에 새로운 도전이 시작되고 있었다. 조직 속에서 하나의 일원으로 살다가 자유 직업인이 되어 자유로운 삶을 누리다보니 삶의 모습이 달라졌다. 20년 동안 몸으로 체험한 경험은 내가 자유인으로 살아가는 기반이 되어 주었다. 그리고 자유로워졌을 때 비로소 보이기 시작했다. '일하고 싶으면 견뎌라', '여성의 성공은 오래 버티기다.'라는 말이 가진 허상을 발견한 것이다. 견디고 버티면 그 자리야 지킬 수 있을 것이다. 하지만 속으로 잃어버리는 것들이 너무나 많다. 고운 심성들, 훌륭한 장점들이 무참히 짓밟히고 마는 것이다.

사회는 장점을 최대한 발휘해도 견디기 힘든 경쟁 집단이다. 일과 생활의 불균형, 남성 중심의 권위적인 사회가 만들어 놓은 편 가르기, 거기에 눈앞에 보이지만 다가갈 수 없는 유리천장과도 같은 자리들. 그런 구조 속에선 오래 버티는 것만이 능사가 아니다. 아직도 버티기에 온 힘을 쏟는 여성들에게 권하고 싶다. 지금의 자리에서 한 발짝 물러서서 또 다른 세상을 만나 보라고. 평소의 일과는 무관하게 자신을 개발하고 발전시키면서, 내면에서 들려오는 삶의 소리에 애정을 가지고 귀 기울이면서 자신을 좀 더 큰 세상으로 던져보라고.

지금 당신을 가두고 있는 틀 밖에서 생각하라. 자신에게 가장 차가운 비판의 칼날을 들이대고 불필요한 부분을 잘라내라. 자신을 도마질할 냉정한 용기가 있을 때 비로소 과거의 노예가 되지 않을 수 있다. 그것이야말로 우리가 시간을 초월하고 내 자신을 초월해서 성장하는 유일한 방법이다.

강한 여성의 착각과 딜레마

Blue
유혜선의 블루스타킹

강한 여성의 딜레마

소와 사자가 있었습니다.

둘은 죽도록 사랑했습니다. 둘은 혼인하여 살게 되었습니다. 소는 최선을 다해서 맛있는 풀을 사자에게 대접했습니다. 사자는 괴로웠지만 참았습니다. 사자도 최선을 다해서 맛있는 살코기를 날마다 소에게 대접했습니다. 소도 괴로웠지만 참았습니다. 참을성에는 한계가 있습니다. 둘은 마주 앉아서 이야기합니다. 문제를 잘못 풀어놓으면 큰 사건이 되고 맙니다. 소와 사자는 끝내 헤어지고 맙니다. 헤어지고 서로에게 한 말은 '난 최선을 다했는데' 였습니다.

소는 소의 눈으로 세상을 보고 사자는 사자의 눈으로 세상을 봅니다. 그들에게 세상은 혼자 사는 무인도와 같습니다. 소의 세상, 사자만의 세상일 뿐입니다. 나 하나만을 생각하는 최선. 상대를 보지 못하는 최선은 최선일수록 최악이 되고 맙니다.

흔히 강한 여성들 사이에서 올 수 있는 착각과 딜레마를 보여주는 우화다. 회의를 하거나 대화를 할 때 가만히 들어보면 자신의 딜레마에 빠져서 거의 일방적인 대화를 하는 경우가 많다. 그렇게 일방적으로 쏘아대는 말에

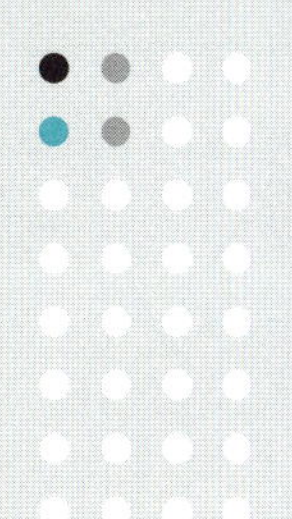

정말 강한 여성 리더는 다른 사람의 말을 잘 들을 줄 안다. 말을 잘하는 것은 기술이지만 말을 잘 듣는 것은 예술이다. 이것을 경청이라고 한다. 경청을 잘해야 한다는 것은 알지만 그것은 엄청난 자기 인내와 순수하게 마음의 비운다는 자세가 필요하다. 자신의 마음속에 꽉 차있는 아집의 쓰레기를 안고 들으면 그대로 튕겨져 나오는 휴지와 같은 것에 지나지 않는다.

대해서 본인은 굉장히 솔직하다고 생각한다. 때와 장소에 따라서 그런 말들은 서로에게 또는 당사자들에게 심각한 상처를 줄지도 모른다는 생각을 정작 본인만 알지 못한다. 그것 때문에 문제가 된다.

그들의 마음속에는 자만에 찬 오리 한 마리가 살고 있다. 그 오리는 수시로 꽥꽥 소리를 질러대면서 딜레마에 힘을 실어준다.

'글쎄 그게 아니라니깐' '아냐 그건 내 말이 맞아' '절대 그럴 리 없어' '무슨 말이야' '아니 그건 턱도 없는 소리잖아' 하면서 마음속의 오리가 상대방과의 대화를 수시로 잘라먹는다. 학식과 외모, 지적수준이 높고 사회적인 배경이 뛰어난 사람일수록 마음속의 오리는 더 크게 소리 지른다. 그리고 내팽개친다. '난 최선을 다했어. 난 하늘을 우러러 한 점 부끄럼이 없어'

너무 무책임하고 자기 본위적인 대화다. 그런 대화에 상처받고 억울한 사람들에게는 오히려 조금만 최선을 덜 했으면 하는 생각이 든다. 이런 현상은 강한 여자, 또는 똑똑한 여자들에게서 더 자주 나타난다.

정말 강한 여성 리더는 다른 사람의 말을 잘 들을 줄 안다. 말을 잘하는 것은 기술이지만 말을 잘 듣는 것은 예술이다. 이것을 경청이라고 한다. 경청을 잘해야 한다는 것은 알지만 그것은 엄청난 자기 인내와 순수하게 마음의 비운다는 자세가 필요하다. 자신의 마음속에 꽉 차있는 아집의 쓰레기를 안고 들으면 그대로 튕겨져 나오는 휴지와 같은 것에 지나지 않는다.

리더는 직원들이나 주변 동료들을 통해서 일의 성과를 올리는 사람이다. 즉 균형적 감각을 가지고 생산성을 높일 수 있도록 에너지 레벨을 높이는 사람이라고 할 수 있다. 진정한 블루스타킹으로서의 강한 여자는 인간관계의 달인들에게서 나타나는 4가지 특징들을 잘 실천할 수 있는 유연성과 자기 조절능력을 가진 사람이다.

리더는 직원들이나 주변 동료들을 통해서 일의 성과를 올리는 사람이다. 즉 균형적 감각을 가지고 생산성을 높일 수 있도록 에너지 레벨을 높일 줄 아는 사람이다. 그런데 보통 강한 여성들이 가장 빠지기 위운 착각과 딜레마는

첫 번째, 타인을 절대적으로 인정하지 않는다는 것이다. 보통 강한여자들은 모든 문제를 자신이 가장 잘 해결 할 수 있다는 생각 때문에 상대방의 존재를 잘 인정하지 않는다는 점이다. 그러다보니 일방적이고 독선적인 일처리가 추진력과 결단성에 혼동을 일으켜, 조직 내에서 주변 동료들의 공감을 얻지 못하게 만들고 만다.

두 번째, 강한여자들은 다른 사람이 자기보다 조금이라도 낳다는 것을 절대로 인정하지 않으려는 경향이 있다. 만약에 다른 사람으로부터 칭찬을 받으면 바로 질투의 화살을 꽂고 그 사람에 대한 비판과 분석에 들어가기 때문이다. 진정한 블루스타킹으로서의 유능한 리더는 다른 사람의 장점을 최대한 활용할 줄 아는 여유와 배짱이 있어야 한다.

세 번째, 다른 사람들의 이야기를 절대로 잘 듣지 않는다. 다른 사람들

의 이야기를 듣는다는 것은 자신의 주도권의 상실이라는 불안감에 휩싸이기도 한다. 그래서 다른 사람의 말하는 중에 끼어들기, 잘라서 말하기로 먼저 결론을 내려버린다.

언제나 원색적이고 표면적이다. 자신의 카드를 다 드러내 보이고 밀려난다. 그래서 항상 일방적이고 독선적인 스타일이라고 조직 내에서 왕따를 당하기가 일쑤다. 이런 식으로는 절대로 다른 사람들과의 협조를 얻어내지 못할 뿐 아니라 조직 내 성공은 더욱 더 기대하기 어렵다.

IBM의 회장 루 거스너는 조직의 성공과 실패의 기준은 소속직원들의 차이와 가능성을 얼마나 끌어내 주느냐에 따라 달렸다고 하였다. 차이를 인정하고 가능성을 발견해 줄 수 있는 여유와 능력을 가졌다면 진정한 블루스타킹으로서의 창의적 리더십을 발휘할 수 있을 것이다.

훌륭한 리더는 자신이 문제를 해결하기 보다는 어떻게 도와줄 것인가를 많이 생각한다. 그래서 오늘날의 리더는 코치가Coach가 되어야 한다고 한다. 그리고 훌륭한 리더는 상대방으로 하여금 자신의 목표를 생생하게 마음속에 비주얼화시켜 줄 수 있는 능력을 가지고 있다.

강한 여성들의 착각과 딜레마, 이러한 생생한 비주얼을 무색하게 만들어 버리는 엉뚱한 파워를 발휘할 때가 있다는 것은 알고 있을까?

마지막으로 질문을 잘한다. 훌륭한 대화란 말은 적게 하고Telling, 좋은 질문Askong은 많이 해야 하는 것이다. 한국의 어머니들은 아이들이 학교에서 오면 '공부 잘 했니?' 아니면 '오늘 시험은 몇 점이나 받았니?' 등 직접적이고 강한 질문으로 상대방의 대화 의지마저 말살시켜 버린다. 모든 대화가 질문하는 사람에게서 끝난다. 더 이상 진전시킬 수 있는 대화를 사라지게 만들어 버린다. 교육문제로 자주 비교되는 이스라엘의 어머니들은 다르다. 그 나라의 어머니들은 자녀들이 학교에서 돌아오면 '오늘 선생님께 무엇을 질문했니?'라며 자녀들로 하여금 대화 속으로 자연스럽게 들어올 수 있도록 유도한다.

IBM의 회장 루 거스너는 조직의 성패를 소속직원들의 차이와 가능성을 얼마나 끌어내 줄 수 있느냐 에서 발견했다. 훌륭한 리더는 자신이 문제를 해결하기보다 어떻게 문제를 해결할 수 있도록 도와주어야 하는가를 먼저 생각한다. 그래서 최근 사회가 원하는 리더는 코치Coach다. 훌륭한 리더는 상대방으로 하여금 자신이 정한 목표를 마음속에서 비주얼하게 만드는 제주를 이끌어낼 줄 안다.

강한 여성들이 자주 범하는 착각과 딜레마는 생생한 비주얼을 만들어내는 사람들의 능력자체를 무력화 시키는 것이다.

02

언니나 잘하세요

요즘 TV사극이 재미있다.

예전에 「여인천하」나 「장희빈」 같은 사극도 재미있었지만 「대장금」의 시대를 거치면서 우리나라 사극이 한 단계 업그레이드된 느낌이다. 기존의 드라마들이 답습하던 왕을 중심으로 한 여인들의 끊임없는 암투와 갈등에서 벗어나고 있다. 그래서 장금이가 보여준 장인정신과 한상궁이 보여준 멘토정신을 한때 여성 리더십의 표본으로 활용하기도 하였다. 요즘은 거기서 더 발전해서 전통과 현대의 만남을 추구하는 퓨전 사극이나 퓨전 드라마들이 새로운 트렌드로 자리 잡아가고 있다. 춘향전을 새롭게 조명한 「쾌걸 춘향」과 전통적인 가치를 신세대의 언어와 생각 속에 담아낸 「궁」의 색다름이 인기를 끌기도 했었다. 사극 속에선 늘 남성의 보조자였던 여성들의 역할도 두드러지고 있다. 남성 영웅의 틈바구니에서 얌전한 꽃으로만 존재하던 여성들이 당당한 영웅으로 거듭나고 있다. 최근 인기를 끌고 있는 사극 「주몽」에서 한혜진 씨가 맡은 소서노라는 캐릭터는 남장을 한 채 투구를 쓰고 말을 달리면서 남성 못지않은 무술실력을 뽐낸다. 또한 「연개소문」에서도 연

여성의 시대. 차별과 불평등 속에 살아왔던 여성들에게 능력을 유감없이 발휘할 수 있는 시대가 온 것이다. 누구나 열심히 자기 능력을 발휘하면 뜻한 바를 이룰 수 있는 시대가 지금 시작되고 있는 것이다. 일하는 여성 1,000만 명의 시대. 여성들이 당당히 중요한 요직에 자리 잡고 있는 시대. 그런 시대를 맞은 것이다.

소정이라는 여장부가 등장한다. 연개소문의 여동생인 그녀는 전장에 나가 용맹하게 싸운다. 그동안 남성 중심의 사극에서 보기 드문 장면이다. 작가는 역사 속에서 지대한 역할을 감당했던 여걸들을 모습을 작품의 전면에 부각시켜 사극 앞으로 여성들을 끌어들이기로 한 모양이다. 늘 꽃 같은 자태로 구중궁궐에 갇힌 채 백마 탄 왕자만을 바라보던 여성 주인공에 익숙한 시청자들은 소서노나 연소정의 등장이 신선한 충격이다.

시대가 변하면서 역사 속에 파묻혀있던 여성들에 대한 인식마저도 달라지고 있다. 그들을 바라보는 시각 자체가 다양해지고 있다. 여성의 시대. 차별과 불평등 속에 살아왔던 여성들에게 능력을 유감없이 발휘할 수 있는 시대가 온 것이다. 누구나 열심히 자기 능력을 발휘하면 뜻한 바를 이룰 수 있는 시대가 지금 시작되고 있는 것이다. 일하는 여성 1,000만 명의 시대. 여성들이 당당히 중요한 요직에 자리 잡고 있는 시대. 그런 시대를 맞은 것이다.

하지만 이러한 시대를 맞은 여성들은 정작 자기 능력을 충분히 발휘할 준비가 되어 있을까? 이쯤에서 스스로에게 문제제기를 해 보아야 한다. 일하는 여성들이 늘어나면서 직장 안팎에서 여성대 여성의 갈등구조가 늘어나는 추세다. 남성 중심의 불평등한 사회에서 여성들은 남성들과 경쟁을 하는데 전력을 다하다보니 '여성들끼리의 문제'는 대수롭지 않게 생각해 왔다. 또한 문제가 있더라도 피해의식 속에서 쉬쉬하거나 감추기에만 급급했다. 그러면서도 그들은 서로를 항상 협조하고 도와줄 수 있는 사람이라고 생각했다. 그러다가 남녀 간의 대결구도에서 벗어나자마자 여성들끼리도 경쟁을 해야 한다는 대결의식이 생겨나기 시작했다. 하지만 거기에 대한 대비는 전무한 상태였다. 갈등과 대립을 남성들의 전유물로 여기면서 남성과 여성을 구분 짓는 경쟁으로 삼아 왔는데 이젠 그 경계가 희미해진 업무현장 속에 여성들이 쏟아져 나온 것이다. 사실지향적인 남성들과는 달리 관계지향적인 성향을 가진 여성들은 어떻게 행동해야 할지 모른 채 당황스러워 하고만 있다.

직장은 성격 좋은 직원보다 성과 좋은 직원이 우대받는다. 성과의 중심엔 늘 남성들이 있었다. 관계지향적인 여성들은 삭막한 조직문화의 언저리를 맴돌면서 서로 위로만 했었다. 직장여성들은 각자가 흑과 백, 마녀와 요정, 가해자와 피해자로 공존해왔다. 좋은 사람이면서 훌륭한 직원이 되기 힘든 것이 거기에 있다.

팀장으로 재직하며 몇십 명의 여직원들과 함께 생활하던 시절이었다. 그 시절 남자 팀장이라면 절대 그렇게 하지 않을 것 같은 말들을 자주 들었다. 그리고 남자 팀장과는 다른 대우를 받기도 했다. 그럴 때마다 어이가 없었다. 여자들은 남자 팀장과 여자 팀장에게 서로 다른 잣대를 들이대고 있었다. 남자 팀장은 상사지만 여자 팀장은 언니였다. 일이 잘못되었을 때, 남자 상사에게 혼나는 것은 어쩔 수 없는 일이지만 여자 상사에게 혼나는 것은 이해되지 않는다는 투였다. 같은 여자로서 어떻게 이럴 수 있느냐며, 항변했다. 그럴 때마다 여자들이 더 하다는 생각을 떨칠 수가 없었다.

남자 팀장에게 애교도 잘 부리고 부탁도 잘하던 이 대리가 있었다. 결혼을 해서 임신을 하게 되자 갑자기 친한 척 하기 시작했다. 임신을 했기 때문에 업무적인 배려를 해 달라는 거였다. 그제야 직속상사인 내 존재가 필요했던 것이다. 같은 여자의 입장에서 이럴 경우에는 자신을 배려해줘야 하는 게 아니냐는 제스처를 보내오기 시작했다.

그런 이 대리의 요청을 거부했던 것은 오히려 동료 여직원들이었다. 임신이라는 상황의 문제가 아니라, 그동안 생활에서 그녀는 동료들의 인심을 잃고 있었다. 팀장의 자리에서 조율해 주는 것도 한계가 있었다. 선배가 야단을 치면 언니나 잘하라며 반격을 하던 이 대리였다. 그러면서 정작 후배들 앞에선 마초적인 선배 노릇을 톡톡히 하고 있었다.

늘 자신의 미모와 능력을 뽐냈다. 유능한 남자 상사와의 열렬한 연애 끝에 결혼에 골인하면서 동료 여직원들로부터 동경과 흠모를 받기도 했다. 남편의 배경은 그녀의 사내 네트워크도 풍성하게 만들었다. 남편이 본부장과 친하다거나, 남편과 술을 마신 이사님이 늦은 밤 집에 쳐들어와 3차까지 하고 갔다는 등의 이야기를 전하면서 자신의 위치와 배경을 뽐냈다. 하지만 그녀도 임신이라는 특수한 상황 앞에선 달라지고 있었다. 자기 일을 동료들이 도와주길 바랐던 것이다. 하지만 아무도 그녀의 일을 도와주겠다고 선뜻 나서질 않았다. 결국 내게 도움을 요청했지만, 내가 해 줄 수 있는 것도 그리 많지 않았다. 동료들의 무관심에 상처를 받은 그녀는 '여자들이 더하다', '여자의 적은 여자다'는 말을 남기고 사표를 재출했다.

객관성을 유지해야 한다는 입장에서 인사팀에 여성들의 출산휴가와 근무조건에 대해서 문의를 한 것이 본부장의 귀에 들어갔던 것이다. 결국 전례를 만들 수 없다는 결정 아래 사직을 하게 되었다. 결국 여자들의 갈등이 남자들에 의해 마무리 되었다. 이 대리는 떠나면서 그런 것 하나 해결해주지 못하는 무능한 팀장이라며 내게 화살을 돌렸다. 남자들과의 투쟁에서 살아남은 여자 상사들이 더 권위적이라며, 위에서 내린 결정을 모두 내 탓으로 돌렸다. 일하는 여성이 증가하면서 여성과 여성의 갈등이 늘어가고 있다. 남녀차별의 문제와 함께 사내 갈등의 중요한 축으로 떠올랐다.

조선일보사가 국내 10개 대기업 여직원 303명을 대상으로 설문조사한 결과 '여자동료와 갈등을 겪은 적이 있는가?'라는 질문에 85.2퍼센트가 '그렇다'고 대답했다. 또한 '겉으로 표현한 적은 없지만 내재된 갈등이 있다.'(67.2퍼센트) '대놓고 싸우거나 말다툼한 적이 있다.'(18퍼센트)는 의견도 상당수였다.

어떤 남자 상사는 어떤 여직원들이 친한지 파악해 두었다가 인사이동이나 변동이 생기면 둘을 갈라놓기도 했다. 어떤 때는 두 여직원을 경쟁시켜, 그 질투심을 이용하기도 했다. 둘의 질투심을 충성경쟁으로 몰고 가서 자기 이득으로 삼았다.

『여자의 카리스마는 따로 있다』의 저자 낸 무니는 함께 일하는 여성들이 자매애를 발휘해 서로 도와야 한다는 생각은 말 그대로 '동화 속 이야기'일 뿐이라고 적고 있다. 현실에서는 한없이 착한 신데렐라도 없고, 못된 계모도 없다는 것이다. 현실에서는 작은 일에도 자신감이 흔들리고, 성공하고 싶은 욕심과 편견과 이성의 관심을 차지하고 싶은 질투심을 마음속에 꼭꼭 감추고 있는, 살아 숨 쉬는 여자들만이 존재할 뿐이라고 하였다.

소파승진과 기생파티

「소파승진」이라는 영화는 프랑스식 음란승진인 프로모션 카나페 Promotion Canape를 떠올린다. 프랑스 시골의 두 소녀가 체신공무원 신입사원으로 입사하면서 겪는 이야기를 코믹하게 그려낸 이 영화는 조직 내에서 벌어지는 횡령, 갈취, 협박 등 온갖 부정을 보여준다. 공무원 인사행정의 비리를 접하게 되고, 그 속에서 여성들의 승진과 성적인 고민을 하게 되는 이야기를 다루고 있다.

조직 내에서 만인이 우러러보는 신데렐라가 된다는 것은 성적인 희생 없이 불가능했던 시절의 암울한 이야기다. 여자가 힘든 것은 마음속에 화학적 반응을 불러일으키는 사랑의 감성인자가 내포되어있기 때문이다. 그래서 여자는 직장 내에 감춰진 시한폭탄과 같다. 언제, 어떻게, 어느 방향으로 터질지 모른다. 절대로 이성적으로 판가름하는 건 불가능하다.

미 국립경제연구소에서 실시한 '외모와 노동시장의 상관관계'에 대한 조사에 따르면, 외모가 뛰어난 여성이 그렇지 않은 여성보다 연봉이 최소 5퍼센트이상 높다고 한다. 여성에게 있어서 외모는 무시할 수 없는 존재가치

'저속과 파격'은 이 모든 것을 스스로 책임지고 감당할 수 있을 때, 건전하고 신선하게 인정받을 수 있다. 정신 차리고 보니까 이게 아니네 하고 가슴 칠 후회는 자신이 조절할 수 있는 범위 안에 있어야 한다. 이러한 이성적 잣대가 부족한 여성들의 경쟁은 서로의 눈을 찌르게 하는 비참한 형상이 되고 만다.

이며 경쟁력의 한 수단이라고 하는 것이 일반적인 생각으로 나타났다.

실제 조직 내에서의 업무성과를 보면 외모가 뛰어난 여성이 그렇지 못한 여성보다 자신감 있게 업무를 수행하고 있다는 평가를 받는 경우를 종종 볼 수 있다. 외모는 다른 사람으로부터, 특히 남성들로부터 자신의 우월감과 존재가치를 인식시키는 아주 중요한 수단이다. 그러다보니 조직 내에서 외모를 통하여 자신의 능력을 더 높이 평가 받으려는 모순과 직면하기도 한다. 안타깝게도 외모는 직장에서 능력으로 인정받기 때문이다. 외모지상주의가 판치는 경쟁사회 속에서 뛰어난 외모는 곧 다른 여성들보다 앞서 갈 수 있는 최고의 방법이 될 수 있다. 외모는 타인과의 관계, 신분, 자신감, 가치관을 반영하는 거울이 된다.

이러한 평가를 내리는 쪽은 물론 남성이다. 힘과 권력을 가진 남성으로부터 자신의 외모를 인정받는다는 것은 곧 자신의 능력을 인정받는다는 것과 같은 의미이며, 경쟁 관계에 있는 다른 여성보다 더 우월한 위치에 있다는 증거이기 때문이다. 그것이 승진과 연결이 되면, 소파승진도 불사하는 무모함이 되기도 한다. 이런 무모함은 남성들의 입장에서 보면 즐거운 무모함이다.

조직이 성과를 창출해야 할 시기가 되면 여성들의 경쟁 심리는 더욱 극대화된다. 업무 외 시간에 벌어지는 단합과 회식의 시간에는 누가 불려 가느냐? 또 누가 가장 힘 있는 사람의 곁에 앉느냐가 경쟁의 주제가 된다. 그 자리에 초대받지 못한 사람들의 입에 오르내리는 '기생파티'다.

기생파티. 가진 자To be와 추종자Want to bo들의 암묵적 승승의 합의가 이루어지는 아주 생산적이고 쾌락적인 조직의 프로모션이다. 남녀가 혼재하는 조직의 활성화와 동기부여. 그보다 더 생산적일 수 없다.

이러한 분위기 속에서 그 자리에 부름을 받은 누군가가 승진을 하면 이것이 바로 소파승진이 되는 것이다. 그런데 다른 입장에서 보면 두 가지의 양면성이 있다.

윗사람의 입장에서 보면 일도 못하는데 불러서 밥 사주고 술 사주고 할 수는 없는 일이다. 은밀히 술을 마시는 자리는 열심히 했다는 칭찬과 앞으로 더 잘하라는 격려의 의미가 포함된 포상의 자리가 된다. 이 자리가 남자들끼리의 술자리라면 아무런 문제가 없지만 여성들이기 때문에 무수한 비약과 억측과 오해가 난무하다. 또 그런 문화에 익숙하지 못한 여성들의 입장에서 보면 그런 황송한 포상에 대한 응대의 방법을 모른다. 아름다운 여성적 외모라도 보답하려는 그릇된 충정이 발휘되기도 한다.

분위기를 만드는 것도 중요하지만 건전한 비즈니스 파트너로서 술자리에서 대접받는 자세를 배우지 못했기 때문이다. 또 그렇게 대우받을 수 있는 기회를 갖지도 못했다. 엄한 아버지 밑에서 첫 술잔을 받으면서 주도를 배웠어야 했는데, 딸에게 술을 가르친 아버지는 없었다. 남성들에겐 접대문화가 익숙했지만, 여성들은 그런 자리 자체가 익숙하지 않았다.

이러한 자리를 이용해서라도 튀고 싶어 하는 그릇된 경쟁심이 오늘날 건전하게 칭찬받는 여성 인재들의 당당한 능력을 매도시켜 버렸다. 여성의 능력은 그 이상도 이하도 아닌 것이다. 그렇게 폄하되어 존재해왔다. 이성이 있는 남녀들이라면 예술과 외설을 구별할 줄 아는 지성에 바탕을 두는 것과 같은 이치이다. 또 파격과 일탈은 그 사람의 인격과 지성을 보장받은 상태에서만 인정이 된다.

평소엔 엄격하기로 소문난 사장님이 회식자리에서 넥타이를 머리에 묶고 뽕짝을 신나게 부를 때가 있다. 직원들을 위해 작정하고 망가지기로 한 것이다. 하지만 그 분은 그대로 사장님이다. 아무리 망가져도 그의 직책은 고스란히 사장님이기 때문에, 뭘 하고 놀아도 재미있다. 전략적으로 망가져 주기. 상대방을 무장해제 시켜놓고 모든 것을 평가하기. 높은 사람들의 예리한 평가기술을 어리석게 오버하며 충성하는 사람들은 잘 모른다. 여성들은 다분히 감성적이라서 이러한 절제와 이성적 자제에서 상식을 뛰어넘어 버리는 실수를 할 수 있다. 또 그것을 교묘하게 이용하거나 즐기는 남자들도 있다. 남녀 사이의 경쟁이 더욱 심화 될 조짐이 보이는 요즘 같은 상황에서 걱정이 아닐 수 없다. '저속과 파격'은 이 모든 것을 스스로 책임지고 감당할 수 있을 때, 건전하고 신선하게 인정받을 수 있다. 정신 차리고 보니까 이게 아니네 하고 가슴 칠 후회는 자신이 조절할 수 있는 범위 안에 있어야 한다. 이러한 이성적 잣대가 부족한 여성들의 경쟁은 서로의 눈을 찌르게 하는 비참한 형상이 되고 만다.

이러한 현상은 절대적으로 자신의 외모와 능력에 자신이 있다고 생각하는, 모든 패러독스에도 불구하고 이기고 싶은 욕망뿐인 강한 여자들의 착각임을 알아야 한다.

■소파승진의 거짓과 진실

사례1

기획사 근무하는 유미리 씨. 얼마 전 그녀는 과장으로 승진했다. 유일한 여성 과장이었다. 승진이 발표되자 사내에선 그녀의 승진이 소파승진이라고 수군거렸다. 남자 직원들보다 여직원들 사이에서 수군거림이 더 잦았다. 미모도 뛰어난데다, 김 본부장과 카풀을 하면서 둘의 관계가 이상해졌다는 소문까지 나돌았다. 하지만 유미리 씨는 평소에도 자기에게 철저한 사람이었다. 새벽에는 영어학원에 몇 년째 다니고 있으며, 시간을 내서 틈틈이 요가도 배우고 골프도 배웠다. 게다가 그녀의 프레젠테이션 솜씨는 차분하고 꼼꼼하기로 정평이 나 있다. 그래서 특별한 행사가 있을 때면 그녀의 존재가 더 부각되곤 했었다.
차분하고 겸손하게 자신의 지위를 받아들이고, 절제와 적절한 무시로 상대를 응대하는 신임 유미리 과장의 태도는 프로답고 당당했다.

사례2

영화사 홍보담당 홍경희 차장. 성격이 쾌활하고 밝다. 자신의 아버지와 많이 닮은 감독님을 존경한다. 그래서 촬영이 있을 때면 잘 챙기는 편이다. 늦은 촬영이 있으면 함께 술잔을 기울이며 힘을 북돋워주기도 했다. 그런데 두 사람 사이에 스캔들이 터졌다. 떳떳했던 홍 차장은 '나만 아니면 그만이지 뭐' 하며 무심하게 생각했다. 그런데 소문은 꼬리에 꼬리를 물면서 더욱 커져만 갔다.

이건 아니다 싶었을 땐, 소문이 걷잡을 수 없을 만큼 커진 뒤였다. 그리고 그 소문의 중심에 동료 여직원이 있다는 것을 알게 되었다.

스캔들은 적극적으로 대처하지 않으면 자꾸만 커진다. 그리고 그 소문의 진원지를 찾아보면 꼭 자신을 가장 경계하던 여직원이 있다. 소문을 확실히 정리해야만 승진을 하던지 다른 일의 기회도 잡을 수 있다. 불필요한 오해를 사지 말고 정정당당하게 자신의 능력을 펼쳐나가야 한다.

사례3

경리담당 김민주 대리. 다른 회사에서의 근무경력이 있다. 이 회사로 온 지 얼마 되지 않았는데 전 회사에서의 안 좋은 일로 퇴사를 했다는 소문이 퍼졌다. 게다가 고위간부를 배경삼아 입사했지만 얼마 있지 않고 나갈 사람이라는 소문까지 나돌았다. 전 회사에서 윗사람과의 문제로 퇴사한 것은 사실이지만, 새로운 회사에서 열심히 일하기로 마음먹고 있던 터였다. 동료들은 전 회사의 소문도 궁금해 했지만, 이곳으로 불러들인 고위간부를 더 궁금해 했다.

동료들과 좀 더 많이 대화하고, 그들과 자신이 다르지 않다는 것을 인지시킬 필요가 있다. 조직 안에서의 융화에 더욱 힘써야 한다.

사례4

영업담당 주미례 팀장. 승진한지 얼마 되지 않았다. 사장님과 같은 동네 살고 있다. 영업사원으로 있을 때부터 실적이 좋아 다른 직원들로부터 부러움과 질시의 대상이 되었다. 얼굴도 상당히 예쁜 편이다. 선임 남자직원들도 많았지만, 그녀가 팀장으로 발령받았다. 사장님과 같은 동네에 살기 때문에 퇴근을 함께 한 적도 많고, 그러면서 친해졌다는 후문이다. 사장님과 같은 동네라서 차를 몇 번 얻어 타고 간 적은 있지만, 기사가 있을 때였다. 그로인해 특별히 혜택을 받은 것은 없다. 항상 고객의 집에서 바로 퇴근을 하는 경우가 많아서, 사장님과 함께 퇴근을 같이하는 경우는 손에 꼽는다.

항상 영업실적을 올리기 위해서 나름대로 최선을 다하고 있을 것을 사람들인 인정해 주지 않는 것 같다. 내용으로 승부한다는 자세로 일관되게 일한다.

사례5

교육팀의 나한주 강사. 다른 회사에 이력서를 넣고 있다는 소문이 나돈다. 강의도 잘하고 평가도 좋아서 윗사람들이 주목하는 강사다. 그런데 다른 회사로 몸값을 올려서 가려고 한다. 직장생활을 하는 사람이라면 자신의 캐리어 관리에 신경을 쓰는 것은 당연하다. 그리고 다른 회사에서 몇 번의 요청을 받은 적도 있다. 회사를 떠난다는 생각보다는 이러한 루머를 역이용해서 현재의 위치에서 자신의 몸 값을 올리는 것도 좋은 방법이다. 슬쩍 자신과 경쟁이 된다는 동료강사에게 귀띔을 주면 백발백중 위의 팀장의 귀에 들어가게 마련이다. 자신의 회사에서 훈련된 강사를 놓치고 싶은 상사는 절대로 없다.

성희롱, 성차별, 성무시

날씨 좋은 봄날을 맞아 회사에서 야유회를 간다.

몇 대의 관광버스에 나누어 타고 희희낙락 짝을 맞춰서 수다를 떨기도 하고 노래를 부르기도 하면서 즐거운 여행 속으로 그들은 빠져들고 있다.

관광버스 여행에서 빠질 수 없는 것이 있다면 돌아가면서 노래하는 재미. 입담 좋고 재미있는 사회자가 있어야 한다. 이럴 때 꼭 한 명씩의 새로운 스타가 발굴된다. 또 사무실 내에서 느껴보지 못한 동료들의 새로운 모습들을 발견하는 즐거운 시간이 되기도 하다.

가볍고 흥겨운 마음으로 돌아가면서 한 곡조씩 뽑는다. 어쩌면 다들 그렇게 노래를 잘하는지 모두다 기질이 다분하다. 평소에 강단 있고 대차기로 소문난 우리 회사의 최초의 여성 이사님께서 노래를 할 차례다. 노래는 못한다고 손사래를 치며 발뺌을 하는 이사님. 그걸 그냥 지나칠 사회자가 아니다. 그런데 의외로 심수봉의 「당신은 누구시길래」를 간드러지게 불렀다.

평소의 이미지와는 너무 다른 노래였기 때문에 앙코르와 박수가 터져 나왔다. 그때 누군가가 이 분위기에 찬물을 끼얹으리라 생각했다. 역시 농

모든 판은 다시 짜야하고 모든 시나리오들은 새로 쓰여야 한다. 왜냐하면 기존의 모든 가치기준이 남성 중심이었기 때문이다.
새로운 조직 속에서 게임의 법칙을 만들어내는 새로운 여성 리더 '블루스타킹'을 통하여 섹시하고 쿨하며 당당하고 실력 있는 그런 여성 인재가 남자들과 함께 어깨를 나란히 하면서 그들과 맞장을 뜰 수 있어야 한다.

담 잘하는 박 부장이었다. '아니 그런 경험도 있으신가 보죠?'라며 농을 던진 것이다. 모두가 한바탕 박장대소했다. 조금 어색한 농담이었지만, 흥겨운 분위기 속에 그냥 묻어가는 듯 했다. 그런데 박 부장은 옆에 앉은 예쁜 여직원을 보면서 '너는 절대로 저렇게 되지 마라. 알았제?'라며 하지 않아도 될 말을 했다.

순간 분위기가 차가워졌다. 그런데 한 술 더 뜬 것은 여직원이었다. 아무 일 아니라는 듯이 '예!'라고 답해 버린 것이다. 얼마 전 남편과 이혼하고 아이 둘을 데리고 살면서 어려운 가정생활을 꾸리고 있는 이사님의 등이 한없이 쓸쓸해 보였다.

그녀에게 이사라는 자리는 본인의 적극적인 요구와 따짐을 통해 얻어낸 쟁취의 결과물이었다. 그녀의 당찬 행동이 남자동료들의 따돌림으로 돌아왔다. 게다가 동료 여직원들 역시 접근하기 힘든 여자라는 오명을 씌워 그녀를 멀리했다. 그녀를 돕는 것은 그녀와 같은 취급을 받길 바라는 것으로 비춰졌다. 이사님은 힘들고 쓸쓸하게 그 자리를 지켜오고 있었다. 여자로서 힘들게 올라간 그 자리가 여직원들에게 선망의 자리가 되질 못했다. 절대로 가고 싶지 않은, 남자들로부터 배척을 받아야 하는 자리로 인식되고 있었다.

그렇게 강한 이미지로만 존재하던 이사님이 가냘프고 여린 목소리로 심수봉을 노래할 때, 사람들은 모두 놀라지 않을 수 없었다. 그런데 그런 이사님에게 비수를 날린 것이 그 여직원이었다. 그녀는 능력이 아니라, 여자라는 이유 하나만으로 배척당하고 있었던 것이다.

직장 내에서 벌어지는 성희롱이 문제다. 하지만 성희롱은 성적 관심이 있을 때나 가능하다. 조직 내에서 여성들이 겪는 성적 불평등 중에서 성차별이나 성희롱보다 가장 무서운 것이 성무시다. 좀 얼굴이 예쁘장한 여직원이 입사를 해서 당하면 성희롱에 해당한다. 여직원을 귀여움의 대상으로 생각하지 비즈니스 파트너로서는 손톱만큼도 생각하지 않는 단계에서 나타나는 현상이다. 대리와 과장을 거치면 성희롱은 성차별로 바뀐다. 중요한 회의 시간에 다른 업무를 보게 하거나, 아침을 출근해보면 회의실에서 남자들끼리 아침미팅을 하고 있는 것을 볼 수 있다. 관련자끼리의 회의라고 하지만 핵심에서 제외되고 있다는 느낌은 지울 수 없다. 그러다가 차장이나 부장 이상의 관리자급으로 성장하면 이젠 성무시의 대상이 된다.

성무시는 어떤 성희롱, 성차별보다 더 비참하고 잔인하다. 무참하게 쏟아지는 언어의 폭력과 일방적이고 노골적인 따돌림. 자존심 때문에 이빨을 깨물면서 참는다. 그 상황을 모르는 바깥세상의 사람들이 '야 참 대단한 여자인가보다.'하고 인정해 주는 그 순간을 위해서.

여자 상사들의 그런 모습은 후배 여직원들마저 등을 돌리게 만든다. 같은 여자로서 다독이고 위로할게 아니라 절대로 저렇게 살진 말아야겠다는 다짐을 하게 한다. 그런 환경 속에서 여성의 모델과 멘토는 기대하기 힘들다.

마녀사냥으로 끝난 우리 선배들의 외롭고 힘든 직장생활을 후배들은 아무도 이어받고 싶어 하지 않는다. 어쩌면 내가 직장을 뛰쳐나온 것도 그런 마녀사냥의 총알받이가 되기 싫었기 때문이었을 것이다. 올라갈수록 목이 조여 오는 높게만 보이던 그 자리가 위엄과 선망과 존경의 자리가 아니었기 때문이다. 그 자리는 질시와 반목과 왕따의 자리였다. 올라갈수록 무서워지는 자리였다. 그래서 모든 판은 다시 짜야하고 모든 시나리오들은 새로 쓰여야 한다. 왜냐하면 기존의 모든 가치기준이 남성 중심이었기 때문이다.

새로운 조직 속에서 게임의 법칙을 만들어내는 새로운 여성 리더 '블루스타킹'을 통하여 섹시하고 쿨하며 당당하고 실력 있는 그런 여성 인재가 남자들과 함께 어깨를 나란히 하면서 그들과 맞장을 뜰 수 있어야 한다.

『여자의 카리스마는 따로 있다』의 저자 낸 무니는 솔직하되 잔인하지 않고 이해하되 의존하지 않으며, 자비롭되 자신을 희생하지 않으면서 함께 더불어 일할 줄 아는 여자. 그들의 카리스마는 따로 있다고 하였다.

- 자신감과 권리의식은 어떻게 해야 생기는가?
- 여자 상사와 여자 부하직원들에게 기대하는 것은 무엇인가?
- 함께 일하는 여성들한테 미움 받을지 모른다는 두려움에 대해 어떻게 이야기해야 하는가?
- 경쟁, 갈등, 힘, 영향력의 개념을 오늘날 직장에서 여성들이 담당하는 역할은 무엇인가?

위의 질문에 대해서 총체적으로 함께 머리 맞대고 고민하고, 다시 정리해 보자. 이러한 고민과 갈등, 그리고 경쟁은 또 다른 성장의 의미이다.

연대만 있고 전략이 없다

2006년도 지방선거에서 가장 두드러지는 특징은 여성정치인의 대거 등장이었다. 여성의 시대를 맞아 여성 스스로가 여성 인재들을 뽑고 여성들의 연대를 부르짖었던 그런 선거였다.

이름을 거론할 순 없지만 여성들의 네트워킹을 주장하는 많은 연대 조직들이 우후죽순처럼 나타났다. 하지만 하나같이 연대만 있고 전략은 없었다. 새로운 인적 네트워킹을 위하여 새로운 의지가 담긴 단체에 가입하고자 모임에 간적이 있다. 크든 작든 모임에 가면 꼭 같은 분위기의 프로세스를 지나고 나면 그냥 흐지부지한 모임이 되고 만다. 그래서 좀 식상하다는 느낌을 갖다가 더 이상 가지 않게 되는 경우가 대부분이다.

보통 첫모임은 자기소개로 시작한다. 모든 것이 자신을 기준으로 비교 평가 된다. 나이는 몇이나 됐을까? 결혼은 했을까? 남편의 직업은 무엇일까? 외모의 수준은? 소속? 직급? 자녀의 수는? 부의 수준? 학력수준? 여기서 자신의 영향력은 어디까지일까? 등등

그 다음에는 자신의 존재가치와 시선집중의 강도에 따라 계속 참석을

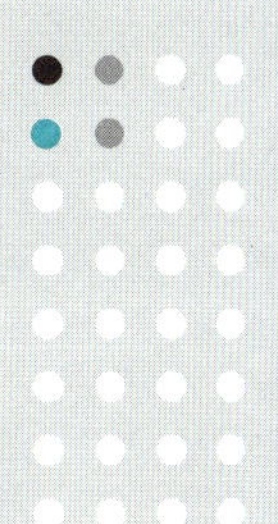

전략적, 문화적으로도 완벽한 조화를 추구할 수 있는 최적의 연대만이 오늘날 끝없이 요구되는 여성문화의 사회적 연착을 기대할 수 있다. 전략적 문화적으로 완벽한 조화를 위하여 가장 시급한 문제는 그 연대의 미션과 비전을 정확하게 공유하는 문제이다. 모두가 한 방향으로 바라볼 수 있게 해야 한다. 그러한 뚜렷한 방향이 제시되지 못하면 서로 자신들의 호구조사에서 더 깊은 수다로 넘어갈 수밖에 없다.

할 것인가 말 것인가가 결정된다. 아무리 거창한 이슈와 사회적 인식이 요구된다 하더라도 자신이 중심이 되지 않는 모임엔 아무런 의미를 느끼지 못한다. 뭔가 따분한 주제가 주어지거나 자신에게 부담스러운 역할과 책임이 주어지면 그다음부터 참석을 고려한다. 역할과 연대책임에 대한 사회적 학습이 남자들에 비해서 잘되지 않은 극단적 현상이라고 할 수 있다.

밥 먹고 수다 떠는 문화에 익숙했는데, 사회적 이슈에 대한 토론과 비판 또는 문제해결이라는 익숙하지 않은 문화에 섞이다보니 모임은 어색하고 부담스럽다. 잘난 척 나서는 사람이 얄밉고, 직접 나서려니 쑥스럽다. 그러다보니 비슷한 또래의 사람들만 만나게 된다. 관심사가 비슷하다보니 그렇고 그런 이야기들만 나누다가 결국엔 남편 얘기, 아이들 얘기로 넘어가게 된다. 동네 아줌마들끼리 수다 떠는 것과 별반 다를 바 없는 모임. 이야기는 잡담으로 이어지고, 서로에게 진부해지기 시작한다. 문화적, 전략적 공통점을 찾아야하는데 마땅한 탈출구조차 발견하지 못한 채 모임은 시들해진다.

대부분의 여성들이 연대를 부르짖지만 정작 제대로 된 전략적 마인드가 부족하다. 그래서 여성들의 연대의식에 필요성과 목적을 숙명여대 서용구 교수의 『생활 속의 마케팅』에서 말하는 「협력과 제휴」라는 맥락에서 이해를 해보고자 한다. 서 교수는 이 세상을 살아가면서 협력과 제휴는 동식물의 세계는 물론이고 모든 인간생활에서 보편적 진리를 띤 생존원리라고 말한다. 협력과 제휴에 대한 참석연대 인들의 장기적인 목표와 비전이 얼마나 일치하느냐는 '전략적 제휴(연대)'와 참석자간의 정서와 문화가 얼마나 서로 매력적인가를 말하는 '문화적 제휴(연대)'를 고려할 줄 알아야 한다.

참석자들이 서로 일치된 전략 목표를 가지고 있으나 문화적인 조화부재로 불협화음이 발생하는 경우 그 조직을 '목표일치형 연대'라고 부를 수 있다. 전략적 제휴 동기가 특정한 전략목표를 공유하기 때문에 이 영역에 위치하고 있는 참석자들은 그래도 어느 정도 희망이 있다. 비록 문화적, 정서적 충돌로 인한 문제는 발생할 수 있지만 이를 최소화할 수 있는 뚜렷한 이슈와 자신들의 의지만 있다면 훌륭한 연대가 될 수 있다.

대다수의 사례를 보면 전략적 목표를 공유하기 때문에 일단 참석은 했지만 끝내 문화적 충돌이나 운영진들의 노하우 부족으로 실패하는 경우가 의외로 많다. 그러나 참석자들 간의 정서적, 문화적으로는 조화가 잘 이뤄지고 있어도 전략적 목표가 일치되지 않는 경우 그 모임의 성공 가능성은 현저히 줄어든다. 그동안 익숙하게 해왔던 계모임이나 사교모임 정도의 수준을 벗어나지 못한다는 생각을 갖기 때문이다. 또한 참석자들 간에 문화적으로 충돌이 일어나고 전략적인 목표에서도 혼선이 생긴다면 이 연대는 실패로 끝나기 십상이다. 그야말로 동상이몽에다 설상가상 형이 될 것이기 때문이다.

'전략적'이라는 말은 말 그대로 전략적 목표의 일치와 문화적, 정서적 조화가 가장 중요하다. 전략적 완성도 높고 문화적 조화도 잘 이루어지는 경우 가장 이상적인 연대가 될 수 있다. 그렇게 하려면 무엇보다도 일차적인 호구조사가 끝났으면 다음 그 모임의 전략적 목표와 이루고자하는 미션과 비전을 모두 다 일치하게 공유할 수 있어야 한다. 만약 아직 그럴 단계가 아니라면 그 이유에 대해서 서로 분명하게 토론될 수 있어야 한다.

토론과 경쟁의 문화에 익숙하지 않은 여성들이 그 자리에서는 좋은 게 좋다는 식으로 넘어가다가 나중에 겁먹고 비겁한 칼날을 뒤통수에 꽂고 도망가는 현상을 초래하고 만다. 왜냐하면 자신의 의견을 당당하게 주장하고 토로해 본 경험이 많지 않기 때문이다.

전략적, 문화적으로도 완벽한 조화를 추구할 수 있는 최적의 연대만이 오늘날 끝없이 요구되는 여성문화의 사회적 연착을 기대할 수 있다. 전략적 문화적으로 완벽한 조화를 위하여 가장 시급한 문제는 그 연대의 미션과 비전을 정확하게 공유하는 문제이다. 모두가 한 방향으로 바라볼 수 있게 해야 한다. 그러한 뚜렷한 방향이 제시되지 못하면 서로 자신들의 호구조사에서 더 깊은 수다로 넘어갈 수밖에 없다. 뒷장에서 좀 더 자세하게 언급하겠지만 SMART기법에 의한 모임의 목표를 공유하기 바란다. 호구조사 다음으로 가장 시급한 문제이다.

모임의 취지와 목표를 구체적으로 명시할 수 있어야 하고, 만남의 목표는 반드시 수치로 측정될 수 있어야 한다. 적극적으로 참여하자라는 식의 추상적인 표현은 목표로 공유하기 애매하다.

수치로 표현된 목표는 현실적으로 도달 가능성이 있어야 한다. '한 달에 한 번, 독거노인을 위한 봉사활동을 실시한다.' 는 식이다. 비현실적인 목표는 목표가 아니다. '저 출산에 대비한 생산력 저하를 막기 위하여 한 가정 아이 한 명 더 낳기 캠페인을 벌이자!'라는 구체적이고 현실적인 목표를 공유하고 서로 실천할 수 있도록 모임의 동기를 더 촉구한다. 그리고 목표도

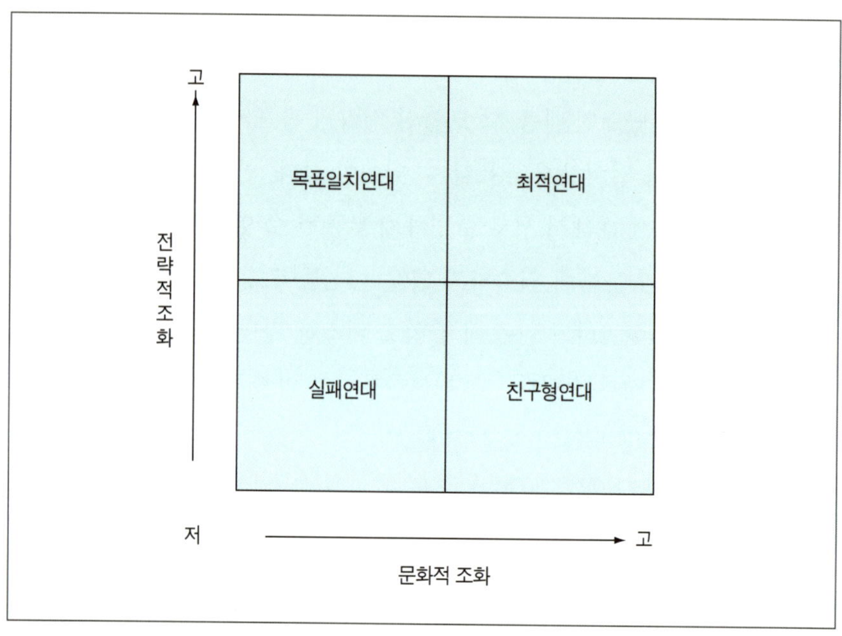

서영구 교수 『생활 속의 마케팅』 중에서

달을 위한 시간이 주어져야 한다. 기간 내의 조그마한 목표를 서로 이루어 가고 있다는 성취감이 더욱 더 그들의 연대감을 깊게 할 수 있을 것이며 그들의 사회적 존재가치는 더 높아질 것이다.

06

날아다니는 슈퍼우먼

뉴스나 WWE의 대표 프로그램인 RAW를 즐겨보게 된다.

쇼인지 스포츠인지 헷갈릴 정도로 화려한 무대와 디바들의 멋있고 현란한 기술들을 보면 알 수 없는 카타르시스가 느껴진다. 그런데 우연히 여성들의 모임에서 RAW의 스타 '트리플 H'나 '더 락'에 대해 이야기할 기회가 있었다. 그런데 그 자리에 나보다 더 열심히 RAW를 이야기 하는 여성들이 의외로 많았다. 내심 놀랐다. 과격한 운동이라 도외시했던 프로레슬링이나 이종격투기 같은 운동을 참 많은 여성들이 즐겨보고 있었던 것이다. 그리고 그들은 그것을 좋아하고 있었다. 또 실제 관람하는 것에서 한걸음 더 나아가 킥복싱이나 태보와 같이 격한 운동을 직접 해보고 싶어 하는 여성들도 많았다.

우리의 엄마들이 이런 과격한 운동을 좋아하는 이유는 그만큼 내부적으로 쌓였던 억눌림과 한의 정서가 링 위의 선수들을 통해 대리 만족되고 있었기 때문이다. 그들을 통해 스트레스가 풀리고, 쌓인 울분이 해소되고 있었던 것이다.

옛날에는 결혼을 하면 자신의 미모 가꾸기에서 해방된 듯 보였다. 아줌마로 불리는 그 순간부터 염치와 체면은 사라졌다. 대충 입고 대충 먹고 대충대충 살았다. 남성과 여성 사이에 아줌마라는 제3의 성이 존재했다. 요즘엔 그렇지 않다. 아무리 결혼을 했다 하더라도 외모 경쟁에서 나태해지지 않는다. 아줌마이면서 시선과 이목에 신경을 쓰고, 사람들로부터 주목받기를 원하는 신데렐라의 꿈을 포기하지 않는다.

일하는 직장여성들의 입장에서 보면 앞뒤좌우 사방천지가 모두 자신의 적이다. 남녀 모두가 자신의 경쟁 상대다. 특히 결혼한 여성들은 더 심하다. 그들은 기득권을 쥐고 있는 남성들과도 싸워야 했지만, 젊고 화려한 미혼 여성들과도 싸워야 했던 것이다.

옛날에는 결혼을 하면 자신의 미모 가꾸기에서 해방된 듯 보였다. 아줌마로 불리는 그 순간부터 염치와 체면은 사라졌다. 대충 입고 대충 먹고 대충대충 살았다. 남성과 여성 사이에 아줌마라는 제3의 성이 존재했다.

요즘엔 그렇지 않다. 아무리 결혼을 했다 하더라도 외모 경쟁에서 나태해지지 않는다. 아줌마이면서 시선과 이목에 신경을 쓰고, 사람들로부터 주목받기를 원하는 신데렐라의 꿈을 포기하지 않는다. 젊은 아가씨들과 당당하게 미모를 겨루고, 그들의 몸매와 미모를 부러워만 하지 않는다. 그들은 당당한 줌마렐라가 되기를 원한다.

얼마 전 다국적 할인점인 까르푸와 월마트가 한국 시장에서 철수한다는 소리를 들었다. 그들이 한국에서 두 손 들고 물러난 데는 국내 대기업들의 텃새와 글로벌 기업들이 뿌리 내리지 못하는 한국적인 토양의 탓도 있었지만, 아줌마들의 까다로운 소비성향도 한몫 단단히 거들었다. 요즘 젊은 주부들은 가족들의 건강을 위해서 무섭도록 공부하고, 찾아다닌다. 물건 하나 고르는데도 까다롭다. 꼼꼼하게 분석하고 정보공유를 통해 좋은 물건을 찾아낸다. 또 자녀교육에도 적극적이다. 아이의 공부를 위해서라면 그 무엇도 두려워하지 않는다.

직장이면 직장, 일이면 일, 자녀교육, 자기개발, 재테크, 소비시장, 최근 마케팅 시장의 여성주도 트렌드 등 대부분의 자리에 아줌마의 힘이 미치고 있다. 한때 아나기(아줌마는 나라의 기둥) 운동이 아줌마들의 자존심을 세우더니 이제는 여성 경제인으로, 전문 직업인으로, 세상의 역할을 바꾸는 블루 스타킹으로 정말 바쁜 나날을 살아가고 있다. 또 욕심을 내어 어느 한 가지도 포기하고 넘어가려고 하지 않는다. 일과 가정의 병행으로 인한 직무 스트레스도 만만찮다. 정말 날아다니는 슈퍼우먼이 아니면 도저히 불가능한 인생을 살아가고 있다.

「여성신문」의 조사에 의하면 요즘 직장여성 70.6퍼센트 이상이 우울증을 경험하고 있다고 한다. 실제로 직장여성들이 호소하는 우울증의 주요원인은 과도한 업무, 상사와의 갈등, 불확실한 비전과 임신, 출산, 자녀교육, 성 역할에 이르기까지 다양하다.

중간관리자로 근무하는 미혼여성인 강(39세) 씨는 일요일 오후부터 시작되는 불안감으로 심장이 삼하게 두근거리고 월요일 아침까지 이어지는 불면증을 호소한다고 한다. 상사와의 소통문제와 지적이 아닌 비난조로 말하는 상사의 거친 말투에서 모멸감을 느낀다는 것이다.

전문가들은 오늘날 이런 상황에서에 처한 우리 여성들을 슈퍼우먼 콤플렉스에 시달린다고 진단한다. 모든 사람들이 일하는 엄마들은 슈퍼우먼이기를 원한다는 것이다. 하지만 모든 것을 잘할 것이라는 기대감 때문에 업무생산성이 저하된다. 잦은 결근, 조직 내 갈등, 산재, 높은 이직률 등의 문제들이 나타난다. 최근에는 여성고위직과 중간관리자의 수가 예전보다 늘어나면서, 여성 상사와 업무갈등을 겪는 직장 남성의 사례도 늘고 있다고 한다. 날아다니는 슈퍼우먼이 되려하지 말고 현명하게 역할 분담하는 지혜로운 엄마가 되었으면 하는 바람이다.

오늘날 다양한 문화적 충족요건에 의한 슈퍼우먼 콤플렉스와 여성들이 성 고정관념의 틀 속에서 겪게 되는 어려움은 그들의 높은 우울 경향에서도 엿볼 수 있다. 연구들에 따르면 거의 모든 문화권에서 여성들은 남성들에 비해 높은 우울증을 보여주고 있다.

우울증에 대한 남녀 비율은 1:2에 달한다고 한다. 이에 대한 생물학적 원인이 불분명한 현실에서 여성의 높은 우울증은 슈퍼우먼 콤플렉스와 더불어 어린 시절부터 받아 온 강화의 부족, 타인과의 관계성에 대한 지나친 강조, 가정 지향적인 역할 강조 등이 원인이 될 수 있는 것이다.

■ 자기점검

나의 스트레스와 우울증의 수준은 어느 정도인지 한번 진단을 해보자.

지난 1주 동안 자신의 상태를 가장 잘 나타낸다고 생각되는 답을 하나 골라 선택한 후 점수를 합산한다. 자가 척도 우울지수가 70점 이상이면 반드시 전문가를 찾아서 상담을 받아야 한다.

No	문 항	아니다 (1점)	때때로 (2점)	자주 (3점)	항상 (4점)
1	나는 의욕이 없고, 우울하고 슬프다.				
2	나는 하루 중 아침에 가장 기분이 좋다.				
3	나는 갑자기 울거나 울고 싶을 때가 있다.				
4	나는 잠을 잘 못자거나 아침에 일찍 깬다.				
5	나는 전과 같이 잘 먹는다.				
6	나는 이성과 함께 이야기하고 함께 있기를 좋아한다.				
7	나는 체중이 준 것 같다.				
8	나는 변비가 있다.				
9	나는 심장이 빨리 뛰거나 두근거린다.				
10	나는 별 이유 없이 몸이 나른하고 곤하다.				
11	내 정신은 그전처럼 맑다.				
12	나는 어떤 일이든지 전처럼 쉽게 처리한다.				
13	나는 안절부절 못하고 가만히 있을 수가 없다.				
14	나의 장래는 희망적이라고 느낀다.				
15	나는 평소보다 짜증이 많아졌다.				
16	나는 매사에 결단력이 없다고 생각한다.				
17	나는 유익하고 필요한 사람이라고 생각한다.				
18	나는 내삶이 충만하고 의의가 있다고 느낀다.				
19	내가 죽어야 남들이 편할 것 같다.				
20	나는 전과 같이 즐겁게 일한다.				

당신의 자가 측정 우울지수는 (   )점입니다

(자료 = 인제대 서울 백병원 스트레스 센터)

■자가 측정 우울지수

50점 이하 : 정상

50-59점 : 최소한에서 약한 우울증

60-69점 : 중에서 고도의 우울증

70점 이상 : 극도의 심각한 우울증

07
강한 여자의 7가지 콤플렉스

성공을 인정받고 싶어 하는 여자들은 외롭다.

마음속에 자신이 설정해 놓은 덫이 있어 외롭고 힘들게 하기 때문이다. 지금까지의 성공의 기준은 다른 사람으로부터, 그 중에서도 강한 남자로부터 인정을 받고 부러움을 사는 것이었다. 모든 역할에 대한 가치설정도 타인이 인정하는 기준이어야 했다. 하지만 오늘날의 진정한 블루스타킹은 이러한 기준을 넘어서서 오로지 자신의 삶의 행복의 성공 잣대를 세울 수 있어야 한다.

내가 선택한 전문분야야서는 끝까지 양보하지 않는 프로다운 근성이 있어야 하고, 내가 선택하지 않은 분야에서 떳떳할 수 있는 여유와 베짱이 있어야 한다. 그것은 인간이기 때문에 오히려 더 큰 지지와 호응을 받을 수 있는 요소가 될 수 있다.

'그래 나는 그 분야에서 잘 모르기 때문에 당신이 필요한거야'라고 말할 수 있다면 그는 유능하고 성공하는 리더로 인정받을 수 있다.

어느 여성학 강의에서 들었던 내용이다. 강한 여자들은 잘난 척하면서 모든 역할에 대한 가치설정도 타인이 인정하는 기준이어야 했다. 하지만 오늘날의 진정한 블루스타킹은 이러한 기준을 넘어서서 오로지 자신의 삶의 행복의 성공 잣대를 세울 수 있어야 한다. 내가 선택한 전문분야야서는 끝까지 양보하지 않는 프로다운 근성이 있어야 하고, 내가 선택하지 않은 분야에서 떳떳할 수 있는 여유와 베짱이 있어야 한다. 그것은 인간이기 때문에 오히려 더 큰 지지와 호응을 받을 수 있는 요소가 될 수 있다.

스스로의 덫에 걸려 나자빠진다는 것이다. 그녀들은 7가지의 콤플렉스에 발목 잡히고, 인생을 고단하게 살아간다. 그녀의 삶을 괴롭히는 7가지 콤플렉스는 어떤 것이 있을까?

1〉 착한 여자 콤플렉스

주변 사람들로부터 '좋은 여자'라는 칭찬을 받고 싶어 한다. 착하고 귀여운 여자라는 인상을 심어주기 위해 자신의 욕망과 개성을 희생하려는 심리상태를 가졌다. 이러한 심리에는 반드시 절대적으로 의지하고 그렇게 보이고 싶어 하는 상대가 존재하고 있다. 그리고 그 절대적인 존재로부터 자신의 존재를 남들보다 더 인정받으려는 기대와 욕심이 내재하고 있다. 그러한 기대가 무너졌을 때는 한없는 상실감과 자괴감에 빠져버린다. 모든 판단과 가치의 기준이 그 절대적 평가에 의존하고 있기 때문이다. 직장생활에서는 그러한 존재가 권력이나 파워를 가진 남자일 경우가 많다. 자기의 의견을 내세우기 보다는 나를 희생하고 웬만한 심부름을 알아서 처리해주고 나보다는 남을 위해 봉사하는 여자들이다. 이처럼 상대방의 요구를 잘 거절을 못하고 남의 일을 떠맡는 사람들은 주변 사람들에게 그는 원래 그런 사람이라고 각인될 뿐 개인적인 발전에는 전혀 도움이 되지 않는다고 한다. '아니요'라고 단호하게 거절할 수 있는 용기기 있어야 한다. NO라고 말해도 아무도 그녀를 탓하지 않는다. 그런데 착한 여자들은 그런 말을 차마 못한다. 그런 말을 못하기 때문에 영악한 사람들에게 이용당하기 일쑤다.

아름다운 마음씨이긴 하지만 혹시 '여자는 여자답고 온순하고 희생과 인내를 갖추어야 한다.'는 전통규범에 붙잡혀 있는 것은 아닌가 생각해 볼 필요가 있다.

여성들이 지나치게 자기의 뚜렷한 주장을 가지고 있을 때는 드세고 시집가기 힘들다는 비판을 받기 때문에 얌전하고 착해야 한다는 강요당하고 있는지도 모른다. 이렇게 가정과 사회에서 길러낸 착한 여자들은 의존적이고 수동적인 자세로 자신의 운명을 좌우하는 남자를 찾아 자기 인생을 모두 걸고 스스로의 책임을 회피한다.

2) 신데렐라 콤플렉스

신데렐라는 항상 누군가로부터 절대적인 시선과 관심을 받는 유일한 존재로서 자신을 인정하고 있다. 그래서 자신과 비교되는 타인을 절대로 인정하지 않는다. 이러한 신데렐라는 자신의 인생을 변화시켜 줄 사람은 오로지 백마를 탄 왕자의 출현만을 기다리는 심리적 의존 현상에 있다. 따라서 항상 관심을 독차지하려는 억압

된 태도와 불안이 뒤얽혀 여성의 창의성과 의욕을 한껏 발휘하지 못하게 하는 일종의 미개발 상태로 묶어 두는 심리 상태이다. 신데렐라 콤플렉스의 원인은 '아빠의 귀여운 딸'로 키워지는 어린 시절교육에서 비롯된다. 그렇게 때문에 사회의 구조적인 변화와 함께 신데렐라 콤플렉스에 사로잡힌 여성 자신의 의식구조를 변화시키는 것이 가장 중요하다.

직장생활에서의 백마 탄 왕자는 당연히 자신을 가치를 인정해줄 파워 있고 권력을 가진 남자 상사들이다. 그들은 그런 남자 상사들의 인정을 받기 위해서 여자들 간의 비열한 경쟁도 서슴지 않는다. 그 남자의 인정만 받게 된다면 자신의 약점을 보완해서 경쟁 상대의 여자를 훨씬 더 뛰어넘을 수 있다는 계산도 가지는 여자이다. 그녀들은 어쨌든 다른 여자들보다 우월하다는 인정을 받아야만 심리적으로 안정을 할 수 있다. 이런 여성들에게 어려서부터 익숙해져 있던 신데렐라의 결혼은 가장 이상적인 성공의 모델이다. 가장 합법적인 안전지대이자 경제적 보루로서 결혼을 선택하여 전적으로 모든 것을 남성에게 의존하며 살아간다. 이런 신데렐라 콤플렉스에 사로잡혀서 결혼하는 경우 대부분 실패할 확률이 높다고 한다.

여성 자신 속에 뿌리 깊게 자리 잡은 신데렐라 콤플렉스를 극복할 때 비로소 여성은 자율적이고 주체적인 존재로서 성공적인 삶을 영위할 수 있다.

3〉 슈퍼우먼 콤플렉스

일하는 여성의 시대가 왔다고 하지만 실질적으로는 여성들에게만 이중노동의 부담만 주어져 있다. 남자들과의 경쟁에서 절대로 질수 없는 완벽한 직장생활과 퇴근 후에 기다리고 있는 가정일과 또주어진 역할들. 어느 한 가지라도 소홀이 되면 그것은 자신의 무능함을 인정하고 자퇴해야하는 멍에를 짊어져야 한다.

역시 당신이야. 우리 엄마 대단해. 자랑스러운 우리 딸. 착한 우리 며느리에 붙여지는 대단하다는 찬사 때문에 자신의 몸이 부서지고 망가지는 줄도 모르는 슈퍼우먼들이 고단함을 자초하고 있다.

자신이 가지고 있는 능력에 상관없이 직장인, 주부, 어머니, 아내, 며느리라는 서로 상충되는 역할을 완벽하게 하려는 심리상태로 모든 것을 자신이 스스로 수행하지 못하면 심한 불안감, 초조감, 죄책감 등으로 고통을 받는다.

가정에서 이제는 사회적인 노동력으로 변화된 여성의 지위에도 불구하고, 아직도 여성은 현모양처여야 한다는 고정적인 성 역할에 대한 태도가 변화지 않은 탓에 여성은 엉터리 주부, 사회적으로 불성실한 노동력이라는 비난을 받지 않으려고 슈퍼우먼이라는 허상 속에 빠지게 된다.

맞벌이 부부가 모두 양육자, 가정 관리자, 경제의 담당자가 될 수 있으며 그 중 어느 누가 어떤 역할을 하느냐라는 것이 중요한 것이 아니다. 둘이 함께 이 일을 공동으로 해야 한다는 사실을 받아 들이는 자세가 중요하다.

4) 외모 콤플렉스

여자의 의미는 아름다움에 있으며 외모가 자신의 생애에 중대한 영향을 미친다고 믿는다. 외모에 대한 심리적 부담감이 열등감이

나 우월감으로 표현되는데 이를 외모 콤플렉스라고 한다.

여자의 변신은 무죄라고 할 정도로 여성들의 외모 가꾸기에 대한 남자들의 찬사는 약간 함정이 있다. 남자는 능력, 여자는 외모라는 생각은 자신을 남성의 소유물로 보는 순종적이고 강요된 고정관념임을 인식해야 한다. 그리고 여성들이 외모 가꾸기에 몰입하고 있는 순간에 남성들의 훨씬 더 실속 있고 파워 있는 일들을 독차지 할 수 있다. 남성들의 보호 속에 안주하기 위해 외모를 가꾸기보다는 세상의 흐름이 어떻게 가고 있으면 힘과 파워가 어떻게 만들어지고 있는지 눈을 똑바로 뜨고 세상을 직시하면서 스스로의 주체성을 회복하고 자기 발전을 위해 노력해야 한다.

외모, 그것은 여성의 사회적 경쟁력의 입장에서 장점으로 절대로 포기되어서는 안 되는 것 중의 하나이다. 하지만 누구를 위한 외모 가꾸기인지 그 정체성을 분명히 해둘 필요가 있다.

성공하는 여성의 파워 이미지메이킹으로 자신의 외모를 개성 있게 가꿀 수 있는 능력과 배짱과 실력이 있기를 바란다.

5〉 성 콤플렉스

여성을 옥죄는 가장 큰 성 콤플렉스는 뭐라고 해도 '처녀성'과 '순결성'이다.

기존의 여성에 지워진 절대적인 사랑의 법칙인 처녀성과 순결은 항상 소극적이고 방어적인 태도를 취해야만 하게 한다. 그래서 그들의 삶의 방법에서도 항상 종속적이고 의존적이다. 또 그릇된 성 문화에 의해서 진정한 사랑의 방법을 배우지 못한 여성들은 항상 수동적이고 피해망상적인 사고방식에서 괴로워하고 있다.

자신의 선택에 의해서 당당하게 책임질 수 있는 개방적이고 적극
적인 사고방식의 자세로 오늘날의 성을 받아들일 수 있다면 성의
문화는 우리들의 인생을 훨씬 더 아름답고 풍요롭게 만들어 줄 것
이라고 생각한다.

6〉 지적 콤플렉스

사회가 부여한 '여성은 남성에 비해 지적 능력에서 열등하다.'는
것을 여성 스스로 받아들이고 남성들에 비해 소극적으로 사회활
동을 함에 따라 나타나는 지적 열등감을 지적 콤플렉스라고 한다.
우리 사회에서는 '첫 손님이 여자면 하루 종일 재수가 없다.' '암
탉이 울면 집안이 망한다.' '여자가 나서면 되는 일이 없다.' 등등
의 말로 학력이 높고 똑똑한 여자들을 비꼰다. 어떤 여성은 자신
은 절대로 승진 같은 것은 하지 않아도 된다고 말하는 사람이 있
다. 그러나 개개인의 성취와 경쟁을 주 내용으로 하는 현대의 교
육을 받은 여성은 심한 정신적인 갈등을 겪게 된다. 그래서 남성
과 같아지려는 여성, 겉으로는 겸손을 가장하지만 속마음은 지적
열등감에 사로 잡혀 갈등하는 여성, 지적 열등감을 감추기 위해
남성에게 지나치게 적의를 갖거나 자신의 전문 지식을 가지고 다
른 여성에게 지적 우월감을 느끼는 등 비뚤어진 형태로 다양한 지
적 콤플렉스를 드러낸다.

이제 여성은 기존의 사회에서 심어 준 여성에 대한 여러 가지의
편견과 통념을 벗어 던지고 여성의 관점에서 여성의 역사를 새롭
게 바라보아야 한다. 그리하여 여성의 능력과 창의력을 발휘할 수
있는 사회 구조 및 제도를 만들어 가야 한다. 30퍼센트의 사회학

이라는 말이 있다. 조직 구성원들 중에 여성의 비율이 30퍼센트를 넘어서면 이렇게 불안해하는 여성의 존재의식 자체가 좀 더 당당하게 그들의 색깔을 나타낼 수 도 있고 또 그들의 의견이 어색하지 않게 받아들여질 수 있다고 한다.

이를 위해 우선 여성이 남성에 비해 지적으로 열등하다는 고정관념에서 벗어나 좀더 적극적인 사회참여를 할 수 있어야 한다.

7〉 맏딸 콤플렉스

자신의 기대나 의지와 무관하게 부모나 동생들에게 맏자식으로서 기대에 부응해야만 한다는 의무감 속에 살아가면서 이러한 이중적인 역할에 대한 부담이 정신적 갈등과 강박 관념으로 나타날 때 이를 맏딸 콤플렉스라 부른다.

맏딸은 가부장적 가족 제도와 유교적 전통 속에서 태어나면서부터 장남과는 다른 기대와 지원을 받으며, '살림 밑천' 이라는 소리를 들으며 살아간다. 이 말이 주변의 덕담 같지만 그 이면에는 딸이 아니라 아들이었으면 하는 보상 심리가 담겨 있다. 맏딸은 그러한 부모의 서운함을 보상이라도 하듯 일찍부터 어머니의 일손이 되고 어머니를 대신해서 사소한 가사 일부터 동생들을 돌보아야 하는 역할을 담당하게 된다. 특히 밑에 남동생들만 있는 저소득 빈곤층의 누나들은 가족의 생계를 책임지는 것은 물론이고 동생들의 학비를 벌기 위해서 자신의 학업은 물론이고 자신의 모든 삶을 희생하며 억척스럽게 살아가는 것을 쉽게 볼 수 있다. 그러나 이러한 누나와 맏딸들은 자신의 희생을 인정받고 가족들로부터 자기 존재가 소중히 여겨지길 바라지만, 어느 순간 자신을 위한 준비가 전혀 없었음을 후회하게 된다. 또 너무도 당연하게 받아들이고 있는 가족들을 바라보면서 자기희생을 통해 얻은 것이 아무것도 없다는 사실을 깨달았을 때는 이미 지나온 세월이 원망스럽고 장래도 불안하게 생각된다. 진정 자기가 원하는 것이 무엇인지를 분별해야 한다. '맏딸이니까 해야 하는 것' 보다는 '내가 하고 싶은 것' 을 한다는 판단이 서야 한다. 자신의 성장은 물론이고 자신의 사랑으로서의 가족들을 위한 노력은 약간의 희생이 따른다 해도 자신은 안정될 것이고 건강한 삶을 영위하게 될 것이다. 자기를 희생하지 않고 장점을 살리는 능동적인 맏딸이 되기 위해서는 스스로 자신의 허상을 깨 버리는 것이 중요하다

08

온달 남성의 7가지 콤플렉스

전통적으로 여성을 보는 남성들의 시각은 '성녀와 악녀'의 이분법으로 왜곡되어 있다. '팜므파탈'이라는 말이 있다. 19세기말 페미니즘 운동이 활발하던 시기에 위기의식을 느낀 남성들이 여성을 악녀의 이미지로 만든 말이다. 프랑스어에서 팜므는femme 여자라는 의미와 치명적인, 숙명적인 의미의 파탈fatale의 복합어이다.

자신의 욕망을 이루기 위해 성을 무기로 삼아 남자를 유혹하여 파멸로 이끄는 사악한 여자라는 의미라고 한다. 이름은 예쁘지만 결코 여성들을 좋은 이미지로 느끼게 하는 말은 아니다. 팜므파탈의 입장에서 오늘날의 남성들을 온달 남성이라고 말하는 것은 아니다.

세상이 변화해감에도 불구하고 기존의 남성성을 과감하게 벗어던지지 못하고 그들의 굴레에서 고달파하고 외로워하는 남성들을 온달 남성이라고 부르고 싶을 뿐이다.

옛날에는 남자들이 부엌에 들어가면 고추 떨어진다고 하여 절대로 못 들어가게 했다. 하지만 오늘날에는 초등학교 시절부터 엄마와 함께 부엌일 남자의 미래는 여성이다. 여성과 더불어 살아야 할 반대의 성인 남성이 느끼는 성 역할도 오늘날 많은 변화를 요구하고 있다. 또한 그들은 성의 편견과 스스로 자신의 올가미 속에서 많이 힘들어 하고 있음을 알 수 있다. 이러한 편견과 모순을 반대급부의 약점으로 이용하기 보다는 좀 더 깊은 이해의 상황으로 성숙하게 만들어 갈 수 있다면 서로 win-win 할 수 있는 아름다운 동반자로서 성장의 기회도 같이 가질 수 있으리라 생각한다.

을 도우면서 요리도 같이 한다는 현명한 현대판 어머니의 가정교육도 있다. 요즘의 젊은 남녀의 결혼조건에서 가장 이상적인 남성은 돈 많고, 학벌 좋고 인물 좋은 남자가 아니라 언제나 함께 요리도 하고 가사를 분담하며 서로 대화가 통하는 그런 남자를 원한다. 늘어나는 긴 인생의 여정에서 경제활동이 끝난 후에도 나머지 인생도 건강한 동반자로서 서로 아끼며 도움을 나눌 수 있는 친구 같은 심성을 가진 사람이 가장 바람직하다는 것이다.

앞으로의 삶은 어쩌면 여성, 남성이 아니라 두 가지의 성을 공유하는 양성성의 인간이 성공적인 삶을 살아갈 수 있는 사람이 아닌가 한다.

여자보다 더 예쁜 남자 이준기가 인기를 끌고, 남성에서 여성으로 전환한 트랜스젠더 하리수의 대중적 인기는 이제는 남녀의 경계를 무너뜨리고 있는 것 같다.

예술적인 프리킥의 영국 축구선수 데이비드 베컴과 피부가 장난이 아닌 우리나라의 안정환 선수의 대중적 인기는 패션과 헤어스타일이다. 아름답고 부드러우면서 감성적인 남자의 이미지인 매트로 섹슈얼이라고 할 수 있다. 능력 있고 씩씩하며 의지력이 강한 여자들을 일컫는 콘트라섹슈얼과 같은 의미이다.

꽃미남과 여전사 트렌드의 이미지가 현대인들을 열광하게 하고 있다.

온달남성들이여 이제 마초적인 남성성을 과감하게 벗어라! 아무도 그들의 근육질과 가부장적 카리스마에 매력을 느끼지 않는다.

일부 남자들은 발 빠르게 변화의 물결에 동참하여 다양한 자기 변신을 하고 있을 뿐만 아니라 새로운 시대적 트렌드 분석가들은 『남자의 미래』(매리언 살츠먼 외, 김영사)에서 새로운 남성상을 힘, 명예, 인격처럼 최고의 남성성을 가지면서도 애정 어린 자녀양육, 소통성, 협력 같은 여성들의 긍정적인 특징까지 두루 갖춘 'M-ness'를 주장하였다. 'M-ness'는 양성적인 특성을 모두 갖춘 사람이아니라 성에 대해 중립적이고 개인화 된 생활방식과 사고방식을 주체적으로 이끌어가는 남성을 의미한다. 오늘날 남성이 싸워야 할 첫 상대는 '남성이 여성보다 우월하며, 여성이 남성에게 봉사하기 위해 존재한다는 고정관념. 즉 낡은 남성성이다.'라고 말한다.

섬세함과 관능미를 갖춘 남자들이 성공하는 이 시대에 아직도 환상적인 기존의 남성적 매력에 사로잡혀있는 스스로의 가면 속에서 외로워하고 있는 온달 남성들이 얼마나 이 시대를 고단하고 아프게 살아가고 있을까 하는 생각이 든다.

남자의 미래는 여성이다. 여성과 더불어 살아야 할 반대의 성인 남성이 느끼는 성 역할도 오늘날 많은 변화를 요구하고 있다. 또한 그들은 성의 편견과 스스로 자신의 올가미 속에서 많이 힘들어 하고 있음을 알 수 있다. 이러한 편견과 모순을 반대급부의 약점으로 이용하기 보다는 좀 더 깊은 이해의 상황으로 성숙하게 만들어 갈 수 있다면 서로 win-win할 수 있는 아름다운 동반자로서 성장의 기회도 같이 가질 수 있으리라 생각한다.

지금까지 많은 사회에서 남성은 남성다움, 여성은 여성다움을 건강하다고 보는 전통적인 성역할을 이상적으로 생각해 왔다. 우리나라는 전통적으로 남성에게는 적극적·능동적·지배적·주도적이기를 요구하고, 여성에게는 수동적·소극적·순응적·의존적일 것을 요구한다. 근래에 남자아이는 강인해야 한다는 사회적 압박이 오히려 남자아이의 성장을 저해하고 타고난 취약성을 증폭시킨다는 연구결과가 나와 흥미를 끌고 있다.

영국의 정신과 전문의 세바스찬 크래머 박사는 「약한 남성」이라는 연구보고서를 통해 '출산 이전의 남자아기는 여자아기에 비해 사망이나 손상의 위험에 더 노출되어 있다. 남자아기는 태어날 때 여자아기에 비해 약 4~6주가량 발육이 늦은 상태로 태어난다. 남자아이들은 일반적으로 여자아이들에 비해 육체적·심리적 발육장애를 더 경험하기 때문에 부모들은 보다 더 주의를 기울일 필요가 있다. 부모가 잘 돌보지 않을 경우 여자아이에 비해 손상을 입을 위험이 더 높은 것이다.'라고 주장한다. 크래머 박사는 '자라는 과정에서도 남자아이는 여자아이보다 많은 심리적인 문제에 직면하게 된다. 그 이유에는 부모의 지나친 보호 또는 방기가 포함되어 있다. 그래서 더욱 세심한 보살핌과 주의가 필요하다.'고 말한다.

1〉 사내대장부 콤플렉스

남자들의 가장 큰 자부심은 사내대장부로서의 인정이다. 대대로 유산처럼 물려받은 지배와 권위에 대한 환상으로 사내대장부가 되어야 한다는 강박감을 갖고 있으며, 다른 사람의 눈에 비치는 자신을 의식하면서 주변 사람들로부터 '역시 사나이야'라는 칭찬을 받고 싶어 한다.

타인보다 우월해야 한다는 강박 관념에 성공한 남자, 믿음직한 남자, 대범한 남자라는 인상을 심어 주기 위해 자신의 욕망과 개성을 희생하거나 지나치게 과장하면서까지 턱없는 우월감을 갖거나 한없는 열등의식을 갖는데, 이를 사내대장부 콤플렉스라 부른다.

2〉 온달 콤플렉스

능력 있는 여성에 붙어사는 남자는 '패트족'이라고 한다. 자의건 타의건 처가나 아내 덕을 보고자 하는 남성의 의존 심리가 온달 콤플렉스이다. 온달 형 남성상은 여성의 능력이나 물질에 의존해서 살아가던가, 출세하려 한다는 것이다. 단순히 의존심뿐만 아니라 스스로 자신 정도면 능력 있고 복 많은 아내를 만나 출세할 수 있다는 우월감에 젖어 들다가도 여성을 통해 성공을 꿈꾸는 자신이 사내대장부답지 못하다는 열등감에 사로잡히기도 한다. 온달 장군처럼 아내 덕에 성공하기를 원하는 반면 남자답지 못한 바보 온달이라는 말을 들을까 봐 갈등하는 동안 온달 콤플렉스는 점점 깊어진다.

3〉 성 콤플렉스

남성과 여성에게 부과된 남성다움과 여성다움의 특성은 성 관계에서도 그대로 적용되어 남성의 성은 적극적이고 공격적이고 능동적이지만, 여성의 성은 소극적이고 순종적이고 방어적이므로 남성이 성행위의 주도권을 갖고 이끌어야 한다고 여긴다. 성 콤플렉스는 그릇된 성규범과 성문화를 받아들여 성을 통해 남성다움을 과시하고 성적욕구와 능력에 집착하는 심리, 혹은 자신의 성적 능력이 그러한 기준에 미치지 못하므로 위축되고 갈등하는 심리를 말한다. 여성의 적극성을 조금만 인정하고 배려하는 자세로 받아들일 수만 있다면 쉽게 벗어날 수 있는 콤플렉스 중 하나다.

4〉 지적 콤플렉스

남성은 지적이며 분석력이나 창의력이 여성보다 뛰어나다고 알려져 왔다. 남성은 여전히 여성보다 더 많은 지식을 지니며 여자가 감정적인 데 비해 남자는 지성적이라는 통념 또한 절대적이라고 생각한다. 이러한 가운데 집안에서 남편은 아내보다 더 놓은 학식과 더 많은 새로운 정보를 가진 사람이어야 한다. 직장이나 사회 기관을 대표하고 고도의 기술이 필요한 직종이나 존경받는 자리를 주인처럼 차지한 사람은 언제나 남성이다. 그뿐 아니라 인류의 역사 가운데 거대한 문명을 창조하고 훌륭한 사상을 전해 준 이도 남성이라는 믿음은 아직도 변함이 없다. 하지만 여성의 사회적 기회와 역할이 달라지고 있는 요즘에 가장 많이 흔들리고 있는 것이 남성들의 이러한 기적 콤플렉스이다.

직장에서는 여성 상사가 늘어나고 가정에서는 기존의 전업주부의 일을 남자가 대신해야 할 상황이 빈번히 생기고 있는 실정이다. 하지만 이러한 상황에서 '지적인 남자가 남자답다.'라는 명제는 남성에게 영원한 매력이자 숙제이고, 이들에게 더욱 더 깊은 지적 콤플렉스의 상태에 빠지게 하는 원인이 되고 있다.

5〉 외모 콤플렉스

화장을 하는 남자. 남성들이 피부 관리실에 유행처럼 드나들고 자신감 있는 외모를 위하여 성형수술도 마다하지 않는 사회이다. 남성에게도 외모 콤플렉스가 있을까? 외모에 대한 관심은 여성의 전유물이 아닐까? 우리는 흔히 남성과 외모는 별 상관이 없는 것으로 생각하며, '치장하는 남성'은 언제나 꼴불견 남성이라고 생각해 왔다. 그러나 모든 것이 상품화되는 현대 사회에서 남성도 예외일 수는 없다.

수수하고 털털한 남성이 남성답게 여겨지던 시대는 지났다. 성공하는 비즈니스맨의 조건으로 적극성, 자신감, 육체적 엘리트를 꼽는다. 적극적으로 자신을 가꿀 줄 아는 남성들이 많은 여성들에게 호감을 받고 있다.

대선 후보들의 이미지메이킹과 외모 가꾸기도 이제는 전문영역으로 자리하고 있다. 이른바 영상 세대에게 외모는 능력을 나타내는 또 하나의 조건이 되고 있는 것이다. 이러한 가운데 남성들은 여성에게만 요구되던 외모에 대한 사회적 기대에 부흥하기 위해 많은 에너지를 쏟아야 하는 외모 콤플렉스를 느끼게 되는 것이다.

6〉 장남 콤플렉스

우리나라에서 '장남은 죄인이다.'라는 말이 있다. 형제 가운데 맨 먼저 태어난 맏아들은 부계 가족의 계승자일 뿐 아니라 가부장제 사회가 지속되는 원동력이라는 점에서 그 의미가 크다. 그래서 장남인가 아닌가는 연애나 결혼을 할 때 상대 여성이나 처가의 큰 관심거리가 되기도 한다. 장남에 대한 특별한 관심은 때로 한없는 신뢰와 기대로 나타나기도 하지만 때론 무겁고 힘겨운 부담을 안겨 주기도 한다.

가족에 매이지 않고 자신의 자질과 욕구대로 자율적인 삶을 찾아나서든, 가족에 둘러싸여 힘겨운 장남 노릇을 하든, 장남은 모든 면에서 장남 노릇을 잘한다거나 잘못한다는 평가와 멍에를 짊어져야 하는 장남 콤플렉스에 빠지기 쉽다.

7〉 만능인(가장) 콤플렉스

오늘날 많은 여성이 이상적인 배우자로 넉넉한 수입이 보장된 부양자이자 낭만적인 사랑을 나누는 친구이며, 함께 아이를 돌보고 종종 온 가족과 함께 여행이나 쇼핑을 즐기는 남성을 꼽는다. 또 여성들은 아내와 취미나 기호를 이해하고, 돈이 필요할 때는 언제든 척척 해결해 줄 수 있는 남자를 원한다.

이는 '진짜 남자라면 무엇이든지 잘 할 수 있다.'는 만능인에 대한 환상으로 이어져 되살아나고 있다. 남자는 대부분 세상에 나아가 능력을 발휘하여 자신의 이상을 실현하려는 뜻을 품는다. 직장에서, 가정에서, 술자리에서, 심지어 취미 활동까지 어느 자리에서든 자신의 능력을 한껏 발휘하여 원숙하고 유능한 인물로 성공하고자 한다. 만능인은 현대 사회의 남성이 바라는 이상적인 남성상이 된 것이다. 이처럼 대다수 남성들을 사로잡고 있는 만능인에 대한 환상을 지니고 이에 갈등하는 '만능인 콤플렉스'를 갖게 된다.

여성들이 가정과 직장을 완벽하게 해내야하는 슈퍼우먼 콤플렉스에서 벗어나야 하듯이 남성들도 모든 면에서 만능이 되어야 한다는 고단한 짐에서 현명하게 벗어날 수 있어야 한다. 인간적인 차원에서 그들의 능력과 입장을 이해하고 설득시킬 수 있는 매너와 자세가 있다면 상대방으로부터의 기대심리에서 조금은 편안하게 놓일 수 있으리라고 생각한다.

09

결혼, 여성, 노령화

우리나라 3만 불 시대를 여는 힘은 이제는 여성의 힘에서 나와야 한다고 한다.

21세기 여성의 시대가 왔다고 하면서 그 시대를 맞이할 준비는 되어있는가?

여기저기서 강한 여성들의 목소리만 높아져 가고 있지만 정작 주어진 현실 앞에서 준비되어있지 않은 여성의 굴레와 딜레마가 더 큰 사회적 복병으로 자리하고 있음을 알아야 한다. 요즘 이런 여성들에 대하여 시대적인 상황으로 보도되고 있는 결혼, 일과 여성, 그리고 노령화에 대한 이슈를 중심으로 여성의 사회적 문제에 대하여 살펴보고자 한다.

1. 'M커브'에서 N커브로

우리나라 여성들은 가장 활발히 일해야 할 20~30대에 결혼을 하면서 회사를 떠난다. 자의든 타의든 일을 그만두게 되는 것이다. 또 결혼을 했다 하더라고 육아부담 때문에 계속적인 사회활동을 포기하고 가정에 머무르는 아버지와 남편과 아들에 의해서 살아가는 종속적인 행복의 기준을 어떻게 과감하게 깨부수고 나올 수 있을까하는 생각은 조금이라도 자신의 젊음과 기회기 있을 때 계획되고 설계되어야 한다. 좀 더 일찍 자유롭고 독립적으로 자신의 삶을 적극적으로 살아온 블루스타킹의 세상에서는 노쇠하고 노령화된 황혼이 아니라 훨씬 더 아름다운 중년으로 그리고 편안하고 여유로운 노련의 삶을 설계하고 계획할 수 있으리라고 생각한다.

경우가 많다. 이는 일의 전문성과 연속성의 의미에서 심각한 '노동시장 단절'을 의미한다. 결국 비중 있는 일에 선택받을 수 없는 중요한 이유가 될 뿐만 아니라 여성 고급두뇌의 사장死藏을 의미한다.

이를 단적으로 보여주는 것이 'M커브'다. 여성인력에 있어 세계적인 선진국으로 평가받고 있는 캐나다나 스웨덴의 경우 U자를 뒤집어 놓은 형태를 보이고 있는 반면 우리나라 여성들은 20~30대에 경제활동 참가율이 현저히 떨어지는 'M자' 모양을 나타내고 있다. 이는 결혼과 육아부담이 여성의 지속적인 사회참여와 경제활동 참가를 가로막는 실질적 족쇄가 되고 있음을 의미한다.

얼마 전 우리나라에서 커리어우먼의 성공적이고 대표적인 예라고 할 수 있는 인기아나운서가 갑작스런 결혼발표와 함께 활동중단을 선언했다. 그녀는 모든 여성들의 선망의 직업인 아나운서로서의 화려한 성공뿐만 아니라 결혼상대가 재벌 3세라는 사실 때문에 그의 당당함을 좋아하던 많은 사람들은 배신감을 느꼈다.

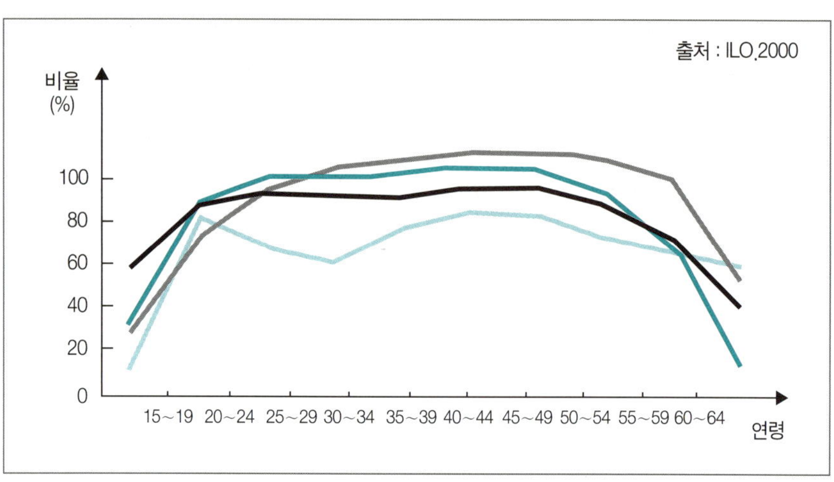

　한 개인의 행복을 사회 전체적인 잣대에 놓고 잘잘못을 따지기는 좀 그렇지만 아직도 우리나라의 많은 여성들이 결혼을 위해 자신의 꿈을 포기하는 사례가 많다는 것이다. 과거에 비해서 여성의 사회진출이 많아지고 있다고 하지만 일과 결혼을 병행하여 자신의 삶에서 행복을 찾는 것이 아직도 어려운 현실임에는 틀림없는 사실이다. 우리나라에서는 일과 여성에 있어서 다른 선진국들에 비해서 상당히 다른 사회적 양상과 특징을 가지고 있다. 이러한 특징을 가져다주는 가장 일반적인 현상이 결혼에 의한 여성의 삶에 변화이다. 여성의 삶에 가장 적극적으로 변화의 기준이 되고 있는 결혼의 형태가 예전과는 사뭇 사양하게 변하고 있다는 사실도 간과하지 않을 수 없다.

　위의 20-30에서의 M커브가 이제는 폭이 넓은 N커브의 형태로 변화하고 있다는 사실이다. 그 변화의 가장 큰 이유가 결혼뿐만 아니라 아이의 초등학교 입학 때 더 급격한 변화의 양상을 보이고 있다는 것이다.

　S기업의 김 대리는 결혼과 출산의 고비에서 주변의 도움으로 잘 이겨낼 수 있었지만 아이가 학교에 입학할 즈음에서는 도저히 손을 들 수밖에 없었

다고 한다. 이 중요한 시간에 아이에게는 엄마가 옆에서 공부와 사회에 대한 올바른 생각을 가지고 적응을 잘 할 수 있도록 돌봐주어야 하는 아주 중요한 시기라고 생각하기 때문이라고 한다. 강남의 모처 엄마들의 입시전략이라는 말을 들을 때 마다 초등, 유아기 때의 엄마들의 집중과 관심에 따라 아이들의 미래가 바뀐다는 것이다. 자녀들의 미래가 곧 자신들의 미래를 위한 보험처럼 투자를 하고 있다고 생각하기 때문에 당연히 다른 사람들보다 뒤질 수 없다는 교육열 높은 엄마들의 투자이다. 하지만 이제 여성의 삶은 실로 다양하다.

결혼적령기에 결혼해서 아이들 키우면서 노년을 맞이하는 평균적인 여성의 삶이 대부분을 차지하고 있지만 오늘날 사회의 변천과 생활의 변화에 따라 그 못지않게 다양한 패턴의 삶으로 살아가고 있는 소수의 여성들이 이제는 대수의 삶의 모양으로 사회의 주류를 이루고 있다는 것이다.

결혼을 하지 않고 혼자 사는 여성, 늦은 결혼으로 자신의 일과 재혼한 남자와 사는 여성, 결혼은 거부하지만 미혼모로서 자신의 아이는 키우며 사는 여성, 이혼한 가정의 가장으로 사는 여성, 이혼 후 이혼한 남자와 재혼하여 새로운 가정의 아이들과 사는 여성, 사별 후 미망인으로 혼자사는 여성 등 다양한 사회의 모습과 함께 적극적으로 자신의 삶을 개척해가면서 열심히 사는 다양한 여성의 삶에 항상 사회는 긍정적인 모습으로 대응을 하고 있는가에 대한 질문에 항상 답이 궁색함을 어찌 할 수 없다. 그래서 20, 30 대에서의 저점을 그리는 M커브 보다는 변화의 꼭짓점을 자신의 인생의 변환 점을 기준으로 하고 자신의 미래를 위한 인생 2모작, 3모작을 준비하는 N커브로 변해가고 있는 현상을 우리 사회는 주목하고 또 수용할 수 있어야 한다.

폭넓고 다양한 사람들의 삶의 모습을 떠안을 수 있는 그런 사회이어야만 우리 모두가 함께하는 삶을 살아갈 수 있는 건강한 사회라고 할 수 있다.

미국에서 큰 인기를 끌며 방송되고 있는 「섹스 앤 시티」의 주인공들. 이들은 탄탄한 경제력을 바탕으로 자유로움을 누리고 있는 뉴욕의 싱글족을 대변한다. 지금 뉴욕은 '여성 싱글족'의 천국이다. 뉴욕뿐만 아니라 우리나라에서도 일찍 부모로부터 독립하여 경제적 자유와 일에서의 성취감을 비교적 자유롭게 누리고 있는 20, 30들이 이 시대의 소비와 경제화 문화의 주도세력으로 자리하고 있는 추세이다.

싱글족을 기꺼이 선택하는 여성들은 싱글의 자유로움이 일의 능률에도 더 효과적이라고 주장한다. 결혼 후 자녀 양육과 남편 내조 등으로 소비할 에너지를 자신의 일에 투자해 성공하고 싶다는 이야기다. '돈 있는 여자는 아름답다,' '21세기 신데렐라는 공주가 아닌 CEO를 꿈꾼다.' 등 자신의 욕망을 사회에 당당하게 드러내면서 자신의 삶에서 성공하려는 적극적인 자기 계발과 돈과 성공을 차지하려 하고 있다. 20대 남녀들의 행복한 리더는 누구인가라는 질문에서 가족과 자기만족, 성취감이 행복의 필요충분조건이라고 하였다. 그들은 온·오프라인을 넘나들면서 대인관계를 중요시하고 자신의 의견과 생각이 다른 사람들에게 인정받는 것을 대단히 중요시하는 물질적으로 비교적 풍요로웠던 눈치안보는 자유로움을 중요시한다고 한다.

이같은 현상은 그녀들이 일과 사랑을 동시에 잡으려는 커리어우먼의 증가와 여성이혼율을 증가에서 잘 나타나고 있다.

2.낮은 출산율은 여성들의 소리 없는 저항

'아들 딸 구별 말고 둘만 낳아 잘 기르자' '덮어놓고 낳다 보면 거지꼴 못 면한다.' 출산율 감소를 위해 60년대 한국가족계획협회에서 내건 표어들이다. 80년대에 들어오면 '둘도 많다.'로 변한다. '잘 키운 딸 하나 열 아들안 부럽다.' '하나 낳아 젊게 살고 좁은 땅 넓게 살자.' 이렇게 외치면서 부르 짖던 출산율에 대한 사회적 홍보가 이제는 왜 아이를 낳지 않느냐고 난리들이다. 임신과 출산의 부담을 져야하는 많은 여성들이 그동안 직장에서의 차별과 기회의 박탈로 직장에서 내몰렸다.

1.17명. 가임 여성 1명당 평균 출생아 수인 합계출산율이다. 그런데 이러한 출산율을 지금 우리 사회는 국가가 적극적으로 개입해야 할 심각한 문제로 보고 있다. 이것은 우리나라 성차별적 노동시장, 결혼 및 가족제도에 대한 경고이다.

언제부터 여성의 자궁이 나라의 관리대상 품목이 되었나. 나라의 정책과 경제력이 이제는 여성의 출산율에 달려있다고 한다. 생존과 삶에 대한 균형적 시각으로 여성과 남성의 존재가치를 가름할 수 있어야 한다. 어느 한 사람이 어느 누구의 성공이나 부활을 위한 보조적이고 희생적인 수단이 되어서는 안 되는 것이다.

유엔미래포럼의 선진국출산장려운동 본부장인 박영숙 회장은 오늘날의 출산율 저하는 여성들이 삶에 대한 열정을 잃어버렸기 때문이라는 주장이 설득력 있게 제기되고 있다고 한다.

우리사회는 임신, 출산, 양육하는 여성을 이중적 시선으로 바라보는 경향이 있다. 결혼하고 임신하고 아이 낳고 기르는 여자를 열등하거나 무능하게 보는 시선이 있다. 다른 한편으론 결혼하지 않은 여자, 아이 낳지 않는 여자, 자식 없는 여자를 '불완전한 여자'로 보는 시선이 존재한다. 이 두 가지 모순된 시선은 모든 여성들을 폄하하고 비하하고 차별하는 데에 정당화된다. 결혼을 해서 아이를 낳던, 아이를 낳지 않던 그것은 오로지 여성의 자기 행복을 위한 선택이어야 한다. 그러한 선택을 기존의 사회적 편견이나 일방적 우위의 논리로 해석되어서 설득하고 몰아세워서는 안되는 것이다. 여성들은 본능적으로 모성에 대한 본능을 가지고 있다. 생명의 잉태와 육아의 신성한 의무가 사회생활과 자신의 행복을 위한 불이익의 구조로 해석되어야 한다면 모든 여성은 당연히 거붓할 수밖에는 없을 것이다.

몇 년 전에 결혼한 김희영 대리(27세. 가명)는 직장에서 임신했다는 사실을 숨겼다가 큰일 날 뻔 했다고 한다. 다른 사람들에게 들키지 않기 위해서 복대까지 하고 다니다가 갑자기 통증이 와서 병원으로 달려갔는데 조금만 늦었다면 큰일이 일어날 뻔 했다고 한다. 임신했다는 사실이 알려지면 온갖 종류의 시선과 압력을 받게 된다는 것을 너무 잘 알고 있기 때문이다. 화장실의 변기를 붙들고 우는 한이 있어도 화장실 문을 나설 때는 자신의 통증을 표시내지 않는다고 한다. 병원 출입도 당당하게 하지 못하고 아파도 마음 놓고 아픈 표시를 할 수 없다. 임신한 직장 선배들은 다 출산도 하기 전에 대부분 직장을 그만두었다. 주변의 시선과 압력 때문이었다.

이러한 시선은 일하는 여성들이 가는 곳마다 따라 다닌다. 명시적인 임신 출산 퇴직제 때문이 아니라 채용부터 배치, 승진, 그리고 퇴직에 이르기까지 여성들이 직장에서의 받는 불이익과 정당한 경쟁으로부터의 배척은 출산율 저하라는 이러한 성차별에 대한 여성들의 소리 없는 저항이다. 자신의 일과 행복에서 절대로 놓치고 싶어 하지 않는 똑똑한 여자들의 소리 없는 저항이 여성들의 만혼 경향, 그리고 비혼 여성의 증가와 맞물려있기도 하다.

3. 아버지와 남편과 아들의 3수레바퀴에서 탈출하라

여자들이 남자보다 7.2년 더 오래 산다고 한다. 지난 2001년을 기준으로 우리나라 여자의 평균수명이 사상 처음으로 80세를 넘어섰다. 80세까지의 생존비율은 남녀 모두 10년 전에 비해 10퍼센트 포인트 이상 높아져 고령화

사회가 빠르게 진행되고 있는 것으로 분석되고 있다.

어렸을 때는 부모 밑에서 그리고 결혼 후의 삶은 남편의 그늘에서 그리고 늙어서는 자식의 그늘에서 자신의 삶을 의탁하고 의존했던 것이 보편적인 여성의 일생이었다.

자주적이고 독립적으로 생활하고 계획하는 삶으로 살아오지 않았기 때문에 언제나 자기 것이 없다. 부모와 남편과 자녀들에게 희생하고 봉사하는 착한 여자의 일생을 행복한 여자라고 생각되어져 왔다.

이러한 3바퀴의 수레바퀴가 어느 날 갑자기 탈선을 하여 균형과 안정을 잃어버렸을 때, 또는 3개의 수레바퀴를 이루는 아버지, 남편, 장남 중 한 남자라도 소리 없이 무력해지고 힘없이 무너져 버리면 기막히고 불행한 여자의 일생으로 살아야 한다.

그 중에서도 가장 힘이 없어 경제력을 상실한 고령화시대의 노인 여성이 더 심각하지 않을 수 없다. '여성+노인'이라는 이중고를 겪는 황혼의 여성이 늘고 있다. 또 나 홀로 여성이 늘어가고 있다. 남성 중심의 가부장적 가치와 사회구조에 종속되어 일생을 보낸 여성들이 노년에 들어서도 경제적 빈곤으로 가중되는 이중적 고통을 감내해야 하는 처지를 우리는 직시할 필요가 있다.

일본에서의 '황혼이혼'이 늘어나고 있다고 한다.

가장 종속적인 여자이기를 강요당한 일본 여성들이 남편의 사회생활과 자녀의 양육으로부터 해방되는 순간, 황혼의 즈음이라도 자신의 독립적이고 자유로운 노년을 위하여 남편의 구속과 강요된 의무에서 해방되기를 위한 노력이라고 생각한다. 그러나 여성은 남성보다 '돈 없이 오래 살 위험'에 더 노출돼 있다. 이렇듯이 여성에 대한 경제적 대안은 부족하기 때문에 자신의 생애설계와 관련된 여성 스스로의 준비가 필요하다. 젊었을 때부터의 독립과 자유는 여성 자신들만을 위한 이기적인 생각이 아니라 어느 누구에게도 부담을 주지 않고 스스로 자신의 생애를 설계하며 살아가려는 적극적인 노력이라고 생각해야 한다.

맞벌이 요인의 증대와 평균수명의 연장. 이혼 등으로 여성들의 경제적 책임이 늘어나면서 나 홀로도 살아갈 수 있는 '생애 설계'에 따른 경력관리와 자산운용을 책임져야 할 필요성도 커지고 있다. 하지만 현실적으로 우리 여성들의 준비는 아직 낮은 수준에 머물고 있다. 독립된 여성으로서 노후의 삶을 충분히 계획하고 당당하게 살 수 있도록 준비가 절실하게 요구된다. 아버지와 남편과 아들에 의해서 살아가는 종속적인 행복의 기준을 어떻게 과감하게 깨부수고 나올 수 있을까하는 생각은 조금이라도 자신의 젊음과 기회기 있을 때 계획되고 설계되어야 한다.

좀 더 일찍 자유롭고 독립적인 자신의 삶을 살아온 블루스타킹의 세상에서는 노쇠하고 노령화된 황혼이 아니라 훨씬 더 아름다운 중년으로 그리고 편안하고 여유로운 노련의 삶을 설계하고 계획할 수 있으리라고 생각한다.

※ 지금까지 한국가정의 경제주기

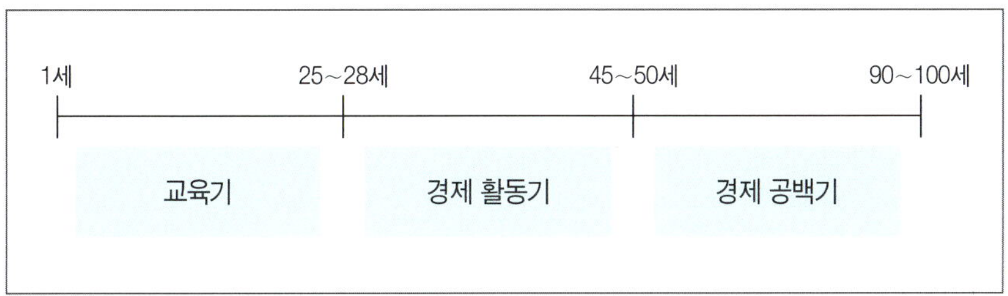

※ 미래 한국가정과 여성의 경제주기

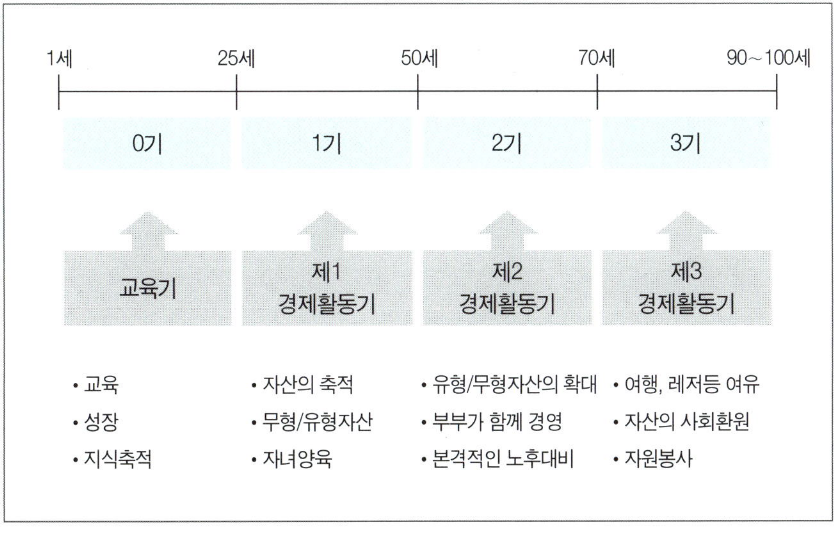

블루스타킹의
12가지 성공법칙

Blue
유혜선의 블루스타킹

01

재즈처럼 쿨하게
-내공 있는 영혼 살찌우기

"여유가 생긴다면

허름한 주차장 같은 곳을 개조한 나만의 블루스타킹 공간을 오프라인으로 만들어 보

고 싶다.

『전혜린 전집』과 『헤세 전집』을 쌓아놓고,

낡은 LP의 지지직거리는

음악 「Velvet Underground」

「Doors」 뭐 그런 것들.

공백, 커피 한 잔, 칠레산 레드 와인과 오래된 크래커.

꺼질 듯 말 듯한 기억의 이미지를 붙잡고

오래도록 읽고 또 읽는

그런 책과 같은…"

2004년 5월 19일 Happy Birthday Blue Stocking 전혜린

(어느 인터넷에서 지적이고 블루색의 낭만을 즐기는 몽상가로부터)

내공 있는 영혼을 살찌우기 위해서 자기만의 밀실을 가져보라. 아무에게도 방해받지 않는, 그래야만 온통 회색과 잿빛으로 보이는 것 같은 이 세상에서 시니컬하게 웃으며 또 한 페이지를 넘길 수 있다. 그래 그렇게 한 페이지를 넘겨야 한다. 모든 것을 다 대립과 투쟁의 에너지로 소비하기엔 너무나 많은 기회가 우리에게 있다. 블루스타킹, 그리고 해야 할 일이 너무 많다.

블루스타킹은 은밀하고 사적인 개인만을 위한 공간인 블루노트이기도 하다. 결국은 전혜린이구나. 무거운 황금빛 성숙과 수정 같이 맑은 정신성을 추구하는 여자. 자기훈련, 목적의식, 겸손하고 자기의 환경을 의식한 일에 대한 인내를 가진 여자다.

진리, 그것에 의해 살고 그것에 의해 생과 정신을 분배하지 않으면 안 되는 불꽃과 회색의 삶을 살다간 그 여자의 공간은 온통 블루였다. 그녀의 인생은 우리가 온 심장으로 사랑하는 그 무엇으로써 채워져야만 한다. 그렇지 않은 인생은 공허하고 불만족한 것이 될 것이다. 그녀의 지칠 줄 모르는 탐구정신과 인식에 대한 열정은 블루노트에 열광하는 자유정신인 재즈와 너무도 닮았다. 사람들은 누구나 이 세상과 소통하고 사는 광장과 밀실이 있다. 광장에서 자신의 건재함을 알리며 나름대로의 방식으로 산다. 너무도 적나라하게 드러나는 광장에서 한 치의 숨김도 없이 발가벗고 섰을 때 받은 외로움과 상처를 나름대로 밀실에 틀어 박혀서 치료받기도 한다.

내공 있는 영혼을 살찌우기 위해서 자기만의 밀실을 가져보라. 아무에게

도 방해받지 않는, 그래야만 온통 회색과 잿빛으로 보이는 것 같은 이 세상에서 시니컬하게 웃으며 또 한 페이지를 넘길 수 있다. 그래 그렇게 한 페이지를 넘겨야 한다. 모든 것을 다 대립과 투쟁의 에너지로 소비하기엔 너무나 많은 기회가 우리에게 있다. 블루스타킹, 그리고 해야 할 일이 너무 많다.

나의 밀실은 일기가 있고 음악이 있는 조그만 내 마음의 공간이다. 차갑고 낯설어 보이지만 차츰차츰 깊어가는 블루의 매력, 지성과 오만의 뮤지션 마일즈 데이비스의 명반 「Kind of Blue」에서도 느끼게 한다.

팽팽한 긴장사이를 뚫고 나오는 소올의 해맑음을 통해서 새로운 희망과 만난다. 꿈 많던 나의 학창시절에 소올과 블루스의 비트에 내 마음을 울고 웃게 했던 그 명곡 「Misty Blue」를 들으면 의기소침해 있던 영혼이 사랑의 힘과 용기를 얻어 다시 살아나오는 것 같은 에너지를 받는다.

♪ ♪Oh Honny, It's been such a long long time. Open my mind⋯⋯ ♪ Turn my whole world⋯⋯ Misty Blue?

사랑하는 사람의 목에 팔을 감고 블루스 음악의 끈적끈적함에 흐느적거리고 나면 해맑게 솟아오르는 한줄기 희망과 용기를 부여잡는다. 그런 함몰과 몽환적 자기 환상과 카타르시스의 순간을 나는 좋아한다. 비 오는 날 차갑게 차장을 때리는 그런 우울한 기분이 내 삶의 존재자체를 온통 뒤흔들어 놓을 때는 빌리 할러데이의 폐부 깊숙이 뿜어져 나오는 영혼의 목소리 「I am a fool to want you」를 듣는다.

'I am a fool to want you내가 당신에게 그 모든 것은 원했다니 참으로 어리석었군요.'

사람에게서 또는 나 자신의 과대한 욕망으로부터 자제와 절재를 시켜주는 그런 물뿌리개 같은 노래들이다.

Jazz, 폭발하는 자유정신, 하루의 삶속에서 속박과 답답함을 느낄 때 재즈의 자유정신 속에서 더없는 해방감을 느낀다. 권위에 찬 비열한 인간들이 약한 인간의 군상들 앞에서 얼마나 허세와 위약의 가면을 쓸 수 있는가를 씁쓰레하게 곱씹으면서, 그리고는 째지 하고 쿨 하게 웃는 것이다.

블루스는 흑인의 뿌리 음악이라는 본래 자리를 넘어 모든 상처받은 사람들의 슬픔과 고독감, 차별받고 가난한 사람의 애환을 대변하는 음악이다. 시인 김갑수 씨는 인생의 슬픔과 환의, 시계추와 같이 반복되고 모순되는 감정의 극단을 표출하는 통로에 블루스가 있다고 말한다. 블루스를 통한 김갑수식 인생해법을 보면 블루스 속에는 모든 인생이 다 녹아있다. 젊음과 늙음, 그리고 창조성과 파괴성의 통합.

파괴성이란 언젠가는 자신에게도 닥칠 것이라는 죽음에 대한 인식이며 창조성이란 이제껏 자신이 한 역할에 대한 사회적 가치, 공동체에 대한 기여부분을 인식하는 것이라고 하였다. 그리고 인간관계에서의 '애착과 분리'를 통합한다고 한다.

블루스는 기록되는 것이 아니라 살아 숨 쉬는 것이다. 블루스는 듣는 것이 아니라 호흡하며 느끼는 것이다. 열망하는 자유정신 재즈와 호흡하며 깊은 영혼의 소리 블루스 음악을 통하여 성공에 대한 강한 열망과 그것으로부터 매몰되지 않는 자신을 분리해 내는 능력을 배운다.

격렬한 광장에서 밀려나지 않고 화려한 무대에서 그 힘을 받쳐주고 있는 멋지고 능력 있는 요즘의 블루스타킹의 밀실에서는 어떠한 모순과 불합리와 차별에도 비교되지 않고 오로지 자신만의 탁월함으로 승부할 수 있는 내공의 힘이 길러지고 있는지 궁금하다. 어떤 형태로든지 시간은 흘러가게 마련이다. 그런 불합리와 모순이 지금의 내 발등의 가시처럼 그렇게 따갑지 않는다 하더라도, 블루스타킹은 제몫을 다하면서 시간을 보내야 한다. 아직도 우리의 광장은 완장과 모순의 제압이 난무한 그런 공간이다. 그럴 때 블루스타킹은 한번 호탕하게 웃어줄 줄 안다. JAZZ처럼 쿨 하게.

앞으로 좀 더 나아질 우리 모두의 세상을 꿈꾸면서

2

셀프 MOT
-인생의 시간을 지배하기

매일 매일 태어나라. 매 순간에 집중하라.

매순간 관리되지 않으면 하찮은 것들에 의해서 중요한 것들이 지배를 당하게 되는 경우도 있다. 우리 인간은 삶의 정신과 본질이 중요하다고 하지만 때로 형식이 내용을 지배하게 되는 경우도 있다.

내가 생각하는 자신보다 타인이 보는 나는 분명 다르다. 나를 이해해야 다른 사람을 이해할 수 있고 또 조직을 이끌 수 있다. 리더십의 궁극적 목표는 자기이해를 높임으로써 능력을 향상시키는 것이다. 다른 사람에 대한 관찰과 이해는 나 자신이 얼마나 완벽하게 정리되어있는가의 문제이다. 모든 우주의 자전과 공전의 축을 내 중심으로 돌려놓아라. 내가 행하고 내가 축복받고 내가 비난받을 것에 대한 시간의 중심축을 나에게로 맞춰놓아라. 그래야 내가 행한 모든 것에 대한 책임을 내가 질 수 있다. 내가 책임질 수 있어야 내가 올인 할 수 있다.

부모에 대한 효도, 자녀에 대한 사랑, 나라에 대한 충성, 남편과 애인에 대한 사랑, 친구에 대한 우정, 그리고 고객에 대한 서비스도 모두 다 내가 주

> 블루스타킹은 그러한 시간과 관계에 대한 관리에 성공해야 한다. 매순간 집중하고, 매
> 순간 최선의 선택을 할 수 있는 메커니즘을 만들어놓아야 한다. MOT, 내 삶의 결정의
> 순간, 그리고 또 진실의 순간에서 나는 완벽해야 한다. MOT, 내 삶의 결정의 순간, 그
> 리고 또 진실의 순간에서 나는 완벽해야 한다. MOT는 스페인의 투우사가 삶과 죽음
> 의 문턱에서 선택할 수 있는 결정의 시간은 15초라고 한데서 유래한 말이다.

도적일 때만 다른 누군가에 대한 원망과 아쉬움이 없다. 누군가에 의해서 강요되는 순간만큼 내 인생이 비탄스럽고 답답한 경우가 없다. 내가 주도적일 수 있어야 그 결과의 크기가 비록 남보다 적다할지라도 최선을 다 했음으로 과정 속에서 우리 모두가 행복할 수 있다.

블루스타킹은 그러한 시간과 관계에 대한 관리에 성공해야 한다. 매순간 집중하고, 매순간 최선의 선택을 할 수 있는 메커니즘을 만들어놓아야 한다. MOT(Moment of Truth), 내 삶의 결정의 순간, 그리고 또 진실의 순간에서 나는 완벽해야 한다. MOT는 스페인의 투우사가 삶과 죽음의 문턱에서 선택할 수 있는 결정의 시간은 15초라고 한데서 유래한 말이다. 그 짧은 순간에 가장 진실한 결정을 할 수 있어야 한다. 그러한 완벽한 매순간이 모여서 경쟁력 있는 시간을 만들 수 있다. 그래야만 매순간을 지배할 수 있고 완벽하게 매순간을 지배할 수 있어야 충만한 내 인생을 지배할 수 있다.

스칸디나비아 항공이 불황의 시기에 성공을 향한 고도의 날개를 세울 수 있었던 것은 모든 고객 접점의 선택에 있어 만족을 시켜주는 MOT에 의

MOT(Moment of Truth)

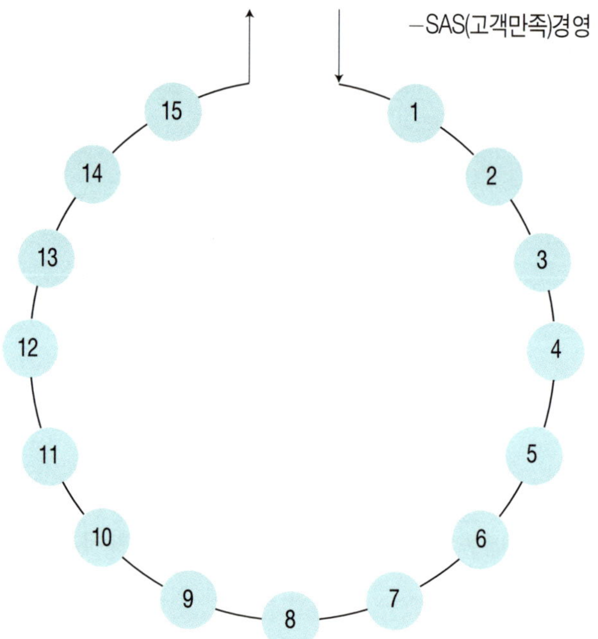

스칸디나비아 항공의 서비스 사이클과 MOT

한 순간관리였다. 오늘날 고객만족의 시대에 모든 고객의 접점에서 성공관리를 하는 최소한의 단위이다. 기업에 있어서의 MOT는 고객을 만나는 순간이지만 내 인생에서의 순간관리는 매순간마다 선택하고 결정하는 시간과 나 자신과의 접점이다. 그러한 성공관리의 단위를 나의 삶속에서도 만들어서 가지고 있어야 한다.

셀프 MOT. 이것이 내 삶의 성공적이고 주도적인 셀프 리더십의 기초단위이다. 내 시간의 바퀴에서 선택할 수 있는 가장 진실하고 최선의 접점을 만들어서 자신을 비롯한 모든 주변의 선택에 있어서 한 치의 낭비와 시행착오가 없어야 한다.

시간관리 메트리스

	긴급함	긴급하지 않음
중요함	I -위기 -급박한 문제 -기간이 정해진 프로젝트	II -예방, 생산능력 활동 -인관관계 구축 -새로운 기회 발굴 -중장가 계획, 오락
중요하지 않음	III -잠깐의 급한 질문, 일부전화 -일부 우편물, 일부 보고서 -일부 회의 -눈앞의 급박한 상황 -인기있는 활동	IV -바쁜일, 하찮은 일 -일부 우편물 -일부 전화 -시간 낭비거리 -즐거운 활동

『성공하는 사람들의 7가지 습관』 중에서

소중한 것을 먼저 하기. 『성공하는 사람들의 7가지 습관』의 저자 스티븐 코비 박사는 성공을 위한 습관 중 가장 중요한 것은 소중한 것을 먼저 하는 것이라고 하였다

우선순위와 균형을 생각하라. 그리고 선택하고 집중하라. 성공하는 사람은 자신의 시간을 얼마나 밀도 있게 지배하는가에 따라 결정된다. 블루스타킹들의 일상은 너무 바쁘다.

성공하는 사람들은 자신의 시간 관리뿐만 아니라 인간 관리를 하는데 있어서 철저하게 주도적이다. 그리고 성공하지 못하는 사람들이 귀찮아하고 하기 싫어하는 것도 미리 자신의 계획 하에 할 줄 아는 자기 인내와 관리가 가능한 사람이다. 그래서 자신의 삶에 있어서 많은 중요한 일들을 긴급하지 않게 차근차근 실행함으로써 성공하지 못한 사람들보다 훨씬 더 밀도 있고 알찬 시간을 부여받고 있다. 어떠한 일도 긴급하지 않게 진행하기 때문에 모두다 양질의 시간으로 여유 있게 그리고 차분하고 완벽하게 일의 처

리가 가능하다. 그래서 많은 일을 하면서도 여유가 있다.

어떤 일이건 기본적으로 큰 그림을 먼저 본 후 연계성을 갖고 일을 한다면 자신이 노력한 시간에 매우 값진 보상을 가져다 줄 것이다.

1〉 매일(Daily) MOT

나와 가장 밀접한 관계인 1촌은 매일Daily 단위의 표준화되고 계획된 MOT사이클을 만들어라. 매일 빠짐없이 반복적으로 해야 할 것. 예를 들면 건강관리를 위하여 매일 비타민 먹기, 생수 마시기, 아침에 5분간 명상의 시간 갖기, 남편이나 아이 또는 미혼일 경우에는 부모나 가족에게 하루에 한번씩 눈 마주치기. 사소한 것들이지만 습관화 되어있으면 미래의 성공적인 삶을 위한 너무도 귀한 저축의 순간이 된다. 그다음 일상적으로 흘러가는 업무나 학습의 시간은 타인의 스케줄에 의해서 자연스럽게 흘러갈 수 있도록 한다.

2〉 주(Week) MOT

가까운 주변 동료나 형제, 이웃사촌 등은 2촌의 관계로 표준화하고 주Week 단위의 접점 사이클을 만들어라. 짜임새 있게 성공하는 사람들을 보면 주 단위의 관리가 가장 철저하다. 일상적인 생활이라고 하더라도 효율적이고 생산적이며 권태롭지 않게 자신의 삶을 설계하는 가장 기초적인 단위라고 할 수 있다.

주 1회 취미 생활하기, 영화보기, 아이와 깊은 대화하기, 또는 사랑하는 사람과 가장 의미 있는 하루 만들기, 책 한 권 읽기, 주 몇 회 운동하기, 마사지 받기, 친구 만나기, 가족을 위한 음식 만들

기, 요일별 테마 메일 확인하기 등등 중복되지 않고 바쁘지도 않으면서 빠짐없이 자신을 관리할 수 있는 가장 효율적인 시간단위라고 할 수 있다.

3〉 월(Month) MOT

정보교환 정도의 약간 의미 있는 관계는 월Month 단위의 관리 사이클이 있어야 한다. 1촌과 2촌을 떠나서 직접적인 생활과는 약간의 거리가 있지만 그래도 무시할 수 없는 인간관계들이나 사회적으로 의미 있는 일들은 월 단위로 한 번씩 점검을 필요로 한다.

매월 1회 등산하기, 가족과 회식하기, 직원들과 식사하기, 떨어져 사는 부모나 형제에게 전화하기, 바빠서 자주 만나지는 못하지만 그래도 인적관리를 위하여 꼭 한 번씩은 서로의 근황을 챙겨야 하는 사이인 친구들이나 동호회 등 자신의 생활의 굴레에서 때로는 객관적인 시야를 갖게 하는 좋은 관계의 유지이다.

4〉 년(Year) 단위의 MOT

자기 삶의 지배가치와 핵심가치에 의하여 결정된 자신의 비전과 미션에 따른 인생목표 관리이다. 자신의 삶을 어떻게 가꾸어가며 살고 싶은가? 나는 어떤 사람으로 나에게 주어진 이 소중한 삶을 살고 싶은가? 내가 하고 싶은 것, 내가 살고 싶은 것, 그것은 나의 삶의 방향이고 목표이고 내가 존재하는 이유인 것이다.

해마다 새해가 되면 거창하게 계획을 세우곤 한다. 그런데 작심삼일 하면서 하루 이틀 반짝 세운 계획들이기는 하지만 한해, 한해 나이를 더해 감에 따라 얼마나 소중한 흔적이 되어 내 삶을 메워

가고 있는지 모른다는 생각이 든다. 자신의 가치관에 따라 내 인생의 나침반이 되어주는 소중한 가치에 따라 해야 할 일의 우선순위를 정한다. 그다음 자신이 가치 있다고 생각하는 것을 이루기 위해 실행에 옮기는 것이다.

03

부정적인 껍데기를 부수어라
-실패와 친구되기

친구 둘이 사막을 건너게 되었다.

그런데 두 사람은 도중에 길을 잃었다. 한사람은 아무래도 이 불타는 사막에서 죽게 되나보다 절망했고, 다른 한사람은 곧 마을이 나타날 거라며 격려했다. 그런데 한참을 가다가 보니 무덤이 하나 나타났다. 그 무덤을 보자 아무래도 죽을 것 같다고 절망하던 친구는 정말 죽었고 희망을 갖자던 사람은 희망대로 살아났다.

그 이유는 내내 죽을 거라고 중얼거리던 친구는 무덤을 보자 누군가가 자기처럼 지쳐서 죽은 것이라고 지레 짐작하여 체력이 급속도로 떨어졌고, 희망을 가졌던 친구는 무덤이 있다는 것은 멀지않은 곳에 마을이 있다는 증거라 믿었다. 누군가가 지쳐서 죽은 거라면 뼈다귀만 있을 텐데 무덤이 있는 것은 누군가 묻어주었기 때문이라는 것이다. 근처에 마을이 있다는 믿음으로 그는 죽을 힘을 다해 사막을 건넜다. 적극적인 사고방식이 얼마나 인생의 질을 좌우하는지 말해주고 있는 이야기다.

완벽하게 성공하고 싶은가? 그러면 적극적이고 긍정적이며 낙천적으로 몇 억대의 판매 실적을 올린 판매 왕들의 이야기를 들어보면 판매는 거절을 두려워하지 말아야 한다는 것이다. 거절은 당연한 것이라고 받아들일 수 있어야 한다는 것이다. 성공하고 싶은가 그러면 실패를 두려워하지 마라. 도루도 없고 안타도 없는 그런 무미건조한 삶을 살 것인가. 모험과 도전이 있는 흥미진진하고 성공적인 삶을 살 것인가. 얼마나 부정적인 껍데기를 부수고 긍정의 힘에 도전하느냐에 삶의 성패가 달려있다.

마인드 컨트롤하라. 그런데 아무것도 없는 상태에서의 단순히 모호하고 긍정적인 사고는 자신의 단점을 극복하지 못하고 결정적인 실패를 초래하기 쉽다. 진정한 어둠의 의미를 아는 자만이 밝고 환한 세상을 만들 수 있다. 진정한 반대의 의미에 대한 정확한 이해가 있어야 한다는 뜻이다. 자기에게 유리한 방향으로만 생각하고 행동하는 모호한 낙천주의는 오히려 상대방에게 급소를 내어주는 것과 같은 허점을 가진다.

오늘날 조직에서 여성에 대한 어떤 고정관념과 부정적인 껍데기에 쌓여 있는 지를 정확하게 아는 것이 문제를 극복하는 길임을 알아야 한다.

일과 관련된 대표적 여성편견 7가지

여성에 대한 공통된 편견은 오늘날에도 여전히 세계 도처에 널려있다. 최근 세계노동기구가 발표한 「여자, 성, 그리고 일Women, Gender, and Work」이라는 보고서에 따르면 여러 국가에 여전히 남녀의 역할에 대한 편견이 존재하고 이에 따라 남성에게 적합한 일과 여성에게 적합한 일을 구분하는 것으로 나타났다. 특히 여성의 경우 이같이 근거를 알 수 없는 부정적인 편견에 의한 성별 직업분류 때문에 많은 직종과 지위에서 소외되고 있다고 한다.

① 여성은 남을 배려하고 보살피는 성향이 강하기 때문에 어린아이, 환자, 노인 등 타인을 보살피는 직업에 적합하다. 전형적인 직업으로 간호사, 의사, 교사, 보모 등이 있다. 대부분의 사회에서 여성이 주로 아이들의 양육을 책임지기 때문에 보통 생물학적으로 적합하다고 느낀다.—하지만 이러한 성향은 후천적으로 습득된 것이다. 또한 남에 대한 배려와 동시에 상당한 권한이 필요한 일(의사 등)은 남자가 태반인 점도 참고할만하다.

② 여성은 돈을 다루거나 신용이 중요한 직업에 적합하다. 경리, 은행사무원, 출납계 등이 이에 해당된다.—하지만 이 경우에도 보수와 지위가 높을수록(은행원, 회계사 등) 남성이 대부분인 경우가 많다.

③ 여성은 외모로 고객을 유인하거나 즐거움을 주는 직업에 적합하다. 안내 데스크나 점원이 여기에 해당된다.—하지만 요즘 사회는 남성 고객뿐만 아니라 여성 고객을 유인하는데도 성적인 매력을 사용하기 때문에 남녀 불문하고 외모를 주요 마케팅 수단으로 사용하는 경향이 있다.

④ 여성은 낮은 임금을 수용하고 수입에 대한 필요가 적기 때문에 저임금 직종에 적합하다. 여성은 가정 내에서 부수적인 '2차 수입원'이라는 잘못된 믿음과 관련된다.—하지만 현실적으로 여성이 가장인 가구가 늘고 있고 많은 가정에서 한 사람 이상이 벌어야 하는 필요성이 증가하고 있다.

⑤ 여성은 낮은 임금을 수용하고 수입에 대한 필요가 적기 때문에 저임금직종에 적합하다. ─ 하지만 남녀 개개인에 따라 체력은 상당히 다르다. 다시 말해 많은 여성들이 그런 노동을 할 수 있는 육체적인 능력이 있다. 뿐만 아니라 오늘날의 경제에서는 체력의 중요도가 떨어지고 있다.

⑥ 여성은 체력이 약하기 때문에 육체적 노력이 필요한 직업에 부적합하다. 화학자, 물리학자, 건축가, 엔지니어, 수학자, 통계학자 등이 주로 여성들이 소외되는 직종이다. ─ 이 경우 성차별은 여자 어린이들이 수학이나 과학을 전공하기를 권장하지 않는 학교 교육에서부터 시작된다. 일부 사람들은 이런 차이가 생물학적으로 결정된다고 믿는다. 만일 그렇다면 그 차이는 평균적으로 적게 날 것이고 개개인에 따라 크게 다를 것이다.

⑦ 여성은 물리적인 위험에 대응하고 물리적 힘을 사용하기 꺼려하기 때문에 상대적으로 여성이 물리적인 위험이 큰 직업에 부적합하다. 소방관이나 경찰관, 보안, 경비 등이 여기에 속하는 직업들이다. ─ 하지만 이는 후천적으로 학습된 성 차이이다. 실제로는 많은 여성들이 이런 직업에 종사하고 싶어 한다.

(자료: ILO, 「Women, Gender and Work(2001)」

이런 편견의 굴레에 넘어져 자신의 능력을 도태시키고 싶은가?

여성을 소외시키는 조직문화

한국여성개발원이 제시하는 남성 관리자들이 여성 인력을 기피하는 이유는 다음과 같다.

- 근무기강이 해이해지고 생산성이 저해되는 측면이 있다.
- 여성 인력에 대한 배려가 오히려 남성 역차별을 심화시킨다.
- 결혼, 출산, 육아로 인한 공백으로 생산성이 저하된다.
- 성희롱 등 새로운 이슈에 관련된 교육비 부담이 있다.
- 회사에 대한 주인의식이 남자에 비해 절대 부족하다.
- 철야작업, 장기출장, 파견에 제약이 있다.
- 너무 예민하다.
- 직급이 높아지면 시킬만한 적당한 일이 없다.

오늘날의 블루스타킹은 여성의 능력을 평가절하하는 부정적인 껍데기를 과감하게 부수고 넘어서야 한다. 이러한 편견을 뛰어 넘어서는데 대한 두려움을 두려워하지 말아야 한다. 우리는 블루스타킹의 원초적인 강한 힘을 믿는다.

전도연과 박신양이 나오는 「약속」이라는 영화를 보면 조폭 두목인 박신양에게 '어쩌면 그렇게 싸움을 잘할 수 있느냐?'고 묻자 '얻어터지는 것을 즐기면 된다.'고 대답한다. 얻어터지는 것을 두려워하지 않고 오히려 즐길 수 있어야 싸움의 고수가 된다. 몇 억대의 판매 실적을 올린 판매 왕들의 이야기를 들어보면 판매는 거절을 두려워하지 말아야 한다는 것이다. 거절은 당연한 것이라고 받아들일 수 있어야 한다는 것이다. 성공하고 싶은가 그러면 실패를 두려워하지 마라.

도루도 없고 안타도 없는 그런 무미건조한 삶을 살 것인가. 모험과 도전이 있는 흥미진진하고 성공적인 삶을 살 것인가. 얼마나 부정적인 껍데기를 부수고 긍정의 힘에 도전하느냐에 삶의 성패가 달려있다. 반대급부의 명수가 되라. 그러기 위해서는 실패를 두려워하지 말고 친구가 되어야 한다.

그릇된 부분에 대한 지적과 생각이 다름에 대한 냉철한 의견을 이성적으로 받아주지 못한다고 싫고 좋음에 대한 감성적인 대응을 하기 때문에 남자 상사들이 부담스럽다고 한다.

부정적인 껍데기를 벗고, 고정관념을 부수고

여성이 성공에 이르는 몇 가지 투쟁들

- 부탁하지 말고 요구하라. 또한 분명하게 거절하라.
- 자신의 인생을 위해 당당하게 투쟁하라.
- 긍정적인 자기통제 · 자기 암기를 반복하라.
- 자신 내면의 소리를 듣는 연습을 하라.
- 변화에 대한 가상의 두려움을 제거하라.
- 착한 여자는 하늘나라에 가고, 못된 여자는 어디에라도 간다.
- 당신의 성과에 불을 밝혀라.
- 이기고 싶은 마음을 발전시키고 자주 승리하는 습관을 가져라.

04

잠자는 카리스마에 키스하라
-독보적인 자신 만들기

우리는 카리스마가 넘치는 사람을 부러워한다.

카리스마는 원래 그리스어로 '은혜의 선물' 즉 신의 선물을 뜻한다. 주변사람들을 강력하게 끌어당기는 카리스마는 가히 성공의 열쇠라고 할 수 있다. 그러나 학력, 나이, 외모에 상관없이 대부분의 여성들은 긍정적인 카리스마를 발휘하지 못한다. '여자목소리가 담장을 넘어가면 집안이 망한다.' '암탉이 울면 집안이 망한다.'는 팔자 센 여자 신드롬이 있다. 하지만 요즘은 암탉이 울어야 알을 낳는다.

카리스마는 자신만의 독특한 빛이다. 카리스마란 내부의 빛을 외부로 발산하는 것이다. 모든 인간은 하나밖에 없는 특별한 존재다. 카리스마란 바로 이런 자신만의 독특한 빛을 세상을 향해 던지는 것이다. 잠자고 있는 카리스마에 키스하라. 그래서 독보적인 자신의 존재를 만들어라. 이 세상에 당신은 오로지 유일한 존재임을 알려라.

카리스마를 가로 막는 장애물은 무엇일까? 라는 질문을 스스로에게 해보라. 아마 앞장에서 말한 강한 여성의 7가지 콤플렉스 중에 몇 개가 스스로

오늘날의 많은 블루스타킹들은 실로 명쾌하고 대범할 정도로 많은 기회와 권한을 부여받았다. 잠자는 카리스마에 키스해 보라. 새로운 감각이 살아날 것이다. 결코 동물적 감각에 의한 예리한 판단과 치밀한 분석에 의한 결정을 과소평가해서는 안된다. 가슴 속의 호랑이를 끄집어내어야 할 때가 왔다. 이 넓은 세상에서 그대들은 큰 역할을 하게 될 것이다.

의 발목을 잡고 있는 사실을 발견하게 될 것이다.

이 세상에는 예쁘고 상냥한 여자와 능력 있고 강한 여자, 이렇게 두 종류가 있다. 내가 대리였을 때만 해도 친절하고 상냥하고 인기 있는 직원 이였다. 그래서 나는 이 세상에서 가장 능력 있고 인정받는 사람인줄 알았다. 그래서 나는 다른 여자와 다른 줄 알았다. 특히 비참하게 깨어지는 선배들을 보면서 나는 절대로 저런 대접을 받을 사람이 아니라고만 생각했다. 그런데 과장으로 승진을 하고 나니까 그렇게 친절하고 상냥하고 능력 있는 내가 달라졌다. 어쩌면 그렇게 사람들의 구설수에 오르내리며 능력 없고 고약한 여자 과장이 되어있는지 몰랐다. 견제와 압박으로 목덜미를 조여오기 시작했던 것이다.

원래는 같은 사람인데 자리가 달라지니까 평가가 어쩌면 그토록 처참해지는 걸까? 그래서 그렇게 활발하고 능력 있어보이던 당당한 나의 모습이 위축이 되어가기 시작했다. 능력 있는 여자보다 모든 사람으로부터 사랑받는 여자가 되기를 원했는지도 모르겠다. 그냥 조용히 자심의 일만 열심히 하는 부드럽고 상냥한 여자 상사의 길을 선택하고 또 그렇게 길들여지고 있었다.

어느 결정적인 순간에 나는 팀장이나 부서장으로서의 카리스마가 부족하다는 소리를 들었다. 그동안 상냥하고 부드러운 나의 모습을 선택하고 더 좋아하지 않았던가. 대부분의 여성 리더들은 능력을 인정받아 직위는 올라갔지만 상냥하고 순종적인 여직원의 이미지를 탈피하지 못하는 것 같았다. 그래서 능력 있고 당당한 상사의 이미지를 보여주지 못하고 있는 것이 사실이다. 그래서 여성 상사를 기피하는 직원들의 가장 큰 이유가 카리스마가 없고 능력이 없어 보인다는 것이다. 그리고 정보력도 없기 때문에 나중에 자신의 영역을 펼치는데 결코 도움을 받지 못할 것이라는 것이 가장 큰 이유이다.

또 그런 점을 극복했다고 자처하는 여성 상사는 지나친 남성우월화로 특히 여직원들에게 비춰지고 있다는 것이다. 이런 시니어 급 30~40십대 여성들은 대부분 평사원 때부터 '홍일점'으로 남자와 싸워 현 위치에 올라간 사람들이라 사람의 마음을 움직이는 따뜻한 카리스마라기보다는 권위적인 심리상태를 표출하기도 한다. 또 같은 여자들에게서는 그들보다 다른 부류의 여자임을 인정받고 싶어하기 때문에 더 권위적인 태도를 취한다고 한다. 그래서 부하 여직원이 좀 친근하게 보이며 다가오면 자신을 상사로 인정하지 않고 선배언니쯤으로 생각한다고 무례하게 여긴다.

능력 있고 강한 여자의 이미지를 팔자 센 여자 신드롬으로 치부해 버렸던 우리의 고정관념이 알게 모르게 우리 여성들의 마음 가장 밑바닥에 자리하고 있는지도 모른다. 그래서 강한 결단력이나 추진력을 발휘할 때나 결정적으로 남자 상사에게 의존하거나 떠밀어버린다는 것이다.

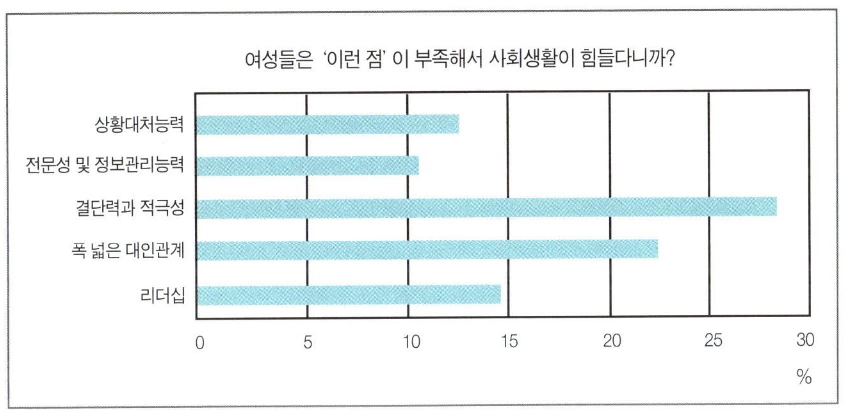

우먼피아 여성 네티즌들이 대답한 사회생활을 힘들게 하는 요인들

그렇지만 가만히 객관적으로 분석해 보면 어려운 상황에서나 순간적인 상황판단에서 여성의 능력이 훨씬 더 빛을 발할 때가 많다. 특히 전문적인 분야에서나 사람의 마음을 움직여서 성과를 발휘해야 하는 업무에서, 하지만 많은 부분에서 사회적 성역할에 대한 기회를 가져보지 못했으며 또 그런 결정은 스스로 내려본 경험과 기회가 그리 많지 않다. 하지만 오늘날의 많은 블루스타킹들은 실로 명쾌하고 대범할 정도로 많은 기회와 권한을 부여받았다.

잠자는 카리스마에 키스해 보라. 새로운 감각이 살아날 것이다. 결코 동물적 감각에 의한 예리한 판단과 치밀한 분석에 의한 결정을 과소평가해서는 안된다. 가슴 속의 호랑이를 끄집어내어야 할 때가 왔다. 이 넓은 세상에서 그대들은 큰 역할을 하게 될 것이다.

독보적인 자신의 영역 속에서 자신만의 카리스마를 발휘하기 위하여 다음과 같은 것들을 살펴라.

(미국의 100대 기업의 여자 경영인을 대상으로 인터뷰한 결과를 정리한 것이다.)

① 네트워킹을 잘하고 적극적으로 활용하라.

　―회사 안팎에서 여성에게 협조적인 사람과 일하고 그들로부터 배우는 등 적극적인 인간관계의 중요성을 인식하라. 보다 많은 사람과 대화하고 여행, 다양한 모임이나 단체 등에 참여하면서 인맥을 형성하고 시야를 넓혀라.

② 어려울 때 많은 도움을 줄 수 있는 지도자를 주변에서 찾아라.

③ 남의 눈에 띄게 하라!

　―치밀한 자기 마케팅은 사람들의 눈에 띄고 이목을 끌게 만든다.

④ 균형 감각을 잃지 말아라.

　―일중독에 빠지지 말고 직장과 사생활을 모두 중요하게 생각하라.

⑤ 기회를 잡아라!

　―평범하지 않은 일을 제의받으면 그 기회를 활용하여 자기 성장의 기회로 삼아라!

⑥ 새로운 일을 맡아 책임을 다하라.

―아무도 하지 않고, 하려고 하지 않는 새로운 분야의 일을 하라.

⑦ 다양한 능력을 개발하라!

　―현재 하고 있는 직업이 아닌 다른 직업에서도 근무할 수 있는 능력을 키우라. 항상 미래를 위해 준비하면서 여성 자신이 스스로 목표를 설정하고, 여성에게 유망한 직종을 선택하라.

⑧ 자발적인 변화를 시도하라.

　—상황 때문에 어쩔 수 없이 변화하기 보다는 자발적으로 변화를 유
　도하라.

⑨ 다방면에서 진로와 목표를 추구하라.

　—대기업 또는 전형적인 기업이 좋다는 고정관념에서 벗어나 다양한
　경력을 추구하는 것이 바람직스럽다. 평소 다방면에 관심을 가지
　면서 스스로를 전문가의 좁은 울타리 속에 가두지 마라.

⑩ 본받을 만한 상사나 선배를 찾아서 자신의 역할 모델, 사부, 멘토로
　삼아라.

⑪ 비판과 도전에 대해서 유연하게, 자신 있게 대처하라.

　—공격받으면 위축되지 말고 유머와 객관적인 논거로 대응하라.

⑫ 불화와 논쟁에 적절하게 대처하라.

⑬ 능력 있는 동료는 소중한 재산이다.

　—동료를 소중하게 생각하라.

⑭ 자신만의 매력을 찾아 개발하라.

　—매력적인 사람에게 정이 간다. 매력을 지닌 사람은 다른 사람을 흡
　입하는 놀라운 능력을 가지고 있다. 이제는 자신의 매력을 하나씩
　찾아서 개발하자.

⑮ 자신을 진정으로 사랑하자.

　—프로 여성은 먼저 자기 자신을 사랑하지 않으면 안된다. 자신에 대
　한 진정한 사랑은 스스로를 진실로 기뻐하며 깊이 존중하고 자신
　의 모든 능력과 재능, 그리고 잠재된 가능성을 잠시도 잊지 않고
　최선을 다해 그것들을 최대한 발휘하는 것이다.

05

마녀보다 더 섹시하게
-성공하는 이미지메이킹

여자에 대한 가장 호의적인 평가는 Sexy다.

Pretty, Beautiful보다 더 긍정적이고 열정적인 에너지의 능력을 인정하는 것이 Sexy이다. 이 세상에서 Sexy보다 더 아름답고 열정적인 매력은 없다. 귀엽다는 것은 귀여워해주는 누군가가 있어야 한다. 그래서 평가의 기준이 타인이다, 또 아름답다는 것은 남성들이 정해놓은 인형과 꽃과 같은 관점에서 미의 기준이다. 그렇지만 Sexy는 매혹적인 성적매력을 물론이고 자아의 정체감을 확실하게 담보한 주체적이고 건강한 매력이다. 오로지 자신이기 때문에 모든 단점과 장점이 자신의 존재 내에서 화학적 반응을 일으켜 내뿜는 신선하고 유일한 매력이다.

Pretty, Beautiful이 외면의 기준에 의한 틀 맞추기식의 변화라면 Sexy는 자신의 내면에서 외면으로 강하게 분출하는 자신만의 향기이고 카리스마이다. Pretty, Beautiful이 관습과 전통에 얽매인 착하고 선량한 미의 기준이라면 Sexy는 주체적인 자신의 삶의 주인공으로서 용감하게 그 틀과 규칙을 깨어 부수고 얼마든지 빠져나갈 수도 있는 그런 여자의 이미지다.

Pretty, Beautiful이 외면의 기준에 의한 틀 맞추기식의 변화라면 Sexy는 자신의 내면에서 외면으로 강하게 분출하는 자신만의 향기이고 카리스마이다. Pretty, Beautiful이 관습과 전통에 얽매인 착하고 선량한 미의 기준이라면 Sexy는 주체적인 자신의 삶의 주인공으로서 용감하게 그 틀과 규칙을 깨어 부수고 얼마든지 빠져나갈 수도 있는 그런 여자의 이미지다.

착하고 나쁜 여자의 잣대는 오로지 자신의 성공적인 삶의 기준에 있다. 성공하는 여성의 매력이 의존적이고 종속적인 나약한 아름다움보다는 훨씬 더 건강하고 주도적이다. 인생은 그러데이션이다. 선명한 색깔들과 어둡고 희미한 베이스칼라들이 절묘하게 버무려져 그 경계를 없애면서 표현되는 모호한 색체의 테크닉이 성공하는 이미지메이킹의 메이크업 기술이다. 경계를 없애면서 성공과 실패의 영역을 모두 다 섭렵하는 양면성을 지닌 블루스타킹이 진정 내공이 있는 실력자이다.

당당하게 성공하고 매력 있는 여성으로서의 이미지메이킹을 위하여 그러데이션 인생스킬을 배우자.

① 매력 있는 얼굴의 표현에서 가장 효과적인 것은 세련된 화장술이다. 온갖 메이크업 테크닉을 섭렵한 다음에 자신만의 당당하고 깨끗한 이미지의 화장술을 개발하라. 매트하면서도 활기와 생기가 있는 화장법. 가장 중요한 포인트는 살아있는 맑은 눈매를 만드는 기술이라고 생각한다. 자연스

러운 화장에 강하고 맑은 눈매, 아이라인과 마스카라를 최대한 이용한 깊이 있고 선명한 눈 화장이 생명이다.

눈은 자신의 능력과 열정 그리고 거짓 없는 마음과 생의 의욕을 한순간에 표현하는 아주 매력적인 마음의 창이다. 그러한 마음의 창을 가꾸는데 가장 많은 시간과 돈을 투자하는 것은 당연한 것이다.

그다음 입술은 죽여라. 사교 모임라면 모를까 성공적인 직장생활을 위해서 자신을 컨트롤 할 수 있는 가장 큰 무기가 입이다. 그러한 입에는 신뢰감과 진중함을 이미지메이킹 할 수 있어야 한다. 입은 자신의 마음을 다스리는 창구이면서 상대방의 신뢰를 담을 수 있는 아주 매력적인 도구이다. 이러한 입을 잘못 관리하여 그의 능력과 이미지를 상실당하는 사람들을 나는 많이 보아왔다.

또 머리는 되도록 파마하지 말 것. 여성의 헤어스타일과 단아한 뒷목선은 또 다른 의미의 자기표현이다. 어느 순간에도 상황연출이 가능한 어깨 위로 넘실거리는 긴 생머리의 생기 넘치는 단발을 강력하게 권하고 싶다.

너무 차려입은 것 같지도 않은 그렇다고 무례해보이지도 않는 가벼운 옷과 화장. 생머리에 굽이 낮아 경쾌해 보이는 신발. 편안하면서도 생동적인 매무새가 그녀를 활동적으로 보이게 할 것 같다. 촉촉한 생머리를 어깨 너머로 가볍게 넘기며 도시적이면서도 쉬크한 영화 속 여자 주인공의 생기 있고 발랄한 이미지를 상상해 보라. 이 스타일에 자신이 없으면 스타일리쉬한 커트를 권하고 싶다. 다양한 이어링과 시원한 목선으로 자신의 장점과 열정적인 워킹우먼의 이미지를 연출할 수 있기 때문이다. 그리고 앞머리는 절대로 이마를 가리지 말 것. 시원한 이마는 그 사람의 행운과 복을 불러들이는 육체의 창이고 우주와 소통하는 길목이다.

② 자신을 가장 매력적으로 다듬는 것은 옷 입는 기술이다. 능력이 닿는 한 브랜드가 있는 옷과 구두 그리고 액세서리를 권한다. 옷은 자신의 능력을 포장해서 나타내 보인다. 아직도 사람들은 입고 있는 옷으로 사람의 능력을 평가하려 한다.

패션에 대한 전문적인 지식이나 감각을 가지고 있다면 돈이 훨씬 덜 든다. 그만큼의 센스를 가지기 위해서는 그만큼 시간적 금전적 비용과 대가를 치렀기 때문이다. 단정적으로 말해 가장 자신 있는 옷 입기는 자신의 단점 앞에서 오히려 당당하고 과감해지는 것이다. 어설프게 숨기려고 하다보면 자세가 그만큼 위축된다.

팔뚝이 굵은가? 그러면 오히려 과감하게 드러내라. 살이 찌고 뚱뚱한 스타일이라고 생각하는가? 그러면 오히려 더 뾰족한 하이힐을 신고 타이트하고 대담하게 옷을 입어라. 얼마나 당당하고 섹시해 보이는지 모른다. 나쁜 것은 아랫배를 축 내밀지는 말라는 것이다. 정말 둔탁하고 미련해 보인다. 살이 찌고 아랫배가 나온 것이 문제가 아니다. 얼마나 곧고 당당한 걸음걸이를 할 수 있는가의 문제이다.

③ 말씨와 행동은 당당하고 솔직하게 하라. 저돌적이고 공격적인 말과 행동은 스스로 자살골을 먹는 것이나 다름없다. 적대적인 관계 이전에 같이 일하는 동료이고 또 한울타리의 가족임을 명심해야 한다. 친절하고 상냥하게 한다고 비굴한 자세와 애매한 표현과 행동은 정말 매력 없다.

진실하고 솔직하면서도 인간적인 따스함이 배어 있는 표현은 그 사람이 어떠한 단점이 있더라고 그 앞에서 투명할 수 있다. 맑고 투명함. 이것이 가장 경쟁력 있고 살아있는 자기표현임을 알아야 한다.

06

물무당처럼 두 개의 눈을 가져라
-발톱을 숨겨라

남자 임원 몇 명이서 목욕탕에 갔다.

다들 조직에서 능력을 인정받고 잘나가는 임원들이다. 남자들은 다 벗고 있을 때가 가장 솔직할 수 있다고 한다.

누군가 모두에게 물었다. 결혼생활이 행복한가? 모두 다 그렇다고 대답했다. 그러면 태어나도 다시 그 여자와 살고 싶은가하는 물음이 나왔다. 남자들의 대답은 어땠을까? 정답은 '내가 총 맞았나' 였다.

그러면서 왜 행복하다고 말했을까? 만족하고 행복한 것은 다른 선택의 여지가 없을 때 하는 말이다. 다른 선택을 해야 할 경우에는 그 길을 또 가고 싶은가 하는 것은 다른 문제이다. 기업에서 고객만족도조사를 한다. 고객에게 그 상품과 기업에 대해서 만족하느냐고 물었을 때 특별하게 불만이 없을 때는 그냥 만족한다고 말한다. 그러면 또 다시 그 상품을 선택하고 싶은가의 물음에 대해서는 대답이 완전히 다르다. 그러면 현재 모든 기업에서 하고 있는 고객만족도 조사를 어디까지 신뢰하고 믿어야 하는가? 하는 문제가 생기기도 한다.

미리 뻣뻣하게 사람들의 상대적 적대감의 표적이 될 필요는 없다. 명쾌하고 당당하게 도전하고 유연하게 여유롭게 경쟁하다. 자신의 지나친 의욕으로 상대방을 미리 무장시키는 것은 프로답지 못하다. 자신의 카드를 너무 쉽게 내 보이는 것은 어리석은 행동이다. 가느다란 발톱을 앙칼지게 내세워 미리 경계의 대상이 되거나 주목의 대상이 될 필요는 없다.

고객의 입장에서는 내가 다른 선택의 여지가 없을 때 굳이 불만을 표시해서 그 기업에 대해서 비호감을 주고 싶지 않다는 것이다. 참 현명하고 영악한 결론들이다. 예리한 발톱은 깊숙이 숨어있음을 안다. 그런데 조직생활에서 여성 리더들을 보면 굳이 전략적이라는 표현을 하지 않더라도 너무 원색적이고 표면적이다. 나는 하늘을 우러러 한 점 부끄럼이 없다. 그래서 나는 당당하다고 말한다. 너무 1차원적이고 또 무책임하기까지 보이기도 한다.

너무 뻣뻣하고 그래서 마초적이라고 까지 한다. 그리고 그 그늘에서 두려워하고 있다. 그럴 바에는 차라리 속여라

따로 또 같이. 물위를 떠다니는 물무당처럼. 물위를 떠다니는 물무당은 눈이 위아래로 두 개 있어야 한다. 하나는 물위 지상을 보는 눈이고 또 하나는 물밑을 보는 눈이다. 물속에서는 빛의 굴절이 더 크다고 한다. 그래서 물위를 보는 눈으로 물밑을 보거나, 물속을 보는 눈으로 물위를 보면 거리나

크기가 실제와는 다르게 보여서 자칫하면 물고기한테 잡아먹히기 십상이다. 그래서 풀무당은 목숨을 지키기 위해 기능이 다른 눈 두개가 따로 진화한다. 아무리 의심의 여지가 없는 상황이라 생각해도 그것의 이면을 볼 수 있어야 한다.

'복종하면서 지배한다.' 굴절되고 무서운 말 같지만 슬기롭고 지혜로운 말이다

미리 뻣뻣하게 사람들의 상대적 적대감의 표적이 될 필요는 없다. 명쾌하고 당당하게 도전하고 유연하게 여유롭게 경쟁해야 한다. 자신의 지나친 의욕으로 상대방을 미리 무장시키는 것은 프로답지 못하다. 자신의 카드를 너무 쉽게 내 보이는 것은 어리석은 행동이다. 가느다란 발톱을 앙칼지게 내세워 미리 경계의 대상이 되거나 주목의 대상이 될 필요는 없다.

지나치게 솔직한 행동은 그만큼 상황에 대한 두려움의 표시다. 그래서 마초적인 남성성으로 승부하려는 어리석음을 범하고 만다. 상대방을 무장해제시킬 수 있는 능력. 이것은 완벽한 자신감에서 나오는 여유다. 내면 깊숙이 발톱을 숨기고 실력과 내용으로 자신을 무장하자. 그리고 표면적으로는 여성다움으로 승부하자.

디지털로 특징지어지는 21C는 유연성, 창의성, 관계지향적 네트워크의 시대라 한다. 또한 여성성의 시대라고도 했다. 지금까지 남성들은 아날로그적 판짜기의 익숙했기 때문에 새로운 판인 디지털에는 '새 술은 새 부대에 담는다.'고 말한다.

이 패러다임의 전환기에는 바로 여성이야말로 새 판을 짤 수 있는 가장 적당한 성Gender이라고 할 수 있다. 고정관념에서 자유롭고 유연성과 창의성을 갖춘 여성이어야 한다. 그렇다면 이 시대에 여성들은 어떻게 살아야 할 것인가?

　'여성답게' — 여성성으로 승부하면 된다. 이제 '여성성'은 단점이 아닌 무기다. 『당당하고 진실하게 여자의 이름으로 성공하라』라는 책을 펴낸 여성신문사 대표 김효선 씨는 리더의 중요한 자질로 여성성이 부각되는 사회가 도래했다고 강조한다. 김 대표는 "예전에 여성 경영자는 '홍일점'이라거나 특별한 사람으로만 인식돼 논의의 대상에서 제외돼 왔지만 '리더는 곧 남성'이라는 전제 아래 쓰인 많은 리더십 이론들이 조만간 수명을 다할 것."이라고 말했다. 예전에는 성공하기 위해 털털하고 강인해 보이는 것이 필수였지만 이제는 '여성스러움' 자체로도 충분히 승산이 있다는 뜻이다.

　발톱을 숨기라는 말은 모든 사물과 사건의 이면을 볼 수 있는 눈을 기르라는 의미이다. 그리고 항상 기대 의외의 실력과 능력을 히든카드로 갖추고 있다가 기회가 왔을 때 재빨리 낚아 챌 수 있는 예리한 발톱을 가지고 있으라는 것이다.

　그런 기회가 올 때까지 섣불리 발톱을 보여 주변사람들의 경쟁심을 유발시켜 긴장하게 만드는 어리석음을 범하지 말아야 한다. 여성 리더들이 조직에서 빨리 밀려난다면 너무도 자신의 이면을 다 드러내버리기 때문에 더 이상 그들에게서 기대할 것이 없다고 쉽게 판단하게 하는 것이다.

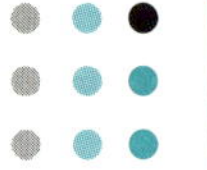

07

넝쿨을 보지 말고 길을 보라
-내용으로 승부하기

실타래처럼 엉켜있는 것에서도 핵심을 볼 줄 알아야 한다.

큰 틀로 단순화하고 구조화할 줄 알아야 한다. 그러면 내용을 모두 장악할 수 있다. 숙대에서 기말고사를 끝내고 채점에 들어갔다. 서비스 리더십 과목자체가 워낙 생생한 현장의 사례를 가지고 하는 수업이라 모두가 재미있게 참여하고 즐겁게 듣는 수업 중 하나다. 이런 과목은 강의할 때는 재미있지만 학점을 관리할 때는 참 곤란하다. 왜냐하면 모두가 다 높은 학점을 기대하기 때문이다.

A학점은커녕 B학점, C학점을 주어야 할 때는 교수의 입장에서는 정말 난처하다. 그렇지만 등급을 나누는 중요한 기준이 있다. 누가 가장 핵심과 문제의 본질을 볼 줄 하는가 하는 문제이다.

어떤 학생의 답안지는 정말 빽빽하게 힘주어서 쓴 성의가 보인다. 하지만 끝까지 다 읽어보면 심지어 배신감까지 느낀다. 무슨 말을 하고 싶은지 핵심이 전혀 보이지 않는다. 화려한 미사여구와 장문의 문장들이 본질을 헷갈리게 할 뿐만 아니라 출제자의 정확한 의도도 파악하지 못했다는 느낌이 핵심이 정확하고 기획자의 당당하고 확실한 태도를 보면 물어볼 것도 없이 그냥 결재를 한다. 왜냐하면 그러한 기획서가 나오기까지 이미 사전 커뮤니케이션이 있었기 때문에 실행자의 문제의식과 실행의지가 정확하게 나타나 있다. 넝쿨을 보지 말고 길을 볼 수 있는 눈이 있어야 한다. 그것이 조직 내에서는 결재를 받는 요령이기도 하거니와 사회에서는 자신의 의견과 능력을 관철시키는 중요한 능력이다. 일로서 승부하자.

든다. 하지만 정작 본인들은 그 많은 양의 답안지에 내내 흡족해 하면서 좋은 학점을 기다린다. 이런 학생들은 반드시 전화나 메일이 온다. 시험을 잘 본 것 같은데 점수가 잘못 나온 것 같다고. 왜 그렇게 나왔는지 이유라도 알고 싶다고 한다.

이유는 간단하다. 문제의 핵심과 본질을 정확하게 파악하지 못했기 때문이다.

기업에서 팀장으로 일할 때 팀원들이 결재를 받으러 온다. 그 많은 분량의 기획서들을 사실상 정확하게 내용을 다 파악해서 결재하기는 참 힘들다. 핵심이 뭔가를 먼저 파악한다. 그 다음에 기획서를 작성한 사람의 태도를 본다.

핵심이 정확하고 기획자의 당당하고 확실한 태도를 보면 물어볼 것도 없이 그냥 결재를 한다. 왜냐하면 그러한 기획서가 나오기까지 이미 사전 커뮤니케이션이 있었기 때문에 실행자의 문제의식과 실행의지가 정확하게 나타나 있다.

넝쿨을 보지 말고 길을 볼 수 있는 눈이 있어야 한다. 그것이 조직 내에서는 결재를 받는 요령이기도 하거니와 사회에서는 자신의 의견과 능력을 관철시키는 중요한 능력이다. 일로서 승부하자. 단순화하고 구조화하자. 그리고 내용으로 승부하자.

그러면 핵심과 본질을 놓치지 않는 방법을 한번 들추어 보자

말로서 전달하거나 페이퍼로서 작성을 한다고 하더라도 이것의 기준에 맞춰보자. 다른 많은 요식과 틀을 배웠지만 나는 이것만큼 잘 요약된 것은 없다고 생각한다.

■SMART기법에 의한 군더더기 없는 정확한 의사표현

어떠한 내용의 전달도 다음과 같은 5가지 기준에서 핵심을 점검해보자.

1〉 S(Specific)

얼마나 구체적이고 실사례적인 표현을 하고 있는가 하는 문제이다. 뭔가 고상하고 차원 있는 단어를 쓰기는 하지만 빨리 그림이 그려지지 않으면 그것은 실패이다.

자신의 의견을 빠른 시간 내에 선명하게 그려낼 수 있는 것이 시간싸움에서의 능력이다. 아름다운 문장과 추상적이고 넓은 범위의 단어는 자기 핵심의 본질을 가리기 때문에 정확하게 전달되지 못하는 경우가 많다.

2〉 M(Measurable)

측정 가능한 단어와 숫자를 사용하여야 한다. 최선을 다하겠습니다. 열심히 하겠습니다. 굉장히 많습니다. 이런 투의 표현은 그야

말로 최선을 다하는 것으로 끝이다.

열심히 한다는 것, 최선을 다한다는 것은 어떤 상태를 구체적으로 목표로 하고 있는지에 대하여 서로 공감대가 같아야 한다. 나는 이 정도면 최선을 다한다고 생각하는데 그 결과에 대한 상대방의 기대심리는 사뭇 다르기 때문이다. 이러한 차이에서 오는 엄청난 시행착오와 오해는 결과가 나타날 시점에서 엄청난 차질을 가져오기 때문이다. 측정된 숫자로 표시하는 것. 이것이 얼마나 객관성과 평정심을 유지하는데 중요한 포인트인지 모른다.

3〉 A(Attainable)

도달 가능한 숫자를 목표치로 삼아야 한다. 10억 목표를 하던 조직이 갑자기 밑도 끝도 없이 200억 300억을 하겠다고 의지와 결의를 보이면 그 마음가짐은 가상하지만 그 목표에 대한 실천여부가 현실감각으로 와 닿지가 않는다. 그렇다면 오히려 신뢰감을 잃어버릴 수 있는 문제이다.

4〉 R(Reality)

아무리 거창하고 거대한 목표라고 하더라고 현실적으로 가능하지 않는 것은 정말 아무것도 아니다. 아무리 열심히 해도 결과를 가져오지 못하는 생산성의 문제이다. 열심히만 한다고 해서 안 되는 이유 중의 하나이다. 하지만 정작 본인은 나는 열심히 했기 때문에 아무런 문제가 없다고 생각할지 모른다. 그런 문제의식 없는 생각자체가 조직과 사회에서는 엄청난 문제이다. 결과 없이 행하여지는 모든 것들이 다 비용낭비다.

5〉 T(Timely)

그리고 어떠한 좋은 아이디어와 프로젝트라도 시기를 맞춰내지 못하면 아무런 쓸모가 없다. 유효기간이 지난 식품 같은 것이다. 적절한 타이밍을 맞춘 따끈따끈한 프로젝트는 그 존재가치만큼이나 신선하고 새롭다. 그리고 그는 유능하고 능력 있다. 대부분의 능력 있는 여성들이 이 타이밍에서 많은 것을 놓치고 있다. 가장 좋은 타이밍의 정보를 경쟁자들이나 남자 상사가 잘 주지 않는 다는 진부한 말은 오늘날 섹스티브한 블루스타킹들에게는 절대로 통하지 않는다.

08

정치력 9단이 되라
-고지에서 밀리지 않기

나는 전혀 정치적이지 못하다. 대학에서 정치학을 전공한 것과는 무관하다.

자신만 진실하면 되고 실력과 능력만 있으면 굳이 다른 사람은 신경을 쓰지 않아도 된다고 생각했다. 묵묵히 열심히 자기 자리에서 일하고 있으면 언젠가는 정의가 살아있어 자신을 알아보게 될 것이라는 순수하고 순진한 믿음이 언제나 내 마음속에 자리하고 있었다. 하지만 한 단계 한 단계 올라 갈 때마다 그렇게 생각했던 것과는 전혀 달랐다.

실력보다는 권모술수가 뛰어난 사람이, 성실한 사람보다는 두뇌회전이 뛰어나고 영리한 사람이 우대받고 승승장구하는 경우를 볼 때마다 나는 자괴감에 빠지기도 하였다. 그럴때마다 나는 그들과 같이 정치적인 인간이 되지 말자고 맹세했다.

왜 우리는 '순수'하면 좋은 이미지를 떠올리고 '정치'하면 비열하고 야비한 꼼수로만 생각하는가? 그것은 가진 자들이 그어놓은 금단의 잣대라는 것을 나중에 몇 번 깨어지고 난 다음에야 할 수 있었다.

> 조직과 사회에서 여성이 성공하지 못한다면 능력이나 실력보다도 정치력이 부족해서
> 이다. 현실은 진흙탕 속에서 함께 뒹굴며 싸워야 하는 아무런 바람막이가 없는 광장이
> 다. 혼자만의 내공을 쌓기 위해 방문 걸어 잠그고 살수는 없지 않은가? 블루스타킹은
> 이런 금기와 금단의 새끼줄을 과감하게 뛰어넘을 수 있는 용기와 배짱이 있어야 한다.

조직과 사회에서 여성이 성공하지 못한다면 능력이나 실력보다도 정치력이 부족해서이다. 현실은 진흙탕 속에서 함께 뒹굴며 싸워야 하는 아무런 바람막이가 없는 광장이다. 혼자만의 내공을 쌓기 위해 방문 걸어 잠그고 살수는 없지 않은가?

블루스타킹은 이런 금기와 금단의 새끼줄을 과감하게 뛰어넘을 수 있는 용기와 배짱이 있어야 한다. 규칙을 깨어 부수고 새로운 규칙과 게임의 법칙을 만들어 낼 수 있는 그런 실력과 새로운 시대의 균형 감각이 있어야 한다.

어릴 때 우리는 해서는 안 되는 일을 시도할 때 한 발짝을 담그면서 엄마의 눈치를 보고 아무런 야단이 없으면 뛰어넘어가고 엄마가 '그건 안 돼!'라는 한마디가 떨어지면 담갔던 발을 오므렸던 기억이 있을 것이다. 조직에서는 그 금단의 새끼줄을 뛰어넘으면서 모두 다 남자들의 눈을 바라본다. 영역에 들어놓아서는 안된다고 느낄 때는 당장 '안 돼!'라는 사인을 보내고 그 사인 앞에서 발을 거두어 들이는 여자들을 그 대가로 사랑을 보상

받는다.

능력 있는 많은 여자들이 모험과 도전보다는 남자들의 더없는 총애와 사랑을 기대한다. 그것이 얼마나 큰 좌절과 기회의 상실인지도 느끼지 못한 채. 그런 게임의 광장에 여자들이 발을 들여다 놓을 수 없는 것은 당연하다.

엄청난 정치적 모략과 나눠 먹기식의 권모술수가 횡행하는 곳에 나눠줄 파이가 없는 것이다. 그래서 한 번도 유리창 너머에 보이는 금단의 영역에 들어가 본 경험이 없다. 보이기는 보이는데 그 안에서는 무슨 일들이 벌어지고 있는 지 한없이 동경의 나라라고 만 그리워하고 있을 뿐이다. 어쩌다가 그 세계에 들어가게 되면 별난 놀이동산에 놀러온 기분으로 들떠서 주변 사람을 휘뚝거리며 좌불안석 하다가 결국은 냉장고와 커피 주전자가 있는 위치에서 편안하게 미소 짓는다.

조직과 사회에 있어서 여성에 대한 불합리와 모순을 차근차근 이야기할 수는 있어도 그 대안은 몇 가지도 대지 못한다. 배운 적도 없고 다른 이상적인 여성 모델을 본 적도 없다. 오로지 내가 경험과 체험에서 느낀 직감밖에 없다. 이러한 나의 경험과 느낌을 그래도 잘 정리했다고 생각하는 사람의 이야기를 들어보자.

미국 대학의 MBA과정에서 정치학을 가르치는 교수인 캐서린 K, 리어돈의 『성공한 사람들의 정치력 101』이라는 책을 통하여 그녀 특유의 날카로운 분석력과 통찰력으로 조직과 개인이 대면하는 상황과 문제를 짚어내는 지혜와 노하우를 배워 좀 더 정치적인 리더가 되어보자.

① 정치력의 가장 첫 단계는 직관력이라고 한다. 직관력은 눈에 보이지 않는 것을 읽어내는 능력을 말한다. 조직 속에서 늘 반복되는 패턴을 인식하고, 숨겨진 의도의 행간을 읽으며, 감정이입을 통해 사람들을 예측하는

훈련을 거듭하면 미래를 예측하는 힘이 생긴다는 것이다.

오늘날 블루스타킹들이 조직 속에서 살아남을 수 있는 적응력이라고 말했던 '하이터치'와 '하이콘셉트'를 가진 하이퍼 휴먼이 되라는 말과 같은 맥락에서 이해할 수 있을 것이다. 이러한 직관력은 오히려 여성들에게 더 유리한 조건을 가지고 있다. 동물적 감각에 의한 직관력을 인식하고 감수성과 센스가 더 뛰어난 기제를 가지고 있다고 생각하기 때문이다.

② 통찰력으로 상황에 대처하는 창의적인 문제해결점을 찾아야 한다. 정치력이 뛰어난 사람은 각 문제에 접근하는 다양한 대응방법을 개발해 놓고 있다. 창의적인 문제해결법을 터득하기 위해 사고의 폭을 확장하고, 상대방의 입장에서 사물과 문제를 바라볼 수 있는 여유가 있어야 한다. 훌륭한 아이디어의 채택을 위한 효과적인 아이디어 전달의 노하우를 제시할 수 있어야 한다. 하지만 여성들은 직관력에서는 뛰어난 감각을 가지고 있지만 이러한 통찰력에서 항상 의존적이다. 크게 넓게 바라보고 생각하는 면에서는 상당히 뒤떨어진 면을 가지고 있음을 시인하며 조직에서 채택되지 못하고 고수에서 밀리는 결정적인 이유이기도하다.

③ 사태를 읽고 행보를 정했으면, 사전작업 단계이다. 포석을 둘 수 있어야 한다. 되도록 크고 넓게 포석을 칠 수 있어야 성공의 폭도 크다. 즉 철저하게 현실에 입각한 사고를 하며, 연합세력을 확보하고 변화의 세력을 주도하기 위하여 핵심간부의 지지를 받을 수 있어야 한다. 험담꾼에게 공 돌리기, 화제 돌리기, 목소리 톤 바꾸기, 사과하기, 쟁점나누기, 조언구하기 등을 통하여 자신에게 유리한 상황을 조성하는 것을 블루스타킹들이 얼마나 겁먹지 않고 유유자적하게 해 낼 수 있을까?

④ 다음은 설득력의 문제이다. 권력은 존재하는 것이 아니라 인식하는 것이다. 마치 대단한 권력을 가진 것처럼 인식되느냐의 문제이다. 이것은

주로 대화를 통해서 가능하며 강한 인상을 주는 말과 행동, 대화의 흐름을 장악하기, 의제의 설정을 통해 설득력 있는 노하우를 개발해야 한다고 말한다.

말을 잘하는 것이 아니라 핵심의 정곡을 찌르는 수를 가져야 한다. 재치 있게 한마디로 핵심의 정곡을 놓치지 않는 센스 있는 사람이 분위기를 주도적으로 장악할 수 있다.

자신은 실력 있고 똑똑한 여성 리더인데 왜 자꾸만 밀려나는가에 대한 비난과 한탄으로 밀려나오지 말고, 권모술수와 획책만 일삼는 사람을 이기려고 하기보다는 자신의 능력에 정치력을 겸비하여 힘을 길러서 우리의 능력과 함께 더불어 일할 수 있는 세상을 만드는 것이 오늘날 블루스타킹의 위대한 사명이 아니가 생각한다.

09

거위처럼 이야기하라
─대화협상에서 승리하기

말을 잘하는 사람은 참 많다.

하지만 자신의 말을 귀담아들어 상대방을 설득시키는데 성공하는 사람은 그렇게 많지 않다. 특히 여성들의 경우 말을 할 때 지나치게 자신의 의도로 말하거나 강요나 지시, 그리고 강한 자신의 색깔을 다분히 담고 있어 시간이 지나면서 감성적인 경향으로 그 내용이 변색되거나 상대방이 상당히 부담을 느끼게 된다. 마음을 사로잡는 대화. 그것은 말을 하고자 하는 사람의 핵심 포인트를 얼마나 지속적으로 관심을 끌어내 상대방의 마음을 움직이게 하는 것이다.

속담에 '거위처럼 보이고 거위처럼 걸으며, 거위처럼 꽥꽥거리는 것은 틀림없는 거위다.'라는 말이 있다. 만일 거위 같은 사람이 여러분이 원하는 승진이나 업무를 결정할 권한을 쥐고 있다면 그 사람과 같이 거위처럼 말하는 방법을 알아야 한다. 그들이 어떻게 꽥꽥대고 뒤뚱뒤뚱 걷는지 연구하고 대화할 때 그것을 전략적으로 사용할 수 있어야 한다.

전 직장에 다닐 때 자칭 제2의 CEO라고 할 정도로 목소리, 이미지 그리

셀링 포인트라는 말은 세일즈에서 많이 사용하는 용어로서 성냥 한 개비에 불을 붙여 성냥이 다 타 들어가는 시간 안에 상대방에게 하고 싶은 말을 우선 정리하여 설명하는 말이다. 고객이나 상대방은 자신의 이야기를 언제나 들어줄 정도로 항상 준비되어 있거나 시간을 할애해 주지 않기 때문에 짧은 시간 내에 상대방의 관심을 불러일으킬 수 있는 핵심이 한마디로 우선 정리되어야 한다.

고 걸음걸이까지 그대로 하는 사람이 있었다. 체어맨처럼 말하고 행동하는 제2의 체어맨이었다. 그의 아들이름도 회사이름과 같은 이름을 지어서 부르기도 하였다. 그것은 회사에 대한 그의 애사심과 최고경영자에 대한 충성심이었다. 물론 최고경영자로부터 대단한 신임을 받았을 뿐만 아니라 회사에서도 대단한 성공을 거두었다.

그는 다른 사람과 대화할 때 다음과 같은 특징을 볼 수 있다. 우선 말하고자 하는 포인트를 먼저 정확하게 인지시킨다. 이것을 그는 셀링 포인트 Selling Point, Pitch Point라고 말한다.

셀링 포인트라는 말은 세일즈에서 많이 사용하는 용어로서 성냥 한 개비에 불을 붙여 성냥이 다 타 들어가는 시간 안에 상대방에게 하고 싶은 말을 우선 정리하여 설명하는 말이다. 고객이나 상대방은 자신의 이야기를 언제나 들어줄 정도로 항상 준비되어 있거나 시간을 할애해 주지 않기 때문에 짧은 시간 내에 상대방의 관심을 불러일으킬 수 있는 핵심이 한마디로 우선 정리되어야 한다. 그래야만 상대방이 자신의 말에 귀를 기울일 준비를 하기 때문이다.

물론 그는 유능한 세일즈맨 출신이며 세일즈에서 크게 성공을 거둔 그의 상사를 따라하고 있었다. 그는 긴말은 장황함의 본질이고 짧은 말을 재치의 진수라고 한다. 대화에 있어 아마추어는 보통 장황하게 설명하려 하거나 자칫 유식하게 자신의 지식자랑으로 상대방에게 부담을 주어 자신이 하고자 하는 내용을 제대로 전달하지도 못하고 거부당하기 때문이다.

반 발짝 앞선 셀링 포인트로 말하라. 상대방보다 한 발짝 앞서 나가는 이야기는 자칫 거만해 보이거나 자신의 관점 밖의 문제라고 생각하기 쉽다. 반 발짝 앞선 정보로 상대방의 수준에 자신을 맞추어가면서 지속적으로 대화의 관심을 끌어낼 수 있어야 한다.

'어머 그래요?' '정말 그럴까요?' '그래 맞아!' 등과 같이 상대방에게 어울리는 톤, 상대방의 감성에 적합한 Feeling, 상대방의 지적 수준에 상응하는 어휘, 상대방의 관심사에 접근하는 표현, 상대방과 같은 목소리, 상대방과 같은 포즈 등이 어우러져야 간결하게 핵심을 이어가는 대화가 된다. 그래서 그는 온몸으로 대화한다.

그의 대화방식은 특정한 틀에 얽매이지 않고 상대방의 상황을 맞춰가면서 유연하게 대화한다. 그리고 언제나 승리한다.

조직에서 대부분의 여성들은 이러한 특성들을 잘 간파하지 못한다. 조절과 절재의 균형을 잘 잡지 못한다. 그래서 수준 높은 대화에 미숙하다. 수준 높은 대화에 미숙하다는 것은 정보를 얻거나 유리한 결정을 끌어내지 못한다는 말과 같은 의미이다.

남자들은 여성들이 자신의 감성에 의해서 대화의 방향을 몰고 가기 때문에 큰 결정을 하거나 이성적인 결단을 요구할 때 대화의 상대자로서 참 부담스럽다고 한다.

교육행사를 담당할 때 일이다. 회사의 중요한 기념일이기에 여성 임원에게 자신의 경험과 성공사례를 발표해 달라고 요청한 적이 있다. 자신은 5분 정도 이야기하면 할 이야기가 없다는 것이다. 그래서 15분 정도 시간을 배정하였으니 최선을 다해 달라고 부탁을 하였다. 그런데 처음 15분까지는 핵심도 못 잡다가 일단 말이 풀리기 시작하니까 한 시간 이상을 이야기하는 바람에 다음 스케줄에 지장을 주었을 뿐만 아니라 평소에 자신의 능력에 비하여 이미지를 손상시키는 경우를 본적 있다.

우리는 자신이 누구와 이야기를 하며 그에게 중요한 사안이 무엇인가에 따라 어떤 언어를 쓰느냐는 설득을 할 때 큰 차이를 가져온다. 언어학자 H. P. 그라이스는 언어에 있어 논리성은 다음과 같은 네 가지의 범주로 나누어진다고 하였다.

① 이야기의 양이다.

대화를 시작하기 전에 상대방이 알고 싶어 하는 정보의 양은 얼마나 되나? 또 나는 이야기를 얼마나 해야 하는가를 이야기 시작할 때 자신의 생각의 우선순위를 매겨 중요한 것부터 이야기 한다.

② 이야기의 질이다.

이것은 정보의 신뢰도나 정확성과 관련 있다. 또는 말하는 사람의 책임감과 신뢰성의 문제와 너무 깊은 관련이 있다. 최고의 설득은 신뢰할 수 있고 진실이 담긴 토대로 이야기해야 한다. 사람들은 상대방이 진실을 이야기할 때 그들의 얼굴 표정이나 몸짓을 탐색하려는 노력을 적게 들인다. 이야기하는 내용과 형식사이에 일관성이 존재하기 때문이다. 그런 만큼 그는 양질의 대화를 하고 있으며 대화의 상대자로부터 인정을 받고 있다는 증거이다.

③ 대화방식은 아이디어를 전달하는 방식과 관련 있다.

많은 여성들은 자신의 이야기를 꺼내기도 전에 자신을 비하하는 발언을 한다. 겸손함과는 다른 태도의 문제이다. 직장에서의 거위, 즉 지시를 내리는 상사들은 '아무도 제 이야기에 상처를 받지 않았으면 좋겠는데요.' '이 말이 사실인지는 모르겠지만' '사실 아는 것이 별로 없습니다만'과 같이 모호한 표현을 좋아하지 않는다. 자신이 없으면 아예 말을 꺼내지도 마라. 확실한 증거와 정보가 확보되었을 때 거침없고 자신감 있게 말하라.

④ 대화의 타당성은 얼마나 일관성이 있느냐의 문제이다.

그것은 상대방이 자신에게 기대하는 이야기가 무엇인지 알고 있다는 것과 같은 의미이다. 주제와 아무런 상관이 없는 이야기, 두서없이 오래 이야기하는 사람은 자신을 자살골로 몰아넣는 주범이다.

거위처럼 이야기하고 항상 대화에서 승리하며 그리고 조직에서 인정받는 리더로서 성공하고 싶다면 인간관계에서 소통하고 있는 약간의 규칙과 신뢰할 만한 지침을 터득해야 한다.

- 강요하는 스타일 : 신념에 차서 이야기 한다.
- 퉁명스런 스타일 : 상대방의 주목을 끌 수 있도록 짧게 이야기 한다.
- 현실적인 스타일 : 자신이 제시하는 사례와 자료가 실용적인지 확인한다.
- 안절부절 못하는 스타일 : 그들은 사소한 일도 불안해하기 때문에 문제가 아닌 확신을 심어준다.
- 완벽주의자 : 해결되지 못한 모든 부분이 해결되고 처리되었음을 확신시킨다.

- 화를 잘 내는 스타일 : 그들에게 요청을 해야 할 때는 타이밍을 잘 선택한다.
- 매력적인 스타일 : 그들의 재치 있는 응수를 즐겁게 받아들일 줄 알아야 한다.
- 예민한 스타일 : 그들의 단점을 지적하지 않는다.
- 실무자 스타일 : 자신이 소매를 걷어붙이고 필요한 일을 하고 있음을 보여준다.
- 불안한 스타일 : 일이 제대로 진행되고 있음을 보여주는 자료를 제공한다.

『성공한 사람들의 정치력 101』(200쪽 ㅣ 캐서린 K 리어돈 지음 ㅣ 에코의서재 간)

10
심리전에서 밀리지 마라
-영역 넓히기

심리전에서 선점하는 TPO전략

오늘 김 과장은 중요한 프레젠테이션이 있는 날이다. 그동안 준비해 왔던 중요한 프로젝트에 대하여 사장님과 임원들 앞에서 발표를 하는 날이다. 김 과장은 회사에서 인정받는 유일한 여성 차세대 리더로서 윗사람들의 총애와 직원들의 관심을 받고 있는 유능한 인재이다. 아무리 준비를 많이 했어도 자리가 자리인 만큼 긴장되고 떨리지 않을 수 없다.

준비하느라 어젯밤 잠도 설친 것 같고 빨리 이시간이 후딱 지나갔으면 하는 바람이다. 그런데 평소에 그렇게 태클을 걸면서 시비조의 지시와 비아냥거림을 일삼던 이 차장이 오늘처럼 중요한 자리에서 나에 대한 걱정스러운 멘트를 날리는 것이다.

"오늘 김 과장 참 예쁜데, 어제 남자친구와 좋은 시간 보냈나 보지? 빨리 시집가야지?" 하면서 씨익 웃는다. 참 비열하다. 언제부터 나를 그렇게 걱정을 해준 사이였던가? 왜 이렇게 중요한 자리에서 그런 개인적인 이야기를 꺼낸단 말인가?

블루스타킹들은 아무리 이런 상황이 온다고 하더라도 심리전에서 밀리지 않는 자신만의 당차고 야무진 전략을 가지고 있어야 한다. 마음이 흔들렸다는 것은 그만큼 약점의 카드를 다른 사람이 읽었다는 증거이고 그것이 자신을 흔들어 놨다는 것은 자신은 그 싸움에서 졌다는 것이다. 그에게 기민당하고 굴복하고 말았다는 것이다. 총칼 들고 싸우는 것만이 싸움이 아니다.

먼저 말을 꺼내지 않는 상황에서 상대방의 개인적인 이야기를 이런 공식석상에 끄집어내는 것은 얼마나 큰 결례인지 모르는가? 그렇지 않아도 긴장과 신경이 예민해져 있는 상황에서 자신의 아킬레스건에 예리한 칼날을 들이대는 것 같이 따갑고 아프다. 강한 여자의 약점 앞에서 남자들이 얼마나 비열해 질 수 있는가는 보는 순간이다.

저 사람은 나를 경쟁상대라고 생각하고 있는가? 그러면 나는 심리전에서 밀리고 있는 것이 아닌가? 갑자기 얼굴이 벌게지면서 땀이 파죽지세로 나기 시작한다. 그리고 목소리도 불안하게 떨린다. 극도로 높아진 신경의 임계치를 바늘 끝으로 터뜨린 것만 같이 잔인하다. 이렇게 흔들리고 있는 나의 모습을 보면서 저 끝에서 비열하게 웃고 있다.

블루스타킹들은 아무리 이런 상황이 온다고 하더라도 심리전에서 밀리지 않는 자신만의 당차고 야무진 전략을 가지고 있어야 한다. 마음이 흔들렸다는 것은 그만큼 약점의 카드를 다른 사람이 읽었다는 증거이고 그것이 자신을 흔들어 놨다는 것은 자신은 그 싸움에서 졌다는 것이다. 그에게 기민당하고 굴복하고 말았다는 것이다.

총칼 들고 싸우는 것만이 싸움이 아니다. 모든 일상생활의 접점에서 내가 유리한 고지를 선점하고 승리를 확신할 수 있는 것도 싸움의 하나이다. 어떠한 싸움에서 이길 수 있는 가장 확실한 방법은 그 상황에서 만날 수 있는 모든 경우의 수에 대비하는 것이다.

■ 심리전에서 선점하는 T. P. O전략

1〉 T(Time)

자신이 맞서야할 전쟁터가 어떤 시간인지, 어떤 때와 순간인지에 대한 대비가 있어야 한다. 김 과장이 지금 그 프로젝트를 맡아서 사장님과 임원들 앞에서 프레젠테이션을 한다는 것은 그야말로 승진의 시기로서 다른 많은 남자직원들로부터 시기와 질투를 받을 수 있는 상황이다. 자신이 이 프레젠테이션의 성공에서 얻게 될 승진의 기회에 대하여 그만큼 기회를 상실할 수 있는 상대가 있음을 인정하고 그 사람들에 대한 준비를 했어야 했다.

일을 하다보면 그 일의 본질 때문에 성패가 좌우되는 것이 아니라 그 일의 성공을 다듬어줄 주변관리를 잘못했기 때문에 실패하는 경우가 더 많다. 특히 여성 리더들에게서 더 그런 현상이 나타난다.

김 과장은 며칠 내내 회의실에 혼자 틀어박혀 자신의 프레젠테이션 준비만 했지 그것을 도와줄 주변사람들과의 대화는 거의 없었던 것이다.

더구나 이번 프로젝트 때문에 시간을 낼 수 없어 남자친구와도 사이가 좀 멀어진 듯한 것 같기 때문이다. 일로서는 인정받을 수 있지만 사람관계에서 역시 미숙했음을 인정하지 않을 수 없다.

2〉 P(Place)

사람이 가지는 두려움 중에 새로운 일과 사람에 대한 두려움도 있지만 새로운 공간에 대한 두려움도 참 크다고 한다. 사실 김 과장은 사장님과 임원들이 회의하는 이 임원 회의실에서 프레젠테이션 하는 것이 처음이다.

사람이 없을 때는 그렇게 넓어보이던 회의실이 사장님과 임원들이 다 자리에 앉고 보니까 꽉 찬 회의실이 숨 쉴 틈도 없이 좁은 공간의 압박으로 다가오고 있다는 사실을 처음 알았다. 그렇기 때문에 사전 답사는 물론이고 모든 집기와 사물과 공간 구석구석까지 친숙하게 숙지 시켜놓아야 한다. 그리고 좌석배치에 있어서도 평소에 자신을 가장 잘 이해하고 도와주는 상사와 팀장과 임원의 자리를 가까이 배치하여, 수시로 호응을 받고 시선을 교환하며 심리적 안정의 우위를 확보할 수 있는 것도 큰 전략이다. 그리고 자신의 자리를 최고결정권자인 사장님의 옆자리에 배치에 놓는 것도 부당한 다른 사람으로부터 불필요한 질문이나 공격을 미연에 막을 수 있고 신속한 의사결정을 얻어낼 수 있다는 생각도 해놔야 한다. 그리고 나에게 우호적이지 못하거나 반대의견을 가진 사람들은 되도록 자신의 자리에서 멀리 떨어져 앉히는 것도 심리전에서 승리할 수 있는 방법이다.

이번 건으로 가장 불이익을 받게 될 이 차장의 자리를 멀리 놓기는 했지만 그가 할 수 있는 돌발적인 질문이나 우발적인 상황에 대해서 충분히 대비를 하지 못했다는 것이 이번 프로젝트 준비의 불찰이었다.

3〉 O(Ocation)

어떤 상황도 자신의 능력을 인정받을 수 있는 최상의 기회이다. 이럴 때 상대방의 예상치 못한 질문이나 공격에 대비하여 얼마나 유연하고 당당하게 대처하고 있는가하는 것도 다른 사람이 자신을 관찰할 수 있는 중요한 기회이다. 상대방을 무시하지 않고 인격적으로 존중하면서 한방 먹일 줄 아는 배짱과 용기가 있다면 더할 나위 없다.

"이 차장님 고맙습니다. 저를 그렇게 걱정을 해주시는 걸로 봐서 이 프로젝트에 제일 많은 도움을 주시리라고 기대해도 되겠죠?"

모든 임원들 앞에서 끌어낸 약속이다. 가장 큰 걸림돌을 빼도 박도 못하는 지지자로 만들어 버린 것이다. 그런데 대부분의 사람들은 그런 상황에 대한 대비가 부족하여 즉흥적으로 말을 응대하여 결정적으로 씻을 수 없는 과오를 범하기도 한다. 상대방을 존중하면서 회피하지 않고 당당하게 응수하는 그 모습을 보고 사람들은 '어 김 과장이 한수 원데' '역시 김 과장은 대단해' 하면서 대견해 할 것이다.

모든 임원들 앞에서 더 큰 신뢰를 받게 될 것이다. 나쁜 상황은 얼마든지 도처에 자리하고 있다. 그러한 상황을 어떻게 극복하는가 하는 것은 오히려 위기상황에 대한 극복능력을 시험받게 되는 중요한 계기가 되기도 한다. 위축되어 분위기를 어둡게 하지 않고 밝고 경쾌한 재치와 유머로 주변사람들을 더 즐겁게 한다면 그대는 이 시대의 진정한 블루스타킹으로 인정받으며 자신의 영역을 더 넓혀갈 수 있을 것이다.

11

짜릿한 경쟁을 즐겨라
-한방 먹일 줄 알기

경쟁적이던 사람이 결정적일때 우호적인 카드를 내민다면, 뭔가 상대방을 흔들어놓을 계략이 있음을 알아야 한다. 이때는 당하지 말고 멋지게 한방 먹일 줄 알아야 한다. 메롱 작전이다.

상대방의 술수의 카드를 읽고 받아 칠 수 있는 말 펀치가 있어야 한다. 왜 여자들은 이런 결정적인 순간에 멋있게 Finish Blow를 날리지 못하는가. 남자 상사가 어깨를 더듬어 올라올 때 '안돼요!'라고 단호하게 말해라. 그래도 아무 일이 일어나지 않는다.

비열하게 약점을 파고들며 부당한 요구를 해올 때는 강하고 짧게 'NO!'라고 말해라. 그래도 아무 일이 일어나지 않는다. 이런 경우를 당하면 여자들은 먼저 감정적으로 흔들려버리거나 자기가 이후에 당하게 되는 불이익을 아주 소극적으로 계산을 하기 때문에 절대로 그 말을 못한다. 목구멍까지 올라와도 안한다. 그만큼 정서적으로 억압되고 구속되어있다는 것이다.

'똥이 무서워서 피하나 더러워서 피하지'라고 말하지만 사실은 자신이

'똥이 무서워서 피하나 더러워서 피하지' 라고 말하지만 사실은 자신이 없어서 피한다. 그 순간을 절대로 피하지 말고 멋지게 한방 먹일 수 있어야 한다. 그리고 그 다음에 올 짜릿한 긴장을 경쟁으로 순간을 즐겨라. 항상 상냥하지만 매달리는 여자보다 쌀쌀맞게 튕기기만 하는 여자가 훨씬 더 연애에서 승리할 수 있는 이유는 무엇일까? 만나기만하면 지독히도 싸우던 남녀로부터 몇 년 뒤에 결혼한다고 청첩장을 받아본 적은 없는가?

없어서 피한다. 그 순간을 절대로 피하지 말고 멋지게 한방 먹일 수 있어야 한다. 그리고 그 다음에 올 짜릿한 긴장을 경쟁으로 순간을 즐겨라. 항상 상냥하지만 매달리는 여자보다 쌀쌀맞게 튕기기만 하는 여자가 훨씬 더 연애에서 승리할 수 있는 이유는 무엇일까? 만나기만하면 지독히도 싸우던 남녀로부터 몇 년 뒤에 결혼한다고 청첩장을 받아본 적은 없는가?

한번 만나고 몇날며칠 연락이 없는 그 무뚝뚝한 남자에게서 헤어나지 못하고 전화기 앞에서 안절부절못하고 있는 멋지고 잘난 여자의 모습을 상상할 수 있는가. 사람은 처음과 마지막의 모습에서 그 잔상이 90퍼센트이상을 지배하게 된다고 한다. 멋진 Finish Blow가 그 사람의 마음을 사로잡고 있는 것이다.

눈을 똑바로 뜨고 상대방의 마음의 꿰뚫으면서 그의 마음이 흘러가고 있는 방향을 읽어라. 그리고 짜릿하게 오고가는 경쟁의 선상에서 당당하게 승리하라. 그러기 위해서 다음과 같은 사전 준비가 필요하다.

① 정보력 싸움에서 이기는 것이다.

정보력 싸움에서 이긴다는 것은 네트워크에서 선점하는 것이다. 모든 사람을 자신의 우호자로 만들 수 있어야 한다. 세상 모두를 내편으로 만들어라. 사람과 조직사이에서 그동안 존재한 모든 경쟁과 갈등의 개념을 재정비하고 점검하여 사람들 사이에서 일어날 수 있는 당연한 사건과 관계로 만들어라. 그리고 그들을 인정하고 받아들여라. 이 사람은 이래서 싫고, 저 사람은 저래서 싫다고 다 잘라내면 이 세상에서 같이 일할 사람은 아무도 없다. 네트워크 구축은 자아성취의 지름길이다. 네트워크는 커리어이며, 힘이다.

이 사람은 이러한 점이 좋고 또 저 사람은 저러한 점이 나에게 꼭 필요하다고 생각하면 모두가 나의 편이고 협력자가 될 것이다. ~이기 때문이 아니라 ~함에도 불구하고 나는 당신이 필요합니다. 라고 한다면 모두다 당신에게 마음의 문을 열고 필요한 모든 것들을 다 제공할 것이다.

② 경쟁에서 이기려면 안정된 심리를 가지는 것이다.

안정된 심리를 가지는 것은 모든 것에서 완벽하게 준비되었다는 말이다. 대화 도중에 쉽게 화를 내는 사람을 보면 그 부분에 있어 자신이 없거나 준비되지 않은 약점을 건드렸을 때이다. 어떠한 말도 유연하게 경청하면서 끝까지 들어주는 사람을 보면 모든 부문에 대해서 이해하고 포용할 수 있는 능력과 여유가 있기 때문에 가능하다. 말을 잘하는 것은 기술이지만 말을 잘 듣는 것은 예술이다. 경쟁에서 이기고 싶다면 이러한 예술적 경지에서 심리적으로 밀리지 말아야 한다.

③ 탁월한 유머 감각이 있어야 한다.

심리적으로 밀리지 않을 만큼 여유가 있다면 상대방에게 탁월한 유머 감각도 발휘할 수 있다. 긍정적이면서 상대방의 장점을 인정하는 유머는 상대방을 미리 무장 해제시키는 힘이 있다. 다른 사람의 약점을 걸고 넘어지는 비열한 유머는 주변사람들의 호응도 받지 못할 뿐 아니라 시간이 지날수록 자신이 먼저 불안하고 땀난다. 유머는 긍정적이고 칭찬하는 유머가 모든 상황을 자신에게 유리하게 만들 수 있으면 경쟁의 전쟁에서 승리할 수 있음을 잊지 말아야 한다.

④ 균형 감각을 잃지 말아야 한다.

짜릿한 경쟁에서 승리할 수 있는 가장 큰 무기는 이기고 졌을 때 균형 감각을 잃지 않는 것이다. 그래야 모두 다 원하는 선의의 경쟁으로 마무리를 할 수 있다. 왜냐하면 승패를 떠나서 경쟁의 과정 자체가 우리 모두를 성숙시키는 좋은 학습의 장이 될 수 있기 때문이다. 건전한 경쟁은 참신한 발상을 유도하고 능력을 발휘하도록 자극한다. 세계적인 기업 월마트의 샘월튼 회장은 '조직을 활성화시키고 모든 직원들을 동기부여하고 싶은가 그러면 선의의 경쟁을 시켜라 그리고 교육하라.'고 하였다.

12

어쨌든 튀어라
-Specialist가 되라

잊힌 진실 평생직장

제일기획에서 광고기획을 맡고 있는 A차장(36). 그는 입사 6년차였던 외환위기 당시의 회사 분위기를 잊지 못한다. 광고계에 불황이 몰아치면서 선배와 동료 가운데 20퍼센트 이상이 명예퇴직으로 직장을 떠나던 뒷모습.

"집을 팔아서라도 유학을 가자니 늦은 것 같고, 10년 뒤에도 회사에 남아 있을 것이라고는 생각하기 어렵고, 있는 동안 열심히 일하면서 나이 마흔이 넘어 창업할 기회를 찾으렵니다."

IMF는 A차장 같은 '보통 회사원'으로 사는 우리의 삶을 뿌리째 뒤흔들어 놓았다. 더 이상 '안정된 평생직장'은 찾을 수가 없게 되었다.

구조조정에 따른 명예퇴직과 해직으로 평생직장이나 종신고용의 개념은 옛 이야기로 묻혀버렸다. 대기업이 상시 구조조정체제를 갖추면서 회사원들이 느끼는 심리적 정년은 크게 낮아져 사십 오세 정년을 줄인 '사오정'이라는 말이 유행했다.

앞으로 평생직장은 없다. 평생직업만이 있을 뿐이다. 오직의 자신의 손

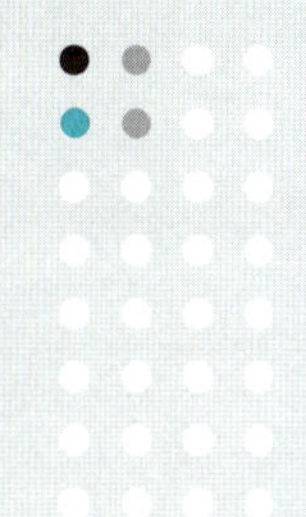

앞으로 평생직장은 없다. 평생직업만이 있을 뿐이다. 오직의 자신의 손길만이 자신의 삶을 다스릴 수 있다. 자신의 브랜드를 경영하라. 그리고 마케팅 하라. 마케팅은 치열함과 긴장미와 과학과 예술적 재능과 조화로움에서 눈부시다. 내 분야에서는 절대로 밀리지 않을 독보적인 전문가가 되라. 내 분야에서는 어쨌든 튀어라. Specialist가 되어야 한다. 왕자병과 공주병에 걸린 사람들이 이 세상을 바꾼다.

길만이 자신의 삶을 다스릴 수 있다. 자신의 브랜드를 경영하라. 그리고 마케팅 하라.

마케팅은 치열함과 긴장미와 과학과 예술적 재능과 조화로움에서 눈부시다. 내 분야에서는 절대로 밀리지 않을 독보적인 전문가가 되라. 내 분야에서는 어쨌든 튀어라. Specialist가 되어야 한다. 왕자병과 공주병에 걸린 사람들이 이 세상을 바꾼다. 왕자병과 공주병은 자신에 대한 강한 자존감이다.

요즘같이 각박한 시대에 이 세상에서 자신이 제일 잘났다고 생각하는 사람들의 착각은 때때로 아주 적극적이고 바람직한 삶의 힘으로 작용하기도 한다. 잘난 척 하다보면 잘난 사람이 된다고 하듯이 자신을 그렇게 긍정적인 이미지로 두각 시킨다는 것은 자신의 삶에 대한 강한 자신감을 표현하는 힘의 동력으로 나타난다. 모난 돌이 정 맞는다고 그저 모나지 않게 둥글둥글하게 살기만을 강요하다보니 항상 양보와 희생정신으로 핵심에서 빗나가 언제나 아웃사이더이다.

나의 전문분야에서는 일단은 튀어라. 그리고 절대로 양보하지 마라. 이제는 그런 시대가 왔다.

그 다음에는 두루 평범하게 넓은 지식을 섭렵하라. 그 분야에서는 겸손과 배려의 미덕을 살려 주변사람들과 화합하고 공생할 마음의 여유를 가져라. 편안하고 성실하게 묻혀있으면 영원히 기회는 오지 않는다. 일단은 탱탱한 젖꼭지를 먼저 물고 다른 자리를 여유 있게 양보하라. 다른 사람이 물려주는 젖꼭지는 절대로 핵심의 젖꼭지가 아니다.

놀부의 정신을 배워라. 그는 제비가 행운의 박씨를 물어다 줄 것이라는 예상과 치밀한 전략과 작전을 통하여 엄청난 재산의 축적을 이루었다. 그러한 부를 통하여 자신의 가족을 윤택하고 행복하게 한 성실한 가장이고 오늘날 자본주의 시대에 대가를 받아야 할 사람이다.

착하고 무능하기만 한 흥부가 잘한 것이 뭔가? 왜 흥부가 복을 받아야 하는가? 오늘날 저 출산시대에 아이를 많이 낳는 것 외에는 아무런 쓸모가 없는 사람이다. 남자의 유리 구두를 기다리기만 한 백설공주보다 열심히 자기주장을 펼치며 머리 굴린 마녀의 섹시한 매력을 벤치마킹하라

21세기의 경쟁력은 디자인과 서비스이다.

디지털화와 자동화로 대체되는 오늘날 가장 인간의 미래를 지배하게 되는 화두는 디자인과 서비스이다. 뛰어난 상품과 다양한 정보의 홍수의 시대에 살고 있다. 어느 것이 어떠한 차별화와 특장점에 의해서 사람들의 마음을 사로잡을지 모른다. 무수히 많은 상품과 뛰어난 아이디어도 빛도 보지도 못하고 사라지는 경우가 많다.

일단은 뛰어난 디자인 감각으로 먼저 눈에 띄어야 한다. Eye Catch가 되어야 한다. 그다음 마음을 감동시키고 그들의 삶의 성공과 행복 속으로 들

어갈 수 있다. 디자인은 Eye Catch이고 서비스는 Mind Catch는 이다.

회사 내부에서는 성실성과 능력으로 인정받지만 회사 외부에서 내 능력을 사갈 사람들의 눈에는 섹시한 매력과 세련된 이미지, 뛰어난 핵심역량으로 그들의 시선을 사로잡을 수 있어야 한다. 그래야 나의 브랜드 가치를 지속적으로 높일 수 있다. 세상을 크게, 넓게 보고 자신을 마케팅 하라.

국내용 엘리트시대는 지나갔다. 세계의 무대에서 경쟁할 실력과 능력을 갖추어야 한다. 모든 인재들이 코스모폴리탄문화를 아는 글로벌 엘리트의 시대에 자신의 몸값 올리기로 전쟁 중이며 이제는 세대교체 중이다. 평생직장이 아니라 평생직업의 개념에서 글로벌 경쟁력을 확보하기 위하여 앞으로 미래의 세상을 바꾸게 될 두 가지 핵심영역은 단연 디자인과 서비스다. 디자인과 서비스는 사람의 마음을 움직이는 감성적인 영역이며, 또 여성의 영역이기도 하다.

'디자인에 여성을 입혀라'

오늘날 IT디지털 업계에서 여성디자이너와 여성소비자를 잡으려고 안간힘을 쓴다. 빌게이츠가 극찬한 MP3의 디자인, 대박 휴대폰인 가로본능폰, LG사이언의 초콜릿폰 등 여성소비자를 겨냥한 디자인 개발상품은 앞으로 모든 시장을 지배하게 될 것이다.

디자인 강국. 이제 뒤는 여성, Specialist들이 만든다. 제품하나당 고객의 시선을 붙잡을 수 있는 시간 0.6초의 유혹. 과거에는 상품과 프로세스에 고객이 맞춰져 있었다. 따라서 디자인은 상품에 예쁘게 색깔을 칠하는 것으로만 생각했다. 하지만 이노디자인의 김영세 사장은 오늘날의 디자인이란 움직이는 과녁을 맞히는 것이며, '내가 찾다가 없으면 그것은 내가 만들어내야 하는 기회다.' 라고 말한다.

디지털 가전분야는 물론이고 생활 패션 등에서 앞으로 미래 산업을 주도할 경쟁력은 바로 생활디자인에서 출발한다. 디자인에서 채택된 상품뿐만 아니라 고객의 마음을 감동시켜줄 서비스 분야도 미래 여성의 유망직종이다.

또한 미래 성장산업에서의 유망직업 키워드는 당연히 '서비스'다. 기업은 서비스경제학의 산실이기도 하다. 오늘날 고객을 향한 조직 내 권한위임과 임파워먼트가 많아지자 그에 대한 명확한 기준을 설정할 필요가 요구된다. 표준운영이나 정책, 절차로 처리할 수 있는 일이 점점 줄어들고 있다. 업무 중 예측 불가능한 일은 점점 늘고 있으며 그러한 일을 처리하려면 권한이 부여된 행동이 더 많이 필요하다.

과거에는 경영방침에 의해 지배되었던 많은 일들이 지금은 우리로 하여금 현재의 규칙을 변경하도록 만드는 '고객의 서비스 요구'에 의해 지배되고 있다. 각종 산업기관, 금융, 의료, 교육, 관광, e비즈 등 모든 업종에서 여성의 부드러운 감성과 창의적인 아이디어를 요구하고 있다.

신은경제연구소 박용수 팀장은 우리나라 서비스 분야의 취업자 수가 전체의 67퍼센트로 많은 비중을 차지하고 있지만 생산비중은 50퍼센트정도로 서비스분야의 부가가치는 아직도 낮은 수준이여서, 시장개방을 앞두고 서비스 분야의 경쟁력확대를 위해 이 분야의 고급인력과 시스템 확충이 필수조건이라고 하였다.

성신여대 경력개발센터 하종숙 차장은 산업 전 분야가 이미 서비스업종화하고 있으며 이미 서비스 소양이 필요한 모든 분야에서 여성인력을 선호하고 있다고 하였다. 톡톡 튀는 창의력과 기발한 아이디어로 고객의 마음을 사로잡아라. 그 중심에 여성이 있다.

위축되고 주눅 들지 말고, 당당하고 소신 있게 새로운 세상을 보라. 블루스타킹들의 과감하고 당당한 디자인과 서비스로 고객과 기업의 칼자루를 잡아라. 신세대 디자이너 낸시랭은 디자인도 예술이라고 한다. 보다 창의적이고 보다 획기적이고 기발한 아이디어 속에 그대들의 역할이 있다.

Made in korea보다 Design by Korea. 문화, 디자인, 브랜드 마케팅, 감성 마케팅 등 앞으로의 기업은 문화의 산실이 될 것이다. 어쨌든 튀어라 그리고 프로가 되라.

팀 코칭 속에서의 블루스타킹

Blue
유혜선의 블루스타킹

01

멘토와 코칭

> 누군가에게 힘이 되는 인연은 건강합니다
>
> 누군가에게 의미가 되는 인연은 아름답습니다
>
> 누군가에게 꿈을 갖게 하는 인연은 더욱 아름답습니다
>
> 누군가에게 성장이 되게 하는 인연은 행복합니다
>
> 당신은 내게 건강한 인연입니다
>
> 갈증을 목 축이는 한 방울 이슬 같은 인연
>
> 생각하면 눈물이 납니다

—천숙녀 님의 시 「풀꽃 느낌 · 10」 중에서

가정에서는 물론이고 사회생활에서나 조직생활을 하다보면 사람들 사이에서 오고가는 말 때문에 서로 상처받고 오해하고 마음 아파하는 일들이 참 많다. 또 긍정적인 한마디의 말이 상대방의 인생 전체를 희망으로 바꾸어 놓기도 하고 무책임한 말 한마디가 절망의 나락으로 떨어지게 하기도 한

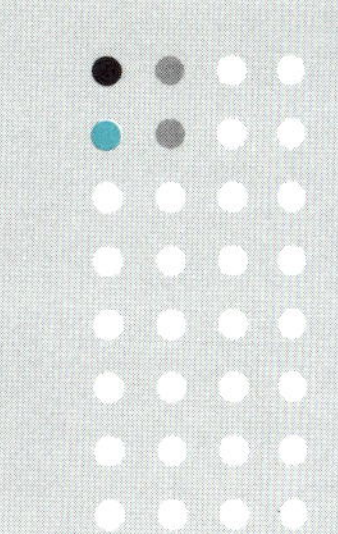

"긍정적인 한마디의 말이 상대방의 인생 전체를 희망으로 바꾸어 놓기도 하고 무책임한 말 한마디가 절망의 나락으로 떨어지게 하기도 한다. 사람을 살리는 말이 있고 사람을 죽이는 말이 있다. 그만큼 말은 큰 힘과 영향력을 가지고 있다. 하지만 사람들은 말을 참 잘하지 못한다. 말은 자연스럽게 흐르는 물과 같은 것이어야 한다. 서로의 마음속에서 부담 없이 흘러 다니는 투명하고 담백한 말이어야 한다."

다. 사람을 살리는 말이 있고 사람을 죽이는 말이 있다. 그만큼 말은 큰 힘과 영향력을 가지고 있다. 하지만 사람들은 말을 참 잘하지 못한다. 말은 자연스럽게 흐르는 물과 같은 것이어야 한다. 서로의 마음속에서 부담 없이 흘러 다니는 투명하고 담백한 말이어야 한다.

물은 어떤 모양의 그릇에 부어도 그 모양과 형태에 적응한다. 하지만 사람들의 말은 항상 자신의 의도와 의지가 숨어있기 때문에 어떤 모양의 그릇이든지 항상 각角을 만나게 된다. 나와 생각과 환경이 다른 여러 사람들이 모여 같은 목표와 성과를 만들어야 하는 조직 생활에서는 엄청나게 큰 영향을 미친다. 우리는 이것을 커뮤니케이션의 문제라고 생각해 왔다.

종합적으로 통틀어서 보면 커뮤니케이션의 문제겠지만 말하는 사람의 위치와 입장에 따라 많은 차이를 나타내 보이기 때문에 참 어려운 문제이다. 나는 이것을 조직과 리더십의 문제에서 크게 멘토링과 코칭의 방법으로 생각해 볼까한다.

앞장의 모든 부분들을 섭렵하여, 오늘날 기업이나 조직에서 또는 가정에서 요구되는 성공 테크닉을 인간관계에서 오는 대화의 기술이라는 점에서 멘토링과 코칭의 문제로 그 해결방안을 제시하고자 한다. 그리고 가장 성공적이고 종합적인 해결 키워드의 모델을 제시하고자 하고자 한다.

한국여성개발원 김양희 실장은 여성의 리더십 개발과 조직 다양성을 위한 멘토링에서 다음과 같이 말한다. 조직의 관점에서 멘토링은 조직의 문화와 전통을 이어주는 한편 문화적 다양성을 촉진하고 업무승계를 원활히 하며, 직원들의 커리어 만족과 직업의식, 회사에 대한 충성심을 고취시키고 이직률을 감소시킴으로써 좋은 인재를 채용하고 보유할 수 있도록 하는데 기여한다고 하였다. 또한 멘토링은 남녀 모두에게 중요하지만 남성보다 여성들에게 더욱 중요하다.

멘토링은 성별화 된 조직에서 남성들의 네트워크로부터 소외되고 각종 정보로부터 차단되어 권력기반이 취약한 여성들에게 주요 정보 및 조직행동에 대한 피드백을 제공하기 때문이다. 따라서 이들이 유리천장을 깨고 위로 올라가 권력기반을 구축하는데 도움이 된다고 하였다.

멘토가 멘티에게 제공하는 지원에는 두 가지 유형이 있다.

첫째는 커리어 기능으로 직업적 인정 및 성공을 결정하는 업무능력과 정치적 조건을 학습하는데 초점을 둔다. 바로 멘토가 멘티에게 조직의 공식, 비공식 측면에 관한 지식을 제공하고 도전적 과제를 부여하여 그의 가시성을 높여주는 것을 뜻한다. 이때 멘토가 경험과 영향력을 가진 고위 직급이라는 점이 중요하다.

둘째는 심리적, 사회적 기능으로 멘토는 멘티에게 기술이나 지식을 전수하는 것보다 역할모델과 카운슬러의 우정과 확신을 심어주고 자기 가치를 구축하는데 도움을 주는 역할을 한다. 이 기능은 멘토의 직급보다도 멘토와 멘티 사이의 신뢰와 존경, 친밀성을 배양하는 인간관계 안에서 일어난

다. 다양성이 가장 값진 자산이 되는 글로벌 경쟁시대에 여성이 리더십 지위에 진출하고 조직의 다양성을 확보하는데 멘토링이 아주 주요한 수단이 될 수 있다고 하였다.

멘토링과는 달리 코칭은 업무의 복잡한 문제들에 대한 직접적인 해결책을 제시하거나 심리검사를 제공하거나 조직 내 정치적 상황을 헤쳐나가도록 돕거나 전문가적인 지식을 제공하기 위한 것이 아니다. 다만 코칭은 간접적으로 이러한 문제에 관한 보다 정확한 이해를 도울 수 있는 있다.

CCL(Center for Creative Leadership)의 연구원인 로버트 F 솔로몬 주니어는 코칭의 일차적 목적은 개인의 목표를 달성하도록 조직적이고 구조화된 지원을 제공하는 것이라고 했다. 코칭은 건설적인 대인관계를 통해 구체적인 목표설정을 도우며, 개인이 지닌 강점 및 개발이 필요한 부분을 확인하고 분명하게 이해하도록 돕는다. 또한 코칭은 자신에 대한 자신의 관점과 타자의 관점 사이의 괴리감을 해소할 균형 잡힌 시각을 제공하므로 자신이 미처 발견하지 못한 약점과 숨겨진 능력을 극복하는데 도움이 된다고 하였다.

경영학의 대가 피트 드러커는 모든 사업은 현재의 자원을 미래의 가능성을 향해 투자하는 것이다. 그러므로 기업의 문제는 있을 법한 가능성을 현실화되는 조건을 만드는 것이다. 이러한 조건을 만드는 것은 사람이고 사람을 통하여 이러한 조건을 현실화시키기 위해서 코칭의 필요성을 강조하였다.

멘토는 조직 상하간의 수직적인 관계에서 이루어지지만 코칭은 동등한 입장에서 수평적인 관계를 유지하면서 스스로 해답을 찾아갈 수 있도록 도움을 주는 것이다. 상담은 과거로부터 출발하여 치유를 목적으로 하지만 코칭은 현재로부터 출발하여 미래의 바람직한 상황으로 유도해 가는 것을 말한다. 따라서 지극히 정상인을 상대로 하며 컨설팅에 비해 해결책을 찾아 제시하지 않는다. 왜냐하면 모든 문제의 해답은 본인이 가지고 있음을 전재하기 때문이다.

인간관계의 달인이라고 인정받는 사람들의 습관

첫째, 타인을 무조건 인정한다는 것이다. 「브리짓 존스의 일기」라는 영화를 보면 '있는 그대로의 당신을 인정하고 사랑한다.'고 말한다. 또 사람의 모든 행동에는 긍정적인 의도가 있기 때문에 그때 그 상황을 무조건 인정한다는 것으로부터 출발한다.

둘째, 칭찬과 인정을 잘한다. 모든 사람은 칭찬 받을 가치가 있다고 인정해 주며 스스로에게 가치를 부여해 준다. 모든 사람은 무한한 가능성이 있으며 모든 답은 그 안에 있다. 자신의 문제를 객관적으로 잘 보지 못하기 때문에 코칭은 그 답의 파트너가 되어 경험과 정보를 공유하는 것이다

셋째, 잘 들어 준다. 그냥 듣는 것이 아니라 주의 깊게 잘 들어주며 비판이나 충고 그리고 가정하여 듣지 않는다. 그리고 표현되지 않는 의미까지 들으려고 노력한다. 이야기의 흐름과 맥을 놓치지 않고 들을 수 있어야 이야기하는 사람이 말하고자 하는 의도를 잘 파악하여 진정한 도움을 줄 수 있기 때문이다. 이것을 맥락적경청 이라고 하였다.

넷째, 이야기를 잘 듣는다는 것은 적절한 질문을 잘하는 것과 같다. 이것을 피트 드러크는 올바른 질문Right Question이라고 하였다. 어떻게 질문하는가에 따라서 이야기의 실마리가 풀려가는 방향을 올바로 잡을 수 있다. 따라서 훌륭한 코칭의 출발은 '말해주기'Telling에서 부터가 아니라 질문Asking과 발견Discovery하는 것으로부터 출발한다.

상대방과의 맥을 끊지 않고 지속적으로 신뢰와 안정감을 가지고 대화할 수 있는 가장 바람직한 것을 우리는 맥락적경청에 의한 대화라고 하였다. 맥락적경청은 다음과 같은 순서와 프로세스에 의해서 현재 가지고 있는 그들의 문제점에서 모두가 공감할 수 있는 바람직한 목표의 상태에 도달하는 것을 목표로 하고 있다. 어떻게 문제를 의식하고 어떻게 공감대의 초점을 맞추며 어떻게 대화의 실마리를 풀어가고 있는지를 다음의 코칭대화 모델을 통해서 살펴보고자 한다.

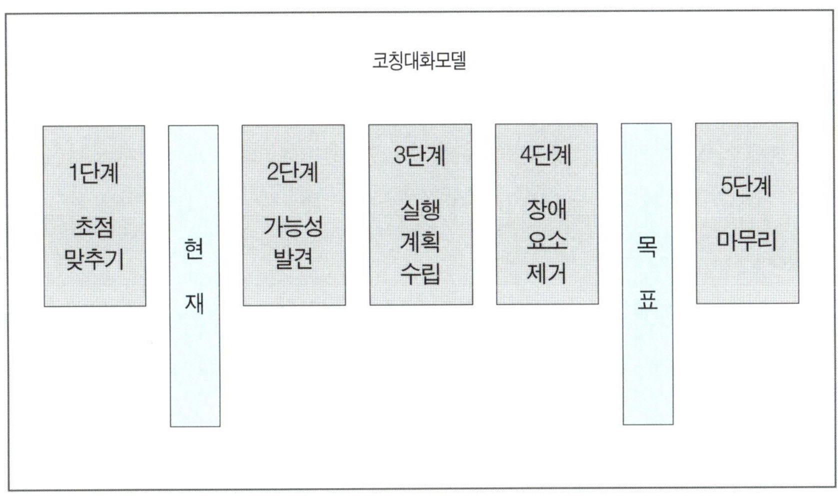

한국 리더십센터 코칭크리닉 과정 중 코칭대화모델

앞서 언급했지만 코칭대화모델Coaching Conversation Model은 현재의 상황에서 서로가 목표로 하는 바람직한 상태로 문제의 해결 실마리를 대화로 풀어가는 과정이다.

1단계인 '초점 맞추기'는 당신에게 가장 필요한 것은 무엇인가? 당신은 무엇을 변화시키고 싶은가? 당신은 어떻게 살고 싶은가? 당신의 삶의 목표가 무엇인가? 에 대하여 서로 대화의 초점을 맞추며 문제의 핵심에 접근하는 것이다.

초점 맞추기를 하지 않고 서로 아무리 오랫동안 대화를 하여도 망망대해를 표류하는 것과 같은 지루함을 주고 시간낭비만 초래한다.

2단계인 '가능성의 발견'에서는 그것을 할 수 있겠는가? 그것에 대해서 어떻게 생각하는가? 그렇게 하고 싶은가? 할 수 있겠는가? 실천가능성을 발견하고 확인 하는 단계이다. 가능성의 발견은 대화의 맥을 잡을 수 있게 할 뿐만 아니라 상대방에게 희망의 그림을 크게 보여줄 수 있어 빠른 문제의 해결에 접근할 수 있다.

3단계인 '실행계획수립'은 How To 무엇을 해야 하는가? 무엇부터 하고 싶은가? 어떻게 시도해 볼 것인가?를 타진하는 것이다. 실행단계에서 구체적인 대화가 진행되면 코치가 어떻게 도움을 줄 수 있는지도 가늠하게 할 수 있다.

4단계인 '장애요소제거'에서는 가장 문제가 되는 것은 무엇인가? 누구와 함께 하면 좋은가? 어떤 부문이 힘이 드는가? 를 확인하는 단계이다. 눈에 보이는 장애를 제거함으로써 문제해결에 훨씬 더 가까워지는 상대방을 보면서 코치는 더욱 더 큰 자신감으로 목표에 대한 자신감을 가질 수 있도록 도와준다.

마지막 5단계인 '마무리'는 내가 어떻게 도와주면 되겠는가? 현실적으로 가능하겠는가? 실천해 보겠는가? 를 확인해 보는 단계이다. 이 단계에서는 목표를 도달한 것에 대한 시기와 목표도달의 상태를 어떻게 확인 할 수 있는 가를 확인해야 한다.

이와 같이 5단계를 거치면서 대화를 하게 되면 진정한 코치로서의 맥락적경청과 대화를 지속적으로 하면서 진정한 도움을 줄 수 있다. 현재의 어렵고 문제가 되는 상황을 이해했다면 그와 같은 문제를 해결한 뒤의 목표와 상황을 생생하게 그릴 수 있도록 도와주는 것도 코칭의 역할이다.

우리의 뇌는 목표를 정교하게 그려주면 현실과 구분을 잘 못한다고 한다. 큰 그림을 그려주고 그곳에 도달했을 때의 기쁨과 희열을 비주얼화하여 생생하게 그려줄 수 있다면 아주 훌륭한 코치로서의 자격을 갖추었다고 할 수 있다.

닛산의 카를로스 곤 사장은 사람은 이해하면 움직이지만 지배당한다는 생각이 들면 움직이지 않는다고 하였다. 따라서 진정한 리더는 상대방의 감정을 읽어주는 능력이라고 하였으며 리더십이란 상대가 갖고 있는 문제를 새롭게 보고 느끼고 가능성을 열어주는 것이다.

3류 리더는 자기가 없으면 회사가 안돌아 간다고 생각하는 사람이고, 2류 리더는 다른 사람을 통해서 성과를 내는 사람이다. 하지만 일류 리더는 다른 사람의 지혜를 활용하고 코칭을 통하여 내면의 모든 것을 끌어내는 사람이라고 한다. 여성 성공모델인 블루스타킹은 이러한 일류 리더로서의 코칭 스킬을 활용하여 얼마나 조직을 활력 있고 힘 있는 조직으로 이끌고 나가는지 다음의 사례들을 통해 살펴보고자 한다.

02

프로가 될래? 포로가 될래?

자기 일을 프로처럼 잘한다고 자타가 공인하는 김수현 대리가 회의실에서 다른 직원과 말다툼을 하고 있다. 회사에서는 한창 조직 내 신바람 일터 만들기 프로젝트가 진행되고 있었다. 그 프로젝트의 핵심 업무를 담당하고 있는 김 대리는 해당 부서팀원의 행사진행 일정에 대한 협조를 얻기 위하여 열심히 부서 팀원들을 만나서 미팅을 다니고 있었다.

처음에는 그냥 업무 협의 차 회의를 하다가 프로젝트의 주관부서와 실행업무에 있어서 서로 프로젝트의 주도권 문제로 말다툼을 하기 시작했다고 한다. 우리나라 사람들 고속도로에서 사고로 말다툼이 일어나면 나중에는 주민등록증 놓고 싸운다고 하듯이, 문제의 본질에서 서로 비껴나 차츰 서로의 대화 속에서 자신의 속내를 드러내 보이다 보니 이제는 남녀 간의 헤게모니 쟁탈전으로까지 번졌다고 한다.

김수현 대리가 씩씩대면서 사무실로 들어오더니 도대체 말이 통하지 않는 사람이라 하며 팀장인 내가 그 부서의 팀장과 해결을 봐야 할 것 같다고 문제를 위로 전송시키고 있다. 그녀의 입에서 무슨 말이 먼저 나올까를 기

"조직과 집단의 파워에 의해서 일이 진행되던 때와는 달리 이제는 각 개인의 역량에 따라 조직의 성과가 좌지우지되는 시대이다. 그래서 요즘은 누구나 그 분야의 프로다운 전문가를 원하고 있다. 한 분야의 전문적인 지식과 경험을 쌓은 사람을 우리는 프로라고 이야기하지만 일을 하다 보면 꼭 그런 것만은 아니다. 그 일에 잡히면 포로이고 일을 잡으면 프로라고 말하고 싶다."

대하다가, 먼저 말을 건넸다.

"김 대리 무슨 문제가 있는 것 같구나?"

"네 팀장님. 지금 팀장님도 아시다시피 모든 부서가 신바람 일터 만들기 행사날 전 직원들이 행사에 참여를 하고 있는데 이 부서는 요즘 바빠서 몇 사람밖에 참석할 수 없다고 합니다. 자기 부서의 주 업무로 바쁘기 때문에 자신의 업무를 다 팽개치고 올 수는 없는 상황이라고 합니다."

"그래? 회사가 많은 관심을 가지고 하는 프로젝트인데 그러면 김 대리 일에 차질이 생기겠군. 그래 그러면 어떻게 했으면 좋겠니?"

"저의 입장에서는 다른 부서도 다 같은 입장이기 때문에 예외 없이 다 똑같이 전원이 참여해야지 만약에 이 부서가 그렇게 탄력적 운영을 하게 되면 다른 부서와의 형평성에 문제가 있다고 하여 예외를 둘 수 없다고 강경하게 맞서다가 결국은 말다툼이 되고 말았습니다."

항상 적극적이고 열정적으로 일하는 여성들에게서 가끔 볼 수 있는 상황들이다. 자신의 열정과 적극성이 모든 사람들에게 다 그렇게 이해되어야 한다고 생각하는 가운데 한 번씩 부닥치는 문제지만 방법에 있어서 좀 세련되고 프로답지 못했음을 지적하지 않을 수 없다. 조직과 집단의 파워에 의해서 일이 진행되던 때와는 달리 이제는 각 개인의 역량에 따라 조직의 성과가 좌지우지되는 시대이다. 그래서 요즘은 누구나 그 분야의 프로다운 전문가를 원하고 있다. 한 분야의 전문적인 지식과 경험을 쌓은 사람을 우리는 프로라고 이야기하지만 일을 하다 보면 꼭 그런 것만은 아니다. 그 일에 잡히면 포로이고 일을 잡으면 프로라고 말하고 싶다. 숙제처럼 의무감으로 여기는 사람은 포로이고 일의 주인이 되어 즐겁게 하는 사람은 프로라고 말할 수 있다. 즉 일을 주도적으로 이끌고 가는 사람을 프로라고 말한다. 그런데 아무리 유능한 프로라도 개인의 감정이 이입될 때 자칫 잘못하면 포로의 사슬에 묶여버리기 쉽다.

"그래, 무엇이 문제였다고 생각하는가?"

"네 지금 가만히 생각해보니 제가 그 일을 처리하는데 있어 좀 프로답지 못했다고 생각합니다. 주관부서와 협조부서간의 입장 차이를 분명히 이해시키고 주관부서의 당위성과 필요성을 이성적이고 논리적으로 프로답게 잘 설득하지 못한 것 같습니다."

"그래, 그러한 문제를 남녀 간의 헤게모니 쟁탈전으로 까지 몰고 간다는 것은 결국은 여성의 약자심리와 저 밑에 갈려있는 저속한 피해의식의 때문이 아니었을까? 김 대리는 그 정도에 흔들리지 않을 만큼 당차고 야무진 사람이라고 생각했는데 왜 그랬을까?"

"일이 너무 타이트하게 진행되다 보니까 제가 좀 성급하게 밀어붙였던 것 같습니다. 그렇게 감정적으로까지 갈 필요는 없는데 말입니다."

"그래, 그러면 그 문제를 어떻게 하고 싶은가?"

"그러면 그 부서는 어떤 노력을 할 수 있는 지를 먼저 타진을 해 보겠습니다. 뒤집어 이야기하면 그 부서가 그런 행사를 위하여 항시 대기하고 있는 부서도 아니고 또 진행자의 열정에 매도되어서 일방적으로 부추김을 당해야 한다고 생각하고 있을 지도 모른다는 생각이 들었습니다. 그들의 입장과 상황에서 그들의 업무를 조정하고 모두 다 참여할 수 있도록 시간적 여유를 주겠습니다."

"그래, 그러면 그렇게 시간을 주었다가 그 프로젝트를 차질없이 진행하는데 문제는 없겠니?"

"네 팀장님께서 그 부서의 팀장님께 한번만 이야기 해주시면 될 것 같습니다. 사실 그렇게까지 상황을 몰고 가지 않아도 충분히 할 수 있었는데 그 직원이 저의 자존심을 건드리는 것 같은 생각이 들어 더 감정적으로 된 것 같습니다."

"그래, 그럼 내가 그 팀장을 만나서 협조를 요청해보자. 지금 우리 부서와 김 대리에 대해서 칭찬이 대단하거든, 아마 잘 해결될 수 있을 거야"

목이 마르니 우선 물부터 한잔씩 마시자고 하였다.

"김 대리 여기 한잔의 컵에 물이 가득 차 있잖아?. 이것을 우리 두 사람이 나누어 마실 수 있도록 두 잔으로 똑같이 나누어 볼래?"

김수현 대리는 물을 두 잔으로 나누기 위해서 이리저리 물을 재어가면서 옮겨 붓기도 하고 두 컵을 비교하면서 일부 마시기도 하였다. 아무리 정확하게 나누려고 해도 완벽한 절반의 나눔은 어렵다는 것을 알았다는 듯

"꼭 절반이어야 돼요? 팀장님이 좀 더 많이 마시세요."

하면서 컵 두 잔을 내려놓는다.

　“그렇지 김 대리의 문제도 절대로 서로간의 인간적인 평등의 문제가 아니지? 어차피 물리적 절반의 평등이 어려운 상황이라면 어떻게 하겠는가? 그렇다면 심리적 절반의 평등으로 나누어 가지는 것은 어떨까? 예를 들면 한 사람이 먼저 물을 나누고 선택은 상대방이 하게 하는 것이지. 만약에 그 협조부서의 직원에게 우리가 이 문제를 원만하게 해결될 수 있는 방법으로 그 부서는 무슨 일을 할 수 있는 지를 여유 있게 물어보고, 그렇게 할 수 있는데 우리는 무엇을 하면 좋을까요? 하고 물어볼 수 있는 여유가 있었다면 아마 그렇게 대응하지는 않았을 것이다. 전사적으로 다 하는 것이니까 꼭 우리 프로젝트에 모든 부서가 다 차질 없이 협조를 해야 한다는 생각만 가지고 문제를 해결하려고 하니까 보다 더 큰 저항에 부딪치게 되는 것이야.”

　사건 그 자체에만 잡혀서 문제를 해결하려고 하면 그것은 어디까지나 그 일의 포로가 되고 마는 셈이다. 지혜로운 방법으로 문제를 풀어가면서 일을 주도적으로 끌고 나가면 쉽게 문제의 실마리를 찾을 수 있다. 그래서 그 일의 프로가 되는 것이다.

　“어때, 프로가 될래? 포로가 될래?”

한 잔의 컵에 물이 가득차 있다. 이것을 두 사람이 똑같이 나누어 마실 수 있도록 두 잔으로 나누어야 한다고 생각해 보자. 아무리 정확하게 나누려고 해도 완벽한 절반의 나눔은 어렵다. 그렇다면 물리적인 똑같음(평등)이 아니라 심리적인 똑같음(평등)을 가지게 하면 어떨까? 예를 들면 한사람이 먼저 물을 나누고 선택은 상대방이 하는 것도 하나의 방법이다.
사건 그 자체에서만 잡혀서 문제를 해결하려고 하면 그것은 일의 포로가 된다. 지혜로운 방법으로 일을 주도적으로 이끌고 가면서 일의 실마리를 풀어가는 사람이 일의 프로이다.

소주처럼 칵테일처럼

일 잘하고 똑소리 나기로 유명한 이선영 대리가 또 승진에 누락이 됐다. 벌써 2년째다. 첫해는 뽀루뚱하게 며칠 동안 기분이 다운이 되었다가 금세 제자리로 돌아오는 것 같았다. 그렇지만 올해는 본격적으로 자기의 감정을 드러낸다.

모두들 이 대리의 기분을 건드리지 않기 위해 슬슬 눈치 보며 피해주는 것 같다. 웬만한 건에도 따지기 일쑤이고 잘못 걸려온 전화에는 된통 당하기 십상이다. 책상 위에 둔탁하게 내던지는 서류, 거친 말투, 발딱 발딱 일어설 때마다 애꿎은 회전의자만 회오리 바람개비처럼 헛돌림을 당하고 있다.

"팀장님. 제가 왜 이번에도 누락이 됐는지 이유나 좀 알아야겠습니다."

"그래, 그러면 우리 저녁에 술이나 한잔할까? 내가 한잔 살게."

조금은 분위기를 바꿔서 이야기를 해야지 사무실에서 이야기 했다가는 팀장인 내가 본전도 못 찾을 것 같았다.

"조직은 술과는 달라. 조직에서 요구하는 핵심인재가 되려면 소주 맛 하나만 가지고는
안돼! 적어도 중간관리자 이상의 승진은 말이야. 오늘날 기업에서의 핵심인재가 되려
면 T자형의 능력을 가진 인재가 되어야 해. 소주처럼 독특한 자신의 전문영역을 깊이
가지면서 칵테일처럼 주변사람과의 만남과 인맥을 쌓아가며 자신의 휴먼스킬을 넓혀
가는 노력을 해야 하는 거야."

이선영 대리.

정말 얼굴도 예쁘고 명문여대에서 경영학을 전공한 우수한 재원이다.
모든 남자 직원들로부터 관심과 시선을 한 몸에 받는 우리 부서의 마스코트
같은 직원이다. 이 대리에게 일을 맡기면 일단은 기간의 엄수에서는 마음을
놓을 수 있다. 성격도 시원하고 얼마나 깔끔한지 모른다.

"이 대리. 우리 분위기 있는 데서 한잔할까? 어떤 걸로 할까? 소주? 맥주?
아님 양주로 근사하게 한잔 쏠까?"

"아닙니다. 팀장님 저는 소주 밖에 안마십니다. 뒤끝 없고 제일 깔끔하
잖아요. 똑 쏘면서 목줄기를 타고 내려가는 술은 뭐니 뭐니 해도 소주가 제
일이더라구요."

"술 취향도 꼭 자기 같네. 그럼 그러지 뭐. 요즘 소주방도 분위기가 참
좋은 데가 많아. 자기 아는데 있어?"

"예 제가 단골로 가는 데가 있어요. 저는 항상 그 집만 가요. 다른 데는

가본적도 없어요."

"그래? 그러면 그 집으로 가지."

이 대리는 술은 별로 많이 마시지는 않았는데 금방 취하는 것 같다. 갈비 몇 점에 소주 한 병을 나눠먹고 초점이 왔다 갔다 하더니 자신의 서운한 감정을 틀어놓기 시작한다.

"이선영 대리 이번에 승진이 안되서 많이 속이 상하는 모양이구나."

"팀장이 여자여서 파워가 없어요? 제가 잘못한 게 뭐가 있어요?"

술기운을 핑계 삼아 할 말 못할 말 가리지도 못하고 막 쏟아내더니, 한바탕 눈물 쇼를 한다. 그리고 집에 간다고 한다.

"이 대리 우리 2차가자. 응?"

어르고 달래고 하여 분위기 좋은 칵테일 바로 장소를 옮겼다. 촉수 낮은 화려한 불빛의 샹들리에 분위기와 은은한 재즈음악이 마음을 한층 가라앉게 하는 것 같았다. 핑크레이디와 싱가포르 슬링을 한잔씩 시켜놓고 한동안 서로 말이 없다.

바텐더를 마주보며 서로 나란히 않았다. 마주보는 적대감의 자리보다 훨씬 더 친근감의 거리이다. 공감의 거리, 사랑의 거리 연인의 거리라고 했던가. 뭔가 속마음을 깊게 나누고 싶을 때 상대방의 마음의 벽을 걷어내는 가장 좋은 자리 방법이라 생각하고 이 자리로 왔다.

"이선영 대리, 아까는 우리가 소주를 마셨잖아. 소주는 아무런 색과 향기도 없이 소주 자신의 독특한 맛 하나로만 기쁠 때나 슬플 때나 우리네 사람들의 애환을 달래주면서 우리나라 애주가들을 거의 독점하다 시피 하고 있지. 나름대로 시장에서 경쟁력이 있다는 뜻이야. 그런데 지금 우리가 마시는 칵테일은 어떤 것 같아? 별별 희한한 색과 향기와 맛의 조합을 이루어 자신의 가치를 스스로 만들어내고 있잖아. 이선영 대리는 왜 이번에도 승진에 누락이 된 것 같애?"

"제가 그럼 소주 같은 성격이라서 그런가요?"

"조직은 술과는 달라. 조직에서 요구하는 핵심인재가 되려면 소주 맛 하나만 가지고는 안돼! 적어도 중간관리자 이상의 승진은 말이야. 오늘날 기업에서의 핵심인재가 되려면 T자형의 능력을 가진 인재가 되어야 해. 소주처럼 독특한 자신의 전문영역을 깊이 가지면서 칵테일처럼 주변사람과의 만남과 인맥을 쌓아가며 자신의 휴먼스킬을 넓혀가는 노력을 해야 하는 거야. 전문적인 자신의 영역을 쌓아가는 것 보다 어쩌면 주변 사람들과의 연대노력이 훨씬 더 힘들 수도 있다고 생각해. 왜냐하면 처절한 마음으로 자신을 조절해야 할 때도 있으니까 말이야. 이 대리는 정말 일 하나는 똑 부러지게 잘하는 거를 내가 인정하지만 주변사람들과의 관계에 있어서 너무 독선적이고 배려가 없고 일방적이야. 그런 성격으로는 팀플이가 안되거든. 이 대리가 잘하는 것도 중요하지만 우리 팀 전체가 잘해서 시너지를 내는 것도 나로서는 얼마나 중요한지 몰라. 이 대리의 독선적인 성격 때문에 상처 받고 기죽었을지 모르는 동료직원이나 후배 사원들을 생각해 본적이 있니?"

"네 제가 좀 독선적인 면이 있기는 합니다. 그렇다면 아마 다면평가에서 인정을 많이 못 받았겠군요."

"대리에서 과장이 된다는 것은 크든 작든 한 팀의 리더가 되는 거야. 자신의 능력도 중요하지만 전체적인 분위기를 끌고 갈 수 있을 정도의 주변

사람들과의 연대노력이 훨씬 더 필요한 자리이지. 오늘날 인재로 살아남으려면 자신의 전문분야의 Specialist가 되어야 해. 하지만 두루 모든 분야의 다양한 지식을 갖춘 Generalist로서의 역량과 인성도 갖춰야만 조직에서 성공할 수 있어. 21C의 성공하는 인재는 그야말로 Multi-Human Relation Ship을 가져야 한다는 것이지.”

“팀장님. T자형의 인재요? T자형의 인재가 되려면 어떻게 해야 하나요?”

“그야 너무 간단하지. 맨 날 톡쏘는 소주만 고집하지 말고 이렇게 분위기 있는 곳에서 칵테일도 즐길 줄 알아야 한다는 거지. 어때 느낌이 좀 다르지 않아? 그래, 앞으로 어떻게 하고 싶어?”

“네, 앞으로 동료들과의 대화의 시간을 좀 더 갖도록 해야겠다는 생각이 듭니다. 특히 후배사원들을 중심으로요. 그리고 칵테일처럼 나의 색깔을 좀 줄이고 전체의 빛과 향기를 내는 것이 어떤 것이 있을까 하고 생각을 해보겠습니다. 혹시 그동안 제가 화장이 좀 진했던가요?”

“그래 이 대리는 워낙 한미모 하니까 화장을 그렇게 진하게 하지 않아도 충분해. 후배들에게 좀 더 기회를 주면서 주변을 돌아볼 수 있는 시간을 많이 갖도록 해. 내가 어떻게 도와주면 될까?”

“술이 깨니까 좀 부끄러워지려고 하네요. 그냥 앞으로 지켜봐 주세요.”

“이 대리처럼 멋있고 능력 있는 인재는 CEO까지도 한번 욕심 내 봐야 하지 않겠어? 앞으로는 소주처럼 또 때론 칵테일처럼 다양하게, 무슨 말인지 알지?”

조직에서 성공하려면 깊게는 자신의 전문분야에서는 프로가 되어야 하고 넓게는 다양한 상식과 정보의 네트워크를 가진 Generalist가 되어야 한다. 20C 이전의 산업사회에서는 Generalist만 CEO가 될 수 있었지만 앞으로는 자신의 전문분야의 깊은 지식을 가지고 있으면서 다양한 조직 관리의 리더십 경험이 있는 Multi-Human Relation Ship을 가진 인재, 즉 General-Specialist가 되지 않으면 절대로 CEO가 될 수 없다고 한다.

04

12마디 공주야

12마디 공주라는 별명을 가진 유미경 씨.

항상 공주풍의 옷을 즐겨 입고 다니며 모든 남자 직원들이 자기에게 관심이 있다고 생각하는 여직원이다. 사무실에서나 동료들에게 하루에 12마디 이상 절대 하지 않는다고 붙여진 별명이 12마디 공주다. 모든 사람들이 자기에게 말을 걸어오기 때문에 항상 대답만 하면 된다고 생각하는 사람이다.

"어머! 안녕하세요."

"그렇죠 뭐…"

"제가 원래 좀…"

"뭐 별 말씀을…"

항상 말투가 끝을 흐리는 식이다. 그리고 아직 주요한 업무를 맡고 있지 않아 주어진 일에만 충실하게 잘하고 있기 때문에 다른 사람들 속에 묻혀서 잘 보이지 않는 그런 직원이었다.

일도 깔끔하게 잘하는 편이고 별로 산만하고 수다스럽지 않아서 오히려

"백설공주가 예쁘다고 말하는 거울은 사실 알고 보면 그 내면에서 우러나오는 자기 자신의 목소리라고 할 수 있지. 자신의 외모를 질투하는 선배에 대한 억울함은 자신의 자존감을 지켜내지 못한 자신의 자신감이 부족했기 때문이야. 외면의 세계는 인간내면의 반영 한다고 하잖아. 이제부터 그 백설공주라는 도도한 허울을 벗어던지고 내면의 근성으로 승부하는 멋진 캐리어 우먼으로 변신하는 것이 어때."

많은 직원들이 일하는 단체의 생활 속에서는 편하고 좋게 느껴질 때도 많았다. 하지만 문제는 고요 속에서 폭풍의 핵을 만들고 있었다.

어느 날 레이스풍의 심한 샤넬이 들어가고 앞가슴이 깊게 페인 그야말로 공주드레스 같은 옷을 입고 머리는 웨이브를 넣어서 올린 머리를 하고 우아하게 앉아서 일을 하고 있었다. 월급 받아서 모처럼 값비싼 옷을 하나 장만한 것 같았다.

모든 직원들이, 특히 남직원들이 이 사무실에서 최고의 여직원으로 한 마디씩 해 줄 것이라고 기대를 하고 있었다. 그런데 어느 선배 여직원이 옷이 근무하는 복장으로는 도저히 어울리지 않는 옷이라고 충고 겸 따끔하게 지적을 한 모양이다. 평소에 말이 없던 유미경은 몇몇 남직원들에게 이 옷이 어떠냐고 물어보았다고 한다. 남자직원들은 그냥 예쁘다고 하며 유미경 씨에게 잘 어울린다고 말했던 것 같다. 그랬더니 평소에도 그 선배가 자기를 못살게 굴면서 괴롭힌다고 생각하고 있었든지. 모처럼 좋은 옷을 한 벌 장만했는데 그것을 선배가 질투를 한다고 생각을 하는 것 같았다.

12마디 공주는 일에 대한 지적이 아닌 자신의 외모를 정면 부인하는 지적에 반기를 들었고, 펑펑 울면서 선배 언니에게 12마디 이상으로 대드는 사건이 일어나고 말았다. 공주의 자존감을 건드린 것이다. 조용히 유미경 씨를 불러서 앉혀놓고 그녀의 마음이 가라앉기를 기다렸다.

"예쁘고 일 잘하는 우리 유미경 씨가 오늘은 무슨 속상하는 일이라도 있었나 보지?"

평소에도 그 선배가 자기를 못살게 굴면서 괴롭힌다고 생각하고 있었지만 모처럼 좋은 옷을 한 벌 장만했는데 그것을 선배가 질투를 한다고 생각을 하는 것 같다는 것이다.

"팀장님이 보시기에도 제 옷이 그렇게 이상한가요?"

"유미경 씨 백설공주가 나오는 동화에 마녀가 갖고 있는 거울 알지 그 동화 속에서 마녀는 거울에게 자꾸 묻지. '거울아 거울아 이 세상에서 누가 제일 이쁘니?' 그러면 거울은 백설공주라고 대답해서 마녀를 괴롭히지. 그런데 그 마녀는 왜 자꾸 거울에게 누가 제일 예쁘냐고 확인을 했던 것일까?"

"그야 백설공주의 미모를 의식했기 때문이겠죠. 마녀는 자기의 미모가 백설공주에 뒤진다는 생각을 하다 보니 자꾸 확인 하게 되었던 거 아닐까요?"

"그러면 미경 씨 자신이 백설공주라고 생각하고 선배언니가 마녀라고 생각하나요?"

"꼭 그런 거는 아니지만요."

"나는 바로 유미경 씨 자신의 마음속에 백설공주와 마녀, 두 가지 마음을 다 가지고 있다고 생각해요. 왜 선배언니의 지적을 냉철한 지적으로 받아들이지 못하고 마녀의 질투쯤으로 생각을 하나요?

　내가 보기에는 지금 입고 있는 옷은 데이트 할 때는 모르겠지만 자신의 능력을 인정받는 일하는 장소에서는 절대적으로 부적합한 옷이라는 생각이 들어요. 일하기 불편하지 않을까요? 남자들의 시선을 모두 다 자기의 앞가슴 속에 꽂아놓고 싶어요? 자신의 외적인 환경에 마음의 동요를 일으키게 되다 보니 선배의 지적은 자신의 외모와 비싼 옷에 대한 질투에서 나온 것이라고 생각이 들어 억울하다고 느끼는 거야. 자신이 이 옷으로 사무실에서 자연스럽게 최고의 직원으로 인정받지 못했다는 걱정과 동요에 휩싸이게 되었던 거지. 유미경 씨도 좀 어떨까 하는 불안한 생각이 들었지? 그런 불안과 걱정은 또 자연스럽게 나약하고 사악한 생각을 불러 일으켜 급기야는 선배를 미워하게 되고 억울한 생각까지 만들었던 거야."

　"사실 이 옷이 일하기에 편한 옷은 아니지만 평소가 제가 좋아하는 취향이라서 다른 사람들도 다 예쁘게 생각할 줄 알았어요."

　"그래 그러면 어떻게 하고 싶은가?"

　"사실 선배의 지적에 대해서 나는 단순히 질투심이라고만 생각했어요. 평소에도 별로 나에게 잘해주지 않거든요. 그리고 그 지적에 대해서 너무 감정적으로 대했던 것 같아요. 선배님과 좀 더 대화를 해보고 제가 정말 잘못 생각했었다면 사과를 해야죠. 그리고 사무실에서 입을 수 있는 용모 복장에 대해서 공부를 해야겠습니다. 그냥 나는 내가 예쁘게 보이면 된다고 생각했거든요."

　"그래 그러면 그렇게 할 수 있겠어? 그리고 사무실에서 유미경씨의 존재의 이유는 무엇이라고 생각해?"

　"제가 이 사무실에서 어떤 존재로 비춰지고 있는지 우선 한번 생각해 봐야겠습니다. 그동안 사람들이 말하는 12마디 공주니 하는 그런 말부터요.

제가 혹시 백설공주라는 존재의 그늘에 스스로 갇혀 살아온 것은 아닌지 하
구요."

"그래 결국 유미경 씨에게 있어서의 마녀는 선배의 지적이 아니라 바로
자기 스스로 갖고 있는 마음이 문제가 아니었을까하고 잘 생각해봐. 혹시
그동안 서운한 거 있었어?"

"네 사실 다른 선배들은 서울의 일류대학을 나와서 너무 똑똑하고 자신
만만한데 저는 지방대학을 나왔잖아요. 그것도 2년제로, 그래서 나는 다른
사람들이 다를 예쁘다고 하니까 그들보다 못할 것도 없다는 생각이 들더라
구요."

"그래 유미경 씨 예쁘지. 하지만 백설공주가 예쁘다고 말하는 거울은 사
실 알고 보면 그 내면에서 우러나오는 자기 자신의 목소리라고 할 수 있지.
자신의 외모를 질투하는 선배에 대한 억울함은 자신의 자존감을 지켜내지
못한 자신의 자신감이 부족했기 때문이야. 외면의 세계는 인간내면의 반영
한다고 하잖아. 이제부터 그 백설공주라는 도도한 허울을 벗어던지고 내면
의 근성으로 승부하는 멋진 캐리어 우먼으로 변신하는 것이 어때. 유미경
씨는 일도 잘하고 세련되고 실 또 실력 있잖아? 왜 그 좋은 능력을 백설공주
의 치마폭에 감춰놓고 살려고 하지?"

"네 저는 다른 사람에 비해서 컴퓨터에 관심이 많고 그리고 문서작성도
누구보다도 자신 있어요. 컴퓨터 공부를 더 할까 생각해요."

"그래 자신의 전문성을 더 살려서 조직에서 인정받을 수 있도록 노력해
보자. 내가 어떻게 도와주면 될까?"

"지금하고 있는 업무도 좋지만 기획업무를 하게 해주세요. 처음에는 김
대리님께 배우겠지만 저도 파워포인트 작성도 잘하고 프레젠테이션도 멋있
게 해보고 싶어요."

"그래 유미경 씨 앞으로 우리 팀에서 멋있게 한번 해보자구."

외면의 세계는 인간내면의 반영에 지나지 않는다. 한 인간의 마음은 당사자의 내면을 거울같이 그대로 투영하고 있다. 약한 마음을 먹거나 환경에 동요하는 일이 없다면 걱정이나 사악한 생각도 생기지 않는다. 자신의 정체성이 부족하고 마음이 나약해 지면 더욱더 외면의 겉치레에 의존하게 되며 그 외면의 정체성이 심각한 도전을 받게 될 경우에는 모든 것이 다 무너져 버린다. 공주의 마음도 마녀의 마음도 결국은 자신이 선택한 결과이다.

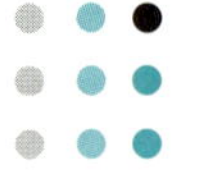

05

나비처럼 날아서 벌처럼 쏴라

사업계획서를 발표하는 날이다.

회사전체의 사업계획서는 본부장이 하겠지만 각 본부에서는 사업본부의 사업계획서를 작성하기 위하여 자신의 업무에 대한 신년계획을 세워서 팀별로 발표할 기회를 주기로 하였다. 모두들 밤을 세워가면서 계획서를 짜기도 하고 워크숍도 하면서 나름대로 바쁜 비명을 지르는 연말이기도 하다. 그런데 계획서를 잘 짜는 것도 중요하지만 발표를 잘해서 자기 팀의 예산을 많이 확보해 오는 것도 매우 중요한 일이 아닐 수 없다.

본부장인 나는 자신들의 아이디어와 몸값을 시장에다가 내다 판다는 생각으로 프레젠테이션을 해야 한다고 항상 이야기 해왔다. 마치 세일을 하는 기분으로 누가 당신에게 지갑을 열어줄 것인가를 생각하면서, 마치 상품을 만드는 것과 같은 마음으로 기획하고 프레젠테이션을 해야 된다고 말했다. 그런데 프레젠테이션을 할 기회가 생기면 항상 남 앞에 나서기 좋아하고 유머가 풍부하고 말을 청산유수처럼 잘하는 사람이 해야 한다고 생각하고 꼭 그런 사람이 앞에 나서서 발표를 하는 경우가 많다. 물론 평소에 앞에

"많은 청중들 앞에서 나비처럼 가볍게 날아서 벌처럼 정확하게 핵심을 쏠 수가 있어야 한다고 생각해요. 나비처럼 대중의 무게에 억눌리지 않고 가볍게 설 수 있으려면 무엇보다 철저한 사전 준비가 필요하고 그다음에 알찬내용을 상대방의 입맛에 꼭꼭 잘 씹어서 한입에 넣어줄 수 있어야 성공적인 프레젠테이션이라고 말할 수 있어요."

나서기를 두려워하지 않기 때문에 일단 많은 대중 앞에서 기가 죽지 않고 여유 있게 말하는 기본자세는 되어있다. 하지만 자신의 생각과 의견을 정확하게 정리해서 상대방을 설득시킨다는 것은 말을 잘해서 되는 문제는 아닌 것 같다.

평소에 여직원들에게 인기도 많고 연차도 있는 박 과장이 프레젠테이션을 마치고 영 기분이 아니다. 뭔가 이야기를 들어봐야 할 것 같아서 차를 한 잔 하자고 불렀다.

"박 과장 오늘 기분이 별로네. 평소 같지 않은데 무슨 일이라도 있어요?"

"네 본부장님 아까 프레젠테이션을 완전히 망친 것 같아요."

"왜 내가 보기에는 그냥 무난한 것 같았는데."

"그렇게 말씀하시면서도 김 과장 팀에게 더 높은 점수를 주셨잖아요."

"그야 김 과장이 워낙 핵심을 조리 있게 잘 정리해서 설득력 있게 말을 잘 했잖아.”

“나도 김 과장 못지않게 더 잘 할 수 있었다구요. 그런데 저보다 김 과장이 프레젠테이션을 끝냈을 때 훨씬 더 많은 박수가 나왔잖아요.”

“김 과장보다 박수를 덜 받아서 좀 속이 상한가 보군요. 김 과장보다 어떤 점이 좀 모자랐다는 생각이 드나요?”

“우선 처음부터 너무 서둘렀어요. 그래서 말이 너무 빨랐던 것 같애요.”

“처음부터 좀 긴장했나보다 박 과장이?”

“네 긴장한 것을 감추려고 하다보니까 말이 자꾸 빨라지더라구요. 핵심 포인트의 설명과 비교설명이 구분이 안되고, 그러다보니까 산만한 분위기에서 계속 진행을 하다보니 집중을 받지 못했던 것 같아요.”

“잘 알고 있네 뭐. 그럼 앞으로 어떻게 했으면 좋을 것 같애?”

“말을 잘하는 것하고 프레젠테이션을 잘하는 것 하고는 좀 다른 것 같애요. 공부를 좀 더 해야 할 것 같애요.”

“항상 누군가를 설득시켜야할 때는 셀링포인트를 정확하게 잡아서 설명할 줄 알아야 하지. 셀링포인트라고 들어봤나?”

“그 말은 판매할 때 판매인들이 쓰는 말 아닌가요?”

“상대방이 내 물건을 사고 싶은 마음이 들도록 만들었다면 가장 훌륭한 프레젠테이션이지. 셀링포인트라는 말은 성냥개비에 불을 켰을 때 타 들어가는 시간동안 내가 하고 싶은 말을 요약해서 말할 수 있어야 한다는 의미지. 요즘은 성냥을 잘 쓰지 않으니까 잘 실감이 안 나겠지만 그 정도로 짧고 명쾌하게 핵심이 정리되어 있어야 한다는 뜻이야. 너무 앞서도 안되고 또 너무 같거나 뒤처져도 안되지. 세일을 잘하는 사람은 결코 말을 많이 하지 않아. 고객에게 필요한 한마디로 고객의 마음을 열수 있는 사람이지. 긴말은 장황함의 본질이고 짧은 말은 재치의 진수라고 하지 않던가? 어때 좀 감이 오는 것 같애요?”

“네”

“김 과장이 프레젠테이션 할 때는 직원들이 계속 웃으면서 지루하지 않게 잘 듣더라구요. ppt한장 한장 넘어갈 때 마다 핵심과 재치가 잘 정리되어 있었던 것같구요.”

“저는 그냥 설명만 잘하면 되는 줄 알았어요.”

“오래전에 프로권투선수 모하메드 알리가 일본의 유명한 프로레슬링 선수인 안토니오 히노끼 선수와의 세기의 대결을 앞두고 어떻게 싸울 것인가? 하고 기자들이 물었을 때 ‘나비처럼 날아서 벌처럼 쏘겠다.’는 명대사를 남겼지. 프레젠테이션도 마찬가지라고 생각해요. 많은 청중들 앞에서 나비처럼 가볍게 날아서 벌처럼 정확하게 핵심을 쏠 수가 있어야 한다고 생각해요. 나비처럼 대중의 무게에 억눌리지 않고 가볍게 설 수 있으려면 무엇보다 철저한 사전 준비가 필요하고 그다음에 알찬내용을 상대방의 입맛에 꼭꼭 잘 씹어서 한입에 넣어줄 수 있어야 성공적인 프레젠테이션이라고 말할 수 있어요. 대중의 인기에 너무 앞서가는 것도 곤란해요. 반발짝 앞선 셀링포인트를 잡아야해요.”

“‘나비처럼 날아서 벌처럼 쏴라.’ 참 좋은 말이군요. 철저한 준비와 반발짝 앞선 셀링포인트로 준비하면 되겠군요. 이제야 좀 뭔가 선명하게 와 닿는 것 같습니다. 본부장님 철저한 준비와 반 발짝 앞선 셀링포인트를 잡는데 필요한 비법이 있으면 좀 알려주세요.”

“비법이라고 하기에는 좀 뭐하지만 그것도 약간의 형식적인 훈련과 연습으로 가능할 수 있지. 프레젠테이션을 할 때 자신이 하고자 하는 내용을 다음과 같은 네 가지의 틀 속에 넣고 원하는 시간만큼 양을 조절하는 연습을 한번 해봐요. 1분 스피치, 3분 스피치, 10분 스피치로 자기가 필요한 만큼 상대방이 들을 수 있는 스피치의 양을 조절해가면서.

■발표력 향상을 위한 4단계 훈련

① 주의 끌기

　　ex) 여러분 진정으로 성공하는 삶을 살고 싶습니까?

② 요점말하기

　　ex) 먼저 자신을 사랑하십시오.

③ 사례듣기

　　ex) 얼마 전 뉴스를 통해…

④ 마무리

　　ex) 진정으로 성공하는 삶을 살고 싶다면 먼저 자신을 사랑하십시오.

06

회식 문화 바로잡기

요즘 회사에서는 부서회식보다 사내 동호회가 더 활성화되고 있다. 따라서 기존의 회식문화에 대한 풍속도도 많이 바뀌고 있다.

회식하면 일단 그날은 많이 먹는 날이다. 실컷 배부르게 먹고 난 다음에는 2차 노래방이다. 먹고 떠들고 그리고 서로 가슴속에 있는 앙금이나 찌꺼기를 말끔히 뱉어내는 그야말로 그동안 조직의 묵직한 틀 속에 억눌렸던 마음을 푸는 날이 기존의 회식문화였다. 하지만 오늘날에 그런 회식자리에는 모두 다 피하는 눈치다. 일단은 술 문화가 달라지고 있다. 오늘날 조직사회에서의 이러한 변화의 이유를 다음 5가지로 그 특징을 지워서 요약할 수 있다.

① 개인주의적 성향이다. 그동안 조직이나 팀워크를 중시하는 인간주의 문화에서 이제는 글로벌 경쟁시스템의 영향으로 개인의 핵심역량을 중요시하며, 개인적 역량평가에 자신의 연봉을 평가받는 조직문화는 극심한 개인주의문화로 흐르게 되었다.

② 직장이 불안하다. IMF이후 모든 직장인들은 안정된 평생직장이 아니

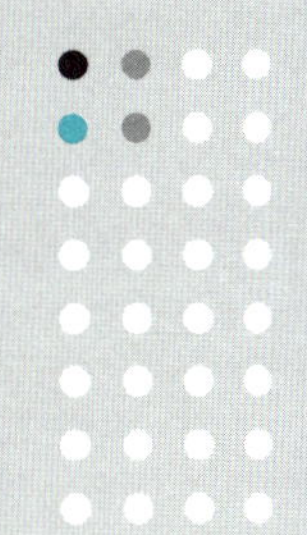

"회식하면 일단 그날은 많이 먹는 날이다. 실컷 배부르게 먹고 난 다음에는 2차 노래
방이다. 먹고 떠들고 그리고 서로 가슴속에 있는 앙금이나 찌꺼기를 말끔히 뱉어내는
그야말로 그동안 조직의 묵직한 틀 속에 억눌렸던 마음을 푸는 날이 기존의 회식문화
였다. 하지만 오늘날에 그런 회식자리에는 모두 다 피하는 눈치다. 일단은 술 문화가
달라지고 있다."

라 상시 구조조정의 체제를 갖추어가는 회사에서 더 이상 안정성을 기대하
지 않는다. 따라서 평생직업의 개념에서 자신의 개발과 기회를 찾기 위해서
노력하고 있기 때문에 사내 회식도 중요하지만 사외의 모임도 무시하지 않
는다. 그래서 회식은 항상 몇 주 전에 미리 사전공표가 되어야만 하고 그렇
지 못하면 자신의 개인 스케줄에 따라 행동하는 경행이 더 많다.

③ 상급자에 대한 불만이 많다. 조직단위나 팀 평가에 의해서 자신의 능
력도 같이 평가를 받기 때문에 유능한 팀장을 만나는 것을 원한다. 따라서
팀장이 유능하지 못하거나 리더십이 부족할 경우에는 노골적으로 불만을
표하기도 한다.

④ 현장직에 대한 더 선호한다. IMF이후 모든 기업이 상시 구조조정체
제로 돌입하기 때문에 스텝부서의 슬림화 현상과 조직개편이 직장인들에게
는 항시 불안감으로 존재한다. 그럴 바에는 구조조정과 거리가 떨어진 현장
직이 오히려 더 안정감을 줄 수 있다고 생각하고 있다.

⑤ 고객이 기술력을 경쟁시킨다. 고객에 대한 기존의 생각이 많이 달라

지고 있다. 어떤 전자회사에서는 신제품 출시 전에 고객들을 초청해서 1차 모니터링을 받기도 하고 또 고객의 불만사항이나 요구사항을 미리 접수하여 새로운 상품을 만들어내기도 한다. 그래서 사람들과의 정보교환이나 관련업체들과의 만남과 고객들을 만나는 시간도 무시할 수 없다.

남성위주의 술문화를 바꾸자.

왕 팀장이 여성팀장으로 우리 팀으로 온 이후부터 조금씩 바뀌고 있는 회식문화이다. 그래서 어제는 여직원들이 회식의 스케줄을 짜도록 하였다. 여직원회 회장으로 있는 장 대리가 그 책임을 맡았다. 그동안 남자들 분위기의 돼지삼겹살집 따라다니면서 고생도 많이 했으니까 이번에는 오로지 여직원취향의 회식자리를 만들기로 하였다.

대학로의 피자집이다. 어두컴컴한 다락방 같은 곳이지만 우리 팀 모두가 들어가기 딱 알맞은 장소였다. 분위기를 돋우기 위해서 색색의 양초들로 주변을 장식해 놓았다. 주문해놓은 피자가 한꺼번에 들어오는 것이 아니라 하나씩 하나씩 들어오는 바람에 한 조각씩 감질나게 먹으니까 배가 부른 것 같지도 않고 시간만 지속적으로 흐르는 것 같았다. 그런데 몇 조각 먹지도 않았는데 음식이 다 나왔다는 것이다. 회식 끝이다. 여직원들은 참 좋았다고 하는데 평소에 잘 먹고 잘 노는데 익숙한 남자직원이 한마디 했다. '이게 다야!' '회식은 그저 삼겹살에 쐬주 한잔하면서 걸쭉하게 하는 것이 제일이야.' '이게 뭐야.' 그랬더니 내내 노심초사하면서 왔다 갔다 하던 장 대리가 그만 눈물을 보이고 만 것이다. 자기 딴에는 기존의 회식비용에 맞춰서 분위기 있게 진행하려고 무진 애를 썼건만 결국은 팀원들의 배를 채워주지 못하는 원망을 듣게 되었던 것이다.

왕 팀장이 서운해 해는 장 대리를 달래면서 '우리 노래방으로 2차 가자.

2차는 내가 쏜다.'라며 분위기를 살렸다.

큰 노래방 하나 빌려서 먹을 것 잔뜩 사서 넣어주고 신나게 놀게 만들었다.

다음날 장 대리를 불러서

"장 대리 어제 준비하느라고 수고 많았어."

"팀장님 죄송합니다."

"아니 왜 재미있었잖아?"

"팀장님이 그렇게 분위기를 마무리해 주셨으니까 그냥 넘어갔지 다른 직원들은 모두 다 내심 불만이 가득했어요."

그래서 가장 불만을 많이 표시했던 최 과장을 불러서 같이 이야기를 하기로 하였다.

"최 과장 어제 잘 놀던데."

"네 처음에는 좀 그랬지만 나중에 노래방에서 다 풀었습니다."

"최 과장, 장 대리 회식이 무엇이라고 생각하는가?"

최 과장은 "회식은 그동안 업무에서 쌓였던 스트레스를 해소하며 좀 푸는 맛이 있어야죠."라고 말했고 장 대리는 "사무실에서 자신의 업무에만 열중하다보니 서로 인간적인 대화도 없고 그러다 서로의 생각을 몰라서 오해도 생기도 하기 때문에 사무실이 아닌 좀 편안한 자리에서 서로의 생각을 서로 알아볼 수 있는 것이 회식자리라고 생각합니다."

"내가 생각하기에는 두 사람의 의견이 다 맞는 것 같은데 어떻게 생각해?"

"장 대리 이야기도 맞죠. 하지만 일단 음식이 배부르게 나와야지 좀 푸짐하다는 생각이 들죠. 어제는 너무 감질나더라구요."

"삼겹살보다 가격이 좀 비싸다 보니 좀 그렇기는 했지만 우리가 언제부터 그렇게 먹는 데만 치중했어요. 음식이 나오는 중간 중간 서로 재미있는 이야기도 하면서 그동안 있었던 이야기를 하면 좋잖아요."

"이야기도 뭔가 한잔 들어가야 술술 나오죠. 그렇게 맨송맨송한 자리에서 무슨 이야기가 나오겠습니까? 그러니까 회식자리에는 술이 있어야 분위기가 좋아진다니까요."

"나는 어제 1차, 2차 다 나름대로 재미있고 좋았는데 그럼 다음에는 어떻게 했으면 좋겠어요. 다음에도 그렇게 할까요?"

"아닙니다. 다음에는 서로 의논을 해서 이런 오해가 없도록 하겠습니다. 장 대리 생각도 참 좋았는데, 미리 사전에 의논을 해서 조용하게 이야기 하면서도 맛있게 먹을 수 있는 자리를 알아보겠습니다."

"사실 그동안 남자들 위주의 회식자리에 따라다니다 보니 연기 나는 자리에서 고기 몇 점 집어먹고 그 자리를 지킨다는 것이 얼마나 고역이었는지 모릅니다."

"그렇죠. 여직원들은 술도 잘 마시지 못하고 그런 자리에 앉아있기 힘들죠. 저희들은 그 생각은 못했습니다."

"그래요. 사실 나도 그동안의 회식분위기는 좀 문제가 있었다고 생각이 들어요. 그럼 앞으로는 어떻게 했으면 좋겠어요. 회식을 안 할 수는 없잖아요."

"안할 수는 없죠. 회식이 없으면 최 과장님의 멋진 노래와 춤 솜씨를 어떻게 볼 수 있겠어요. 좀 더 새롭게 만들어 보겠습니다."

"그래요. 이제는 사무실에 여사원들도 많아지니까 이제는 여직원들의 취향도 고려해야죠. 팀장님까지 여성이니까요. 좀 분위기 있고 재미있게 이야기도 할 수 있고 놀 수 있는 그런 회식 프로그램을 만들어보겠습니다. 이번 기회에 우리도 회식문화를 좀 바꾸어 보는 것도 괜찮을 것 같아요."

"재미있는 회식도 회사생활의 일부에요. 그럼 다음 회식을 기대해도 되겠죠?"

"팀장님 너무 걱정하지 마세요. 이번에는 처음이라 좀 그랬는데 이제는 서로 의논도하고 팀원들의 의견도 취합해서 모두가 재있게 즐길 수 있는 그런 자리를 만들어 보겠어요. 참 요즘 KT에서는 부서 회식 때 5Don't, 3Do 운동을 하고 있다고 합니다. 3Do운동이란 회식은 2일전에 공지하고, 회식 시간은 2시간을 넘지 않으며, 비음주자 먼저 배려하기이고, 5Don't는 잔 안 돌리기, 잔 안 따르기, 원샷 안하기, 폭탄주 안 돌리기, 2차 안하기이라고 합니다."

"참 재미있네요. 우리도 뭔가 규칙을 정해놓고 서로 지켜주면서 회식하면 참 좋겠어요. 다음에는 정말 더 재미있을 것 같아요. 다를 좋은 장소와 아이디어를 많이 가지고 있더라구요. 어제 이야기 많이 했어요."

"바로 그겁니다. 먹고 마시는 회식도 중요하지만 즐거운 회식을 위하여 서로 마음을 합하고 과정을 나누는 것이 더 중요한 것 같아요. 그럼 다음 회식을 기대하죠."

오늘날 회식 문화와 술 문화가 달라지고 있다. 기존의 수직적인 지휘, 통제, 통일성, 명령, 충성, 중앙통제의 문화에서 수평적인 협동, 개방적, 커뮤니케이션의 다양성, 공동체의 신뢰, 분산통제의 분위기로 달라지고 있기 때문에 음주 문화도 업무중심의 폭탄주 문화에서 인간중심의 포도주 문화로 변해가고 있음을 알 수 있다.

07

동료예찬

시장이 있고 제품이 좋다고 해서 반드시 유통이 되는 것은 아니다. 그 제품을 유통 시킬 것인지 선택의 여부를 결정하는 무서운 존재가 있어야 하는데 그것이 바로 고객의 심장에 꽂히는 한마디의 단어Copy이다. 그것이 고객의 지갑을 열게 하는 결정적인 것이다. 사람과의 관계에서는 그것이 바로 칭찬 한마디다.

능력이 있다고 해서 모두 다 성공하는 것은 아니다. 성공하는 사람은 그를 도와줄 수 있는 많은 주변인을 가지고 있다. 많은 주변인들 속에서 진정으로 존경받는 사람으로 성공하고 싶다면 먼저 칭찬의 달인이 되라. 성공하는 사람들은 칭찬의 명수이다. 칭찬은 고래도 춤추게 한다. 칭찬은 마음의 꽃다발이다.

칭찬에 대한 많은 스킬과 테크닉에 대해서 많이 쏟아져 나오고 있지만 정작 본인의 입장에서 그것을 실천하기에는 그렇게 쉬운 일이 아니다. 전후, 좌우 사방 모두 다 나를 이기고 넘어서려는 사람들로 보이는 살벌한 경쟁사회에서 상대방에게 던지는 칭찬 한마디는 마치 칼자루를 넘겨주는 것

능력이 있다고 해서 모두 다 성공하는 것은 아니다. 성공하는 사람은 그를 도와줄 수 있는 많은 주변인을 가지고 있다. 많은 주변인들 속에서 진정으로 존경받는 사람으로 성공하고 싶다면 먼저 칭찬의 달인이 되라. 성공하는 사람들은 칭찬의 명수이다. 칭찬은 고래도 춤추게 한다. 칭찬은 마음의 꽃다발이다.

같은 불안함과 두려움이라고 생각하기 때문이다. 오히려 칭찬은 커녕 그 사람의 약점과 단점에 더 귀가 솔깃해 옴을 어쩔 수 없다. 그러다 보니 칭찬을 한다고 해도 별로 영양가가 없거나 가식에 의한 사탕발림 같은 생각이 든다. 정말 진정으로 칭찬을 해주고 싶은 마음에서 한마디 하고 싶어도 습관이 되어있지 않기 때문에 칭찬하는 사람의 마음의 본질이 왜곡되어 전달되기도 한다.

입사동기이면서 동갑내기인 유 대리와 김 대리는 사무실에서 각별한 사이이다. 서로 티격태격 싸우기도 하고 또 어떤 때는 같이 야근도 하면서 서로 도와주기도 하고, 또 어떤 때는 치열하게 경쟁하는 것 같기도 한 그런 사이다.

둘이 워낙 열심히 일하고 능력도 뛰어나기 때문에 다른 사람들을 크게 그들의 그런 사이에 대해서 관여를 하지 않는다. 왜냐하면 팀 내에 무슨 일이 생기면 둘 다 적극적으로 나서서 문제를 해결하기도 하고 또 기발한 아이디어를 내서 시원시원하게 해결을 잘하기 때문이다. 그래서 팀장님은 무슨 일이 있으면 꼭 두사람을 불러서 물어보기도 하고 또 같이 업무를 부여하기도 한다. 그런데 다른 부서의 황 과장이 유 대리를 참 좋아한다는 소문이 나기 시작했다. 그 이야기를 들을 김 대리는 어느 날 황 과장에게 유 대리의 칭찬을 그렇게 하더라는 것이다. 언뜻 보기에는 유 대리를 잘 감싸는 것 같지만 가만히 들어보면 비꼬는 것 같은 느낌이 들어 유 대리가 너무 속상해 한다는 것이다.

어느 날 옆 부서의 황 과장이 유 대리에게 뭔가 물어볼 일이 있어 이야기를 나누고 있는데 김 대리가 "우리 회사에서 아마 유 대리가 제일 인기가 좋을 거야. 사내 유 대리 싫어하는 남자사원 있으면 나와 보라고 해." 하면서 지나갔다. 화가 난 유 대리가 "김 대리 지금 이야기하고 있는 거 안보여요." 하면서 화를 벌꺽 내다가 결국은 두 사람이 싸움까지 갔다고 한다.

왕 팀장이 두 사람을 회의실로 불렀다.

"아니 우리 부서의 두 보물이 왜 갑자기 그렇게 싸우는 사이가 된거야?"

"아니 저는 유 대리 칭찬을 했을 뿐입니다. 우리 부서에서도 유 대리를 좋아하지만 다른 부서 직원들도 모두 다 좋아하잖아요."

"그게 칭찬한거예요. 비꼬는 거지. 그리고 다른 부서에서 업무협의차 온 손님이잖아요. 그렇게 이야기하면 황 과장이 얼마나 무안하겠어요."

"아니 내가 무슨 감정이 있어서 그런 것도 아니고 그냥 한 말인데 뭐가 그렇게 서운한가요? 서로 잘 도와주라고 한 말인데."

"잘 도와주라고 한 말투가 좀 그렇잖아요. 그런 말듣고 기분 좋아 할 사람이 어디 있겠어요. 좀 진중하게 대접하는 말투가 어니였잖아요."

"알았어요, 알았어. 두 사람 다 나쁜 의도는 아니었던 것 같고 표현에 있어서 좀 그랬던 것 같은데 서로 오래를 좀 풀지 그래요."

"저는 잘못한 것이 없다고 생각합니다. 동료들끼리 서로 칭찬도 하고 지원사격도 해 주잖아요. 제가 유 대리에게 그 정도도 못하는 사이인가요?"

"글쎄 김 대리가 유 대리를 생각하는 것은 알겠는데, 꼭 그 자리에서 그렇게 말할 필요는 없다고 생각하는데, 어떻게 생각해?"

"아니에요. 황 과장 그 사람 유 대리에게 흑심을 품고 있어요."

"아니 흑심이라니. 그럼 황과장이 저에게 무슨 딴 마음이라도 있단 말인가요?"

"모르죠, 남자들은 다 그럴 수 있으니까요."

"김 대리는 황 과장이 유 대리 좋아하는 거 싫어요? 선남선녀가 좋은 감정 가질 수 있잖아요. 그럼 혹시 김 대리가?"

"그런 뜻이 아니라 황 과장 그 사람 여자문제에 있어서 별로 평이 않좋은 편이거든요. 그래서 제가 평소에 유 대리와 친하니까 보호하는 차원에서 말을 하다보니까 그만 그런 오해를 불러일으키게 되었네요. 사과할게요."

"그래 김 대리가 나쁜 의도에서 그런 말을 한 것 같지는 않은데 유 대리는 어떻게 생각해?"

"저도 나쁜 의도가 아니었다는 것은 알아요. 다른 부서의 사람이 왔는데 너무 무례한 행동이 아닌가 하는 생각이 들어 갑자가 속상한 마음이 들어서 그랬나 봐요. 김 대리 미안해요."

"내가 생각하기에는 서로를 아끼는 마음이 대단한 것 같은데 그 마음이 어떤 것인지 서로 이야기를 좀 해볼 필요가 있는 것 같아요. 김 대리가 유 대리를 칭찬을 하고 싶거든 순수한 마음에서 자신의 마음을 정확하게 표현해야지 다른 사람을 빗대서 그렇게 이야기하면 두 사람의 오해만 살뿐이잖아요. 안 그래요, 김 대리? 우리나라 사람들은 상대방을 칭찬하는데 참 익숙하지 못하지 못하다고 생각해요. 그것에 대해서 어떻게 생각해 두 사람?"

"제가 약간 짓궂은 면이 있었던 건 사실이에요. 앞으로 유 대리와 진지하게 이야기를 해 보겠습니다. 그리고 황 과장에게 무례했다면 사과해야죠."

"저도 사실 사람을 칭찬하고 또 칭찬을 받는데 참 익숙하지 못하다고 생각합니다. 칭찬에도 스킬이 있다고 하는데 팀장님 칭찬기법에 대해서 알고 계시는 것이 있으면 좀 알려주세요.

"기법보다는 솔직한 자신의 마음을 진지하게 표현하는 것이 가장 좋은 방법이기는 하지만 그래도 굳이 정리를 하면 칭찬기법 8가지가 있어. 두 사람 다 한번 익혀보도록 하세요."

■칭찬의 8가지 기법

① 대담 찬사법 : 대담하게 칭찬 "선생님 정말 멋있습니다."
② 단순 찬사법 : 사실 그대로 칭찬 "목소리가 참 좋습니다."
③ 호칭변형 찬사법 : 실제로는 아니지만 그렇게 부르기. "박사님!" "사장님!"
④ 감탄 찬사법 : 감탄사 활용하기. "어쩜!", "역시"
⑤ 반문 찬사법 : 다시 되묻는 형식으로 "아 그렇습니까? 놀랐습니다."
⑥ 비유 찬사법 : 유명인이나 좋은 것에 비유 "고객님의 눈은 호수 같아요."
⑦ 간접 찬사법 : 소문이나 남의 이야기를 인용 "소문이 자자하더군요."
⑧ 소유 찬사법 : 소유물이나 어린아이, 가족관계 "아드님이 정말 똑똑하시더군요."

PART 05

블루스타킹의 산실
숙명여자대학교와 여성 리더십

유혜선의 블루스타킹
Blue

미래의 사무실

어제는 모처럼 부서의 회식이었다. 다음날 아침, 모두들 피곤한 얼굴이었지만 나름대로 밝고 활기찬 모습을 잃지 않고 있었다. 서로 커피를 타주기도 하고, 본부장님이 상자 째로 사 오신 음료수를 마시기도 하면서 가벼운 이야기들을 나누고 있었다.

"어제 우리 왕 팀장님 끝내주지 않았냐?"

"간드러지게 부르던 박진영의 Hunny!와 현란하게 돌아가던 허리 봤어?"

"노래면 노래, 춤이면 춤, 게다가 일하는 것까지, 정말 멋진 팀장이야."

"일 잘하지. 책임감 강하지. 파워 넘치지. 한 미모 하는데다 직원들을 챙기는 누나 같은 모습은 어떻고. 역시 우리 부서의 여왕이시라니까."

왕 팀장에 대한 직원들의 신뢰는 대단했다. 그런데 어쩐 일인지 왕 팀장은 출근시간이 한참 지났는데도 출근하지 않고 있었다. 입사 이래 단 한 번도 결근은커녕 지각조차 하지 않던 사람이었다. 직원들은 걱정이 되기 시작했다.

"어제 무리를 하시는 것 같더니, 혹시 오늘 아직도 주무시는 거 아닐까?"

왕 팀장이 출근한 것은 점심시간이 다 되어서였다. 걱정과는 달리 업무가 있어 조금

늦은 터였다.

"아침에 회사 팀장들 조찬미팅에 참석하고, 바로 외국 출장가시는 사장님께 이번 주에 끝내야 할 업무에 대한 결재건 해결하고, 공항까지 모셔다 드리고 오는 길입니다."

회식이 새벽 2시에 끝났는데, 조찬 미팅에 인천공항까지 갔다 왔다면 잠을 한 숨도 못 잤다는 얘기다. 아니나 다를까 집에 가서 씻고 조금 눈 붙이다가 바로 조찬모임에 참석했다는 것이다. 왕 팀장의 보고를 전해들은 직원들은 놀라 혀를 내둘렀다. 갑자기 그녀가 슈퍼우먼으로 보였다.

본부장님은 왕 팀장과 콩나물해장국집에서 점심을 먹었다. 그리고 한잠도 못잔 왕 팀장을 집으로 보냈다. 오늘 하루는 푹 쉬라는 본부장님의 특별배려였다.

갑자기 여유시간이 생긴 왕 팀장은 걱정이 앞섰다. 오늘 하루 무얼 하면서 알뜰하게 보낼까? 그때 문득 떠오른 사람이 시어머니였다. 직장생활 하는 며느리 때문에 살림을 도맡고 계신 늙은 시어머니를 모시고 찜질방으로 갔다. 모처럼 찜질방 바닥에 편안하게 누워 고부간의 이야기로 꽃을 피웠다. 늙은이가 무슨 마사지냐고 손사래를 치는 시어머니를 애교로 보채, 때 아닌 호사도 함께 누렸다. 뜨거운 찜질방에서 땀을 쏟고 나니 피로가 풀리면서 몸이 개운했다.

저녁엔 간만에 아이들과 저녁을 먹었다. 엄마와의 식사가 즐거운지 연신 싱글벙글거리는 아이들과 전화기 앞에 모여 앉았다. 유럽에 장기출장 중인 남편과의 화상통화를 주고받았다. 다음 달에나 일이 끝날 거라며, 조금만 기다리라는 남편. 아버지가 돌아온다는 말에 철부지 아이들은 선물타령을 늘어놓는다. 남편은 대학연합 동아리에서 만났다. 길고 긴 10년간의 연애 끝에 결혼했다. 남편이라기보단 오랜 친구 같다. 서로 바람피우지 말라며 장난스러운 대화를 주고받다가 전화를 끊었다.

잠자리에 들기 전 회사 ERP시스템에 접속했다. 김 과장과 박 대리의 급한 결재가 올라와 있었다. 검토 후 박 대리 건은 바로 결재를 하고 김 과장 건은 몇 가지 새로운 아이디어를 제시하면서 내일 다시 보자는 메시지를 남겼다.

신입사원 김수진 씨는 내일 업무교육 때문에 대전으로 간다는 메일을 보내왔다. 성실한 이 대리는 홍콩으로 출장을 간다며 일주일 후에 뵙겠다는 인사 메일을 남겼다. 다른 메일 몇 건에 대한 회신도 간략하게 마쳤다. 급하게 처리할 일들을 대충 정리한 다음 잠자리에 든다.

늘 그렇듯 본부장의 출근이 가장 빠르다. 왕 팀장은 커피 두 잔을 뽑아 본부장과 간단한 아침 인사를 나눈다. 귀염둥이 막내 미스 김이 커피를 뽑아들고 아침인사를 한다. 유달리 밝은 얼굴의 미스 김. 이번 분기 평가에서 우리 팀이 1등을 해서, 전원에게 해외연수의 기회가 주어졌다는 반가운 소식을 전한다. 팀 해외연수에 대한 구체적인 계획을 짜서 인력개발팀에 올려야 한다며 환히 웃는 그 미소가 귀엽다. 막 사무실에 들어서던 직원들이 그 말을 듣고 환호한다.

아이가 둘씩이나 되는 덩치 큰 김 과장이 왕 팀장에게 덥석 안기면서 '팀장님 만세!'를 외친다.

블루스타킹과 숙명 리더십

미래에 바람직한 사무실의 한 장면을 그려보았다.

시나리오의 주인공인 왕다정 팀장은 숙명여대를 우수한 성적으로 졸업한 재원으로서, 교내 리더십그룹 활동과 교외 봉사활동에 적극 참여한 학생이었다. 대학 2학년을 마친 후에는 학교의 글로벌화 밀레니엄장학금 지원프로그램에 선발되어, 동기 2명과 함께 미국으로 해외문화탐방을 다녀오기도 했다. 또 1년간의 어학연수와 유럽으로 혼자 배낭여행을 다녀올 정도로 당차고 야무지게 자신의 미래를 준비했던 학생이었다.

그동안의 여행과 어학연수 실력은 국내에서 통역아르바이트와 외국기업체 인턴으로 일하는 발판이 되었다. 4년 동안 학비를 직접 벌어서 학교를 다닌 것은 물론이고 여행 중에 다녔던 오지의 학생들에게 작지만 스폰서 역할을 하며 따뜻하게 세계의 눈을 키워온 글로벌 인재였다.

우리의 모든 삶은 남녀가 공존하면서 그들의 각각 역할에 충실한 그런 모습으로 살아간다.

왕다정 팀장은 시대 흐름에 맞는 합리적이고 바람직한 교육을 통해 개인과 조직의 삶 속에서 올바른 자기역할에 최선을 다하며 진정한 리더십을 발휘하면서 살아가는 사람이다. 치열한 경쟁의 삶 속에서도 매사에 긍정적인 에너지와 섬김의 자세로 다정다감하게 주변 사람들에게 영향력을 미치며 살아갈 줄 아는 사람이다.

어떤 역할이 맡겨져도 주저하지 않고 자신 있게 수행해 나갈 수 있으며, 또한 어떤 어려움이나 장애가 있어도 원칙에 의해 편견이나 진실의 왜곡 없이 최선의 노력과 성실로 헤쳐 나갈 수 있는 그런 사람이다.

현재 우리 사회는 수많은 학생들이 대학을 졸업하고도 조직과 사회에 적응을 제대로 못하여 주변을 배회하면서, 다시금 새롭게 사회를 배워야하는 안타까운 현실이 매년 반복되고 있다. 대부분의 학생들이 급변하는 시대 요구와 이를 경쟁으로만 몰아붙이는 사회에 의하여 스스로의 목표나 방향에 관계없이 무분별하게 길들여지고 있기 때문이다.

　그러면 어떻게 우리 시대와 사회를 선도할 수 있는 진정한 인재를 배출해 낼 수 있을까? 이에 대한 근본적인 해결책으로 리더십교육을 제시하며 우리나라 대학교육에 새로운 혁신을 일으키고 있는 숙명여자대학교의 사례를 소개하고자 한다.

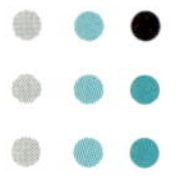

숙명 리더십이란?

1. 여성 리더십의 필요성

21세기는 여성인력의 양성과 활용이 국가 경쟁력을 결정한다.

세계 10위권 안으로 진입하여 당당한 선진국이 되기 위해서는 여성인력의 활용을 획기적으로 높여야 한다는 맥킨지의 연구보고가 있으며, 전체 인구의 50퍼센트를 차지하는 여성의 능력을 제대로 활용하지 않는 나라는 결코 성공할 수 없다는데 많은 나라들이 인식을 같이 하고 있다.

우리 정부 또한 국가경쟁력의 새로운 원천으로서 '여성인력'의 적극적인 활용에 대한 필요성을 절감하고 2001년 여성부를 신설, 여성 참여와 활동 강화를 위한 여성정책을 활발히 추진하고 있다. 하지만 지금까지 우리나라 여성의 전반적인 경제활동 참여율은 물론 특히 고급여성 인력에 대한 저활용 문제는 심각한 형편이다.

이처럼 최근 여성인력 활용에 대한 시대적 요구가 날로 커지며, 여성 리더십 교육에 대한 요구 또한 증대되고 있으나, 이에 대한 기반은 매우 취약한 실정이다.

따라서 향후 '여성 리더 육성과 리더십 교육'은 여성의 역할 증대 및 사회참여 확대 경향, 그리고 여성적 리더십 필요에 따른 사회적 수요를 충족시킬 수 있는 대안이자 과제라 할 수 있다.

숙명여자대학교는 1994년 제13대 이경숙 총장의 취임을 계기로 명실상부한 세계 최고의 여성 리더십 교육 산실로 자리매김하고 있다.

이경숙 총장은 제 13대 총장 취임 초기인 1995년 2월, 20세기 '재가처세在家處世'의 교시校是를 위주로 현모양처 육성에 치우쳤던 당시 학교의 발전 방향에 대한 구성원들의 자성 및 변화요구를 반영하고, 21세기 여성의 사회 진출이 적극 요구되는 시대 흐름에 부응하고자 숙명의 '제2창학'을 선언하게 되었다.

'제2창학' 선언을 통하여 '시대를 선도하며 밝은 미래를 열어갈 세계적인 여성 리더' 양성이라는 대학의 뚜렷한 비전과 목표를 세웠고, 이는 숙명여대의 새로운 도약과 여성 리더 교육발전의 획기적인 전환점이 되었던 것이다.

2. 세상을 바꾸는 부드러운 힘

산업사회에서 정보화, 지식기반, 문화적 다원화 사회로 전환되면서 부드러움과 화합, 섬김 정신과 신뢰가 바탕이 되는 새로운 리더십 역량과 성품에 기반을 둔 리더십이 절실히 요구되고 있는 실정이다. 이것은 또한 21세기에 들어서면서 등장한 학계의 화두 중의 하나인 '섬김 리더십'의 문제를 반영하기도 한다.

숙명여대는 '세상을 바꾸는 부드러운 힘Gentle Power To Change The World'이라는 슬로건의 지속적인 홍보를 통하여 '섬김 리더의 요람, 숙명여대'라는 이미지를 더욱 확고하게 만들었다. 이는 또한 여성 친화적 세기인 21세기에 맞는 여성의 섬세한 감성, 개성을 존중하며 조화를 이끌어내는 상생의 능력, 섬김 정신 등에 바탕을 둔 새로운 리더십에 대한 우리 시대의 필요성을 꿰뚫어 통찰한 이경숙 총장의 혜안과 탁월한 리더십이 있었기에 가능한 것이었다.

100년 숙명여대, '섬김 리더십'으로 세상을 바꿉니다

전통적 리더십은 지위에 의해 결정됩니다. 수직적으로 명령하고 지시하고 군림하는 리더십이죠. 그런 리더십은 실패합니다. 산업화시대에는 맞았는지 모르지만 지식정보화사회에서는 마음을 움직여야 사람을 이끌 수가 있어요. 마음을 움직이려면 배려하고 존중하고 동기를 부여하고 잠재력을 키워주는 쪽으로 마음을 전달해야 합니다. 강권적으로는 마음이 움직이지 않아요.

섬김 리더십이 뒷바라지나 하는 리더십은 아닙니다. 사람들에게 감동을 주고 마음을 움직여 영향력을 발휘하게 하는 리더십이죠. 그 바탕은 사랑, 희생, 봉사, 헌신입니다. 힘 있는 사람이라고 해서 감동하진 않거든요. 섬김 리더십을 갖춘 사람이 늘어날수록 나라가 행복해진다고 생각합니다. 여성의 리더십은 섬세하게 남을 포용하고 돕는 모성애적 리더십이기 때문에 21세기형입니다. 우리 사회에는 대접만 받으려고 하지, 남을 대접하려는 리더십이 없어요. 뭐가 잘못되면 남의 탓이라고 하고, 내 탓으로 생각하지 않죠. 자기는 개혁하지 않으면서 남한테만 개혁하라고 하니 되겠습니까. 그런데 여성의 리더십은 솔선수범해 자기가 일을 한 다음에 남을 관리하는 것입니다. 잘못되면 자기가 책임을 지고 남의 잘못에 대해서는 이해하는 리더십이지요.

(신동아, 2006. 4)

3.숙명 리더십이란?

'세계 최고의 리더십대학'을 지향하는 숙명여대는 '숙명 리더십SM Leadership'을 갖춘 여성 리더를 양성하고 세계 최고의 리더십대학이 된다는 비전을 세우고 있다. 숙명 리더십이란 창조적 지식, 미래형 기술, 봉사적 성품, 건강한 심신을 기반으로 하는 리더십이다. 숙명여대는 이를 21세기 리더십의 표준모형으로 발전시키고 이와 관련된 교육·연구·훈련 프로그램에 대한 표준화 및 매뉴얼 화를 실시하고 있다.

그동안 숙명여대는 '세상을 바꾸는 부드러운 힘'이라는 이미지를 바탕으로, 아래 [그림1]과 같은 '숙명 리더십'을 개발 실천함으로써, 리더십 관련 연구·교육의 선도적인 대학이 되었다.

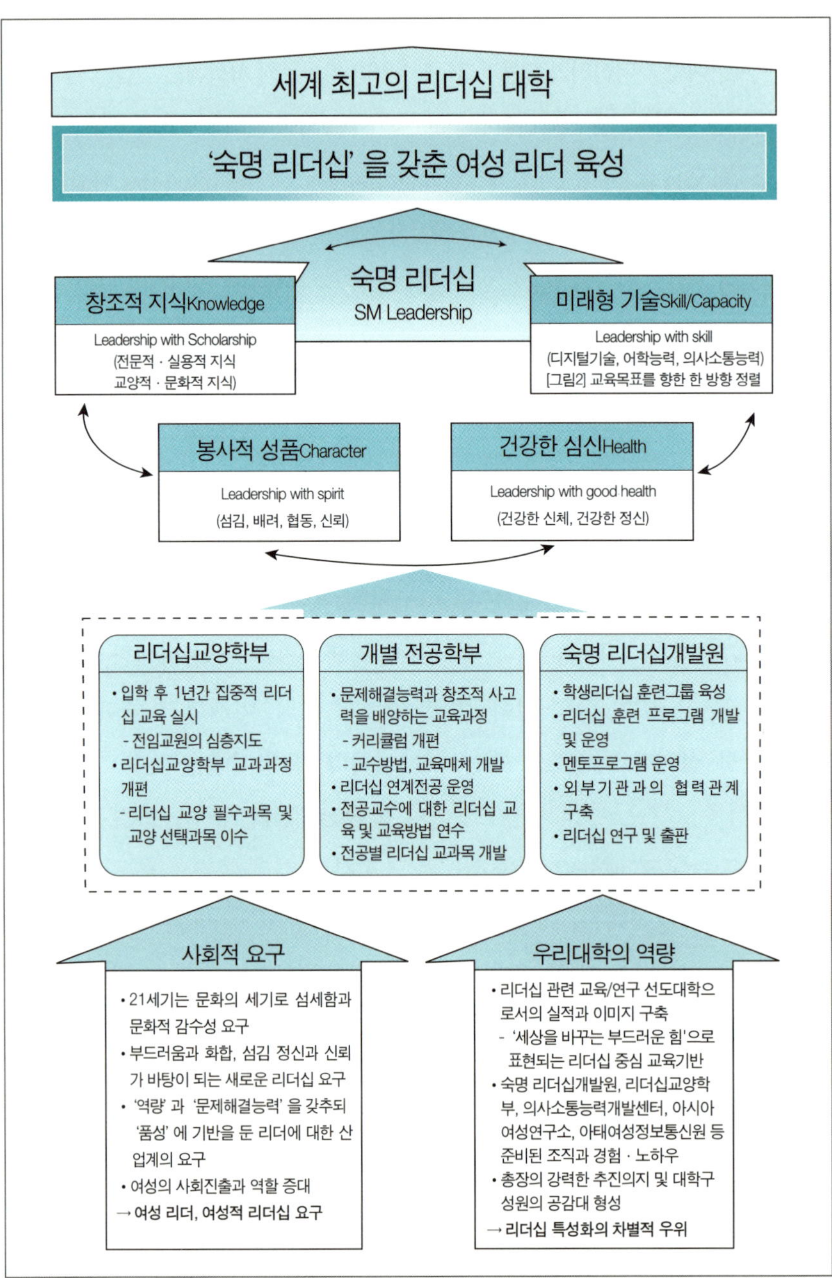

[그림 1] '숙명 리더십SM Leadership' 의 체계

숙명 리더십 교육 시스템의 실제

1. 숙명여대 여성 리더십 계발시스템

숙명여대의 여성 리더십 계발 교육 및 연구는 21세기 여자대학교의 새로운 정체성 확보와 양성평등이 급격하게 실현되고 있는 현 시대의 여자대학의 기능에 대한 새로운 변화 요구를 적극 반영하고 있다. 즉, 남성=사회적 역할=리더라는 강한 인식 속에 교육받고 있는 남녀공학의 한계를 넘어, 여자대학은 사회를 이끌어나갈 여성 리더를 양성해야 하는 임무를 부여받고

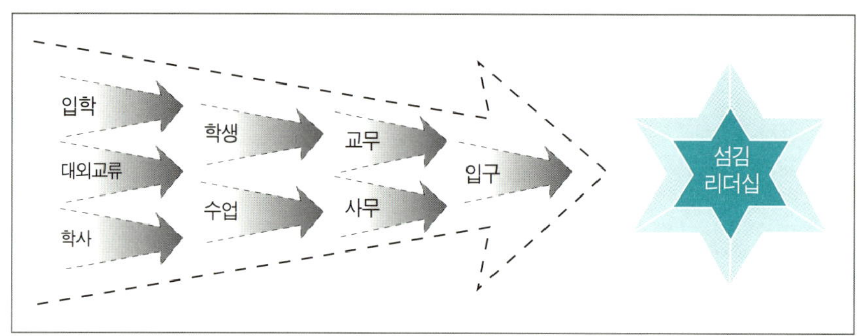

[그림 2] 교육목표를 향한 한 방향 정렬

있으며, 이에 숙명여대의 리더십 계발 시스템은 한국 사회 내 여자대학의 기능을 혁신하는 역할을 할 것이다.

또한 여성 리더의 중요성에 대한 사회적 인식변화가 실제로 여성 리더의 양성·육성으로 이어지지 않고 있는 현실에서, 숙명여대의 '여성 리더 육성 프로그램'은 여성 리더십 교육 인프라 구축의 토대를 마련하고 있다.

이러한 숙명여대의 리더십 계발 교육 시스템은 신자유주의 사조 아래 자신의 이해확대만을 위한 이기적 존재가 아니라, 자신이 속한 집단과 조직의 공동의 목표와 다른 구성원을 위해 섬기는 실천적 지식인을 양성하게 될 것이다.

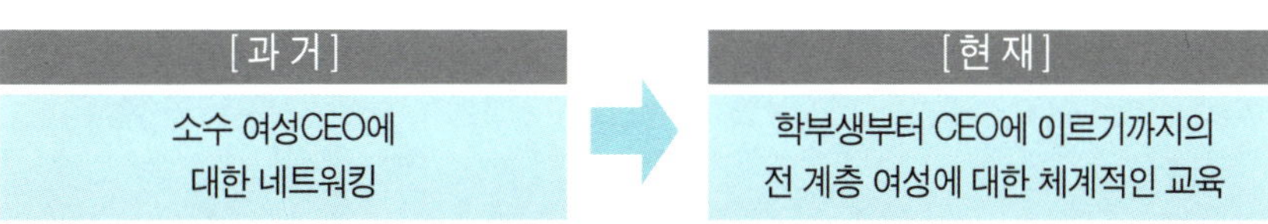

[그림 3] 여성 리더십 교육 패러다임 변화

숙명여대는 리더십 계발 교육 시스템을 통하여 역량과 품성을 골고루 갖춘 여성 리더를 양성하는 한편 부드러움과 조화, 섬김의 정신이 강조되는 리더십 문화를 대외적으로 확산하고자 한다. 이를 위하여 혁신적인 대학교육시스템 구축과 지속적 교육 시스템 개혁을 통해 숙명여대 재학생들을 역량과 품성을 겸비한 21세기형 여성 리더로 육성하여 국가와 사회발전에 기여하게 하며, 더 나아가 사회 전반에 새로운 리더십 문화를 확산시키고, 궁극적으로 세계 최고의 리더십대학을 구현하고자 한다. 숙명여대의 리더십 교육은 한국 사회에 리더십 일반, 혹은 여성 리더십에 대한 관심을 제고하고 있다.

섬김과 긍정적 사고를 배양하는 숙명여대의 리더십 프로그램 확산은 한국 사회가 현재 경험하고 있는 이분법적이고 대립주의적인 가치관, 즉 부정적Negative 가치관에서 벗어나 긍정적 가치관으로 전환하는 데 기여할 것으로 기대된다.

2. 숙명여대 여성 리더십 교육 시스템의 실제

- 리더십 기초역량 강화를 위한 리더십 교양과정 개편 및 육성(리더십교양학부)
- 문제해결능력과 창조적 사고력 배양을 위한 전공 교육과정(교수방법 포함) 지속적 개편
- 대학구성원의 리더십 함양을 위한 리더십 훈련 프로그램 개발 및 운영 확대
- 리더십 관련 연구 및 세미나 활성화
- 외부인(기관) 대상 리더십 교육·훈련 프로그램 개발 및 운영 확대

1〉리더십 교양교육과정 개편

숙명여대는 리더십 특성화의 핵심과제라고 할 수 있는 리더십 교육과정을 리더십 기초 자질 교육을 위한 교양교육 과정과 문제해결 능력 및 창조적 사고력을 키워줄 수 있는 전공교육과정으로 대대적인 개편을 단행하였다.

즉, 리더십 교육을 강화하는 방향으로 리더십 교양교육과정을 개편, 일정 수의 리더십 교과목을 교양필수로 지정하였고, 4개의 리더십교양 선택영역(① 자기 확신 능력 ② 커뮤니케이션 능력 ③ 창조적 혁신능력 ④ 임파워먼트 능력)을 신설하여, 각 영역별로 반드시 한 과목 이상을 이수하도록 제도화하였다.

또한 주제나 이슈별로 핵심내용을 축약하여 강의하는 다수의 특강강좌를 개설하여 학생들이 이러한 특강강좌 중 일정 수 이상을 선택 이수할 경우 학점을 부여하는 카페테리아 형 리더십 교양과목도 개발하여 시행중에 있다.

이처럼 여성리더 육성을 위한 리더십 교육의 전면적인 추진을 위하여 숙명여대는 국내 대학 최초로 리더십 교양학부를 신설, 전담교원을 선발하고 있으며 각 전공별 교수인원 가운데 일부를 선발하여 파견(겸직)하게 함으로써 리더십교양 교육과정의 내실화를 도모하고 있다.

2〉전공교육과정 개편

리더십 교육을 위한 전공교육과정 개편은 학생들에게 문제해결능력과 창조적 사고력을 키워주는 것을 주요 목적으로, 커리큘럼 개편, 교수방법 개발, 교육매체 개발 등 전공교육 전반에 대한 혁신적인 변화를 포함하고 있다.

숙명여대는 2005년 전공교육과정 개편을 위한 기초연구 수행을 토대로 2006년부터 2008년까지 3년간에 걸쳐 본격적인 개편작업을 추진하였다. 이를 통하여 커리큘럼 개편의 기본 방향을 사회적 수요를 반영한 교과목 개설, 전공별 리더십 역량을 강화할 수 있는 교과목 개발, 그리고 문제해결 위주의 학습(PBL: Problem-Based Learning)방법을 도입하여 리더십 교육과 전공교과와의 유기적인 연계를 강화하고 있다.

또한 교수들에게 리더십교육 및 교수법 개발 워크숍 이수를 의무화하고, 다양한 인센티브 부여를 통해 PBL 교육방법 도입을 적극 권장함으로써, 리더십교육을 위한 교수 및 추진체제를 공고히 구축하고 있다.

3〉 구성원 대상 리더십 훈련 프로그램 운영

숙명여대는 전교적인 리더십교육 구현 및 실천을 위하여 학부 및 대학원생, 교수 및 직원들을 대상으로 다양한 비정규 교육프로그램 운영하고 있다.

즉, 학생들의 리더십 훈련을 강화하기 위하여 리더십 워크숍, 리더십 주간, 전공별 리더십 연구회 등을 활성화하고 있으며, 장학금 수혜자 학생에게는 사회봉사를 의무화하여 실천적 리더십을 배양하고 있다.

교육의 주체인 교수들은 가장 직접적인 학생들의 리더십 교육의 표본이 되고, 성공적인 리더십 교육을 위해서는 교수들에 대한 리더십 교육이 무엇보다 중요하다는 인식아래, 전체 교수를 대상으로 다양한 리더십 교육 및 워크숍, 해외 리더십연수 등을 확대 실시하고 있다.

뿐만 아니라, 행정시스템을 운영하는 직원들에 대해서도 리더십 교육?연수 프로그램을 추진하여 명실상부한 세계 최고의 리더십 대학으로서의 기반을 구축해 나가고 있다.

4〉 리더십 연구 및 세미나 활성화

2005년 6월 숙명여대는 리더십 전문학술지인『숙명 리더십연구』를 발간하여 리더십교육의 메카로서 학문적 기반을 구축하고 있으며, 새로운 리더십 개념의 정립 및 국내외 확산을 위한 학술활동과 세미나를 지속적으로 개최하고 있다.

또한 교내연구비 지원을 통해 리더십 관련 서적 출판 활성화하고, 전공별로 해당영역의 리더를 연구하고 분석하여 전공별 리더시리즈를 출간하고 있다.

금년 2006년에 창학 100주년 기념 세계 리더십 컨퍼런스Global Leadership Conference를 개최하기도 하였다.

5〉 대외 리더십 훈련 프로그램 개발 및 운영

숙명 리더십의 대외적인 확산을 위해 숙명 리더십개발원이 주축이 되어 교외인사를 대상으로 하는 각종 리더십 훈련 프로그램을 개발하여 운영하고 있다.

가정 리더십 교육 프로그램, 교원연수 리더십 프로그램, 어머니 리더십 프로그램, 어린이 리더십 프로그램, 중고생 리더십 프로그램, 공공기관 및 기업체 등에 대한 직종 및 연령별 맞춤형 리더십 훈련 프로그램을 개발 운영하고 있다.

나아가 장기적으로는 리더십 교육수요자의 특성을 고려한 계층별, 영역별 리더십 교육 표준모델을 개발하고 매뉴얼 화하여 보급하고, 리더십 훈련의 효과성 및 접근성을 높이기 위해 리더가 갖추어야 할 덕목과 자질을 습득하도록 하는 관련 소프트웨어 개발도 계획하고 있다.

3. 숙명여대 리더십교육의 주요 실행조직

숙명여대 여성 리더십 계발과 교육을 위한 주요 운영 및 실행조직은 다음과 같다.

1〉 숙명 리더십개발원

숙명여대 리더십 특성화 교육목표의 효과적인 추진을 위해 총장 직할부서로 설치된 기구로서 리더십교양학부의 업무를 지원하는 한편, 리더십연구 및 전문학술지 발간, 내부 구성원 대상 리더십 교육 및 훈련, 외부인 대상 리더십 교육 프로그램 개발 및 진행, 외부 리더십 기관과의 협력관계 구축, 리더십 세미나 및 학술대회 개최 등을 추진하는 핵심조직이다.

2〉 리더십교양학부

신입생들이 1년간 소속되어 리더십 기초역량 강화 교육을 받게 되는 리더십교양학부는 리더십 교양교과목(필수 및 선택)의 개발 및 운영을 담당하고 있다.

3) 의사소통능력개발센터

리더십교양학부에서 리더십 기본 소양 교육을 담당하는 조직으로 글쓰기와 읽기, 발표와 토론, 언어와 논리, 비판과 설득 등 리더의 기본소양인 의사소통능력 계발을 위한 교과목을 개발하고 운영하며, 토론대회 주관 및 의사소통능력 개발 연구도 담당하고 있다.

4〉 교수학습센터

전공교육과정에의 PBL 강의방식 도입을 지원하는 조직으로 PBL 강의방식에 대한 연구를 수행하고, 교수들을 대상으로 PBL 도입을 지원하기 위한 워크숍 등을 실시하고 있다.

5〉 사회봉사실

숙명리더가 갖추어야 할 중요한 덕목 중의 하나는 섬김과 봉사인바, 사회봉사실은 이러한 봉사적 성품을 훈련하기 위한 사회봉사 교과목 및 프로그램 개발과 운영을 담당하며, 외부 봉사기관과의 협력관계를 폭넓게 구축하고 있다.

빛을 꿈꾸는 희망제작소

숙명여자대학교는 지난 1994년 이경숙 총장의 취임을 계기로 '제2창학' 운동을 선언하고, '섬김 리더십'을 학교운영 전반에 구현해왔다. 이경숙 총장은 숙명의 인재들을 각 분야의 우수한 리더로 키우면, 학교의 위상이 높아지고 사회가 달라지며 국가의 미래도 바꿀 수 있다고 생각했다. 그래서 100년 전통 민족의 여성사학인 숙명여대를 21세기 여성 리더십의 산실로 특화시키고, 2020년까지 대한민국 지도자의 10퍼센트를 숙명여대에서 배출한다는 구체적인 발전목표를 제시했다.

'제2창학'을 계기로 숙명여대는 '세계 최고의 리더십대학'이라는 뚜렷한 비전과 목표를 세우게 되었다. 이를 구현하려는 구성원들의 노력은 1996년부터 2001년까지 5차례의 교육개혁추진 우수대학 선정, 1997년 제1주기 및 2005년 제2주기 대학종합평가에서의 최우수대학 인정, 1999년부터 2001년까지 국가고객만족도NCSI 조사에서 대학 부문 3년 연속 1위 선정 등의 성과로 나타나기 시작했다.

2000년 2월에는 국내 대학 최초로 교육행정서비스 전 부문에서 국제품

질경영시스템ISO 9001인증을 받았으며, 2001년 국내 최초 원격대학원 설립과 2002년에는 국내 최초 유네스코선정 아태지역 여성정보화 주관대학이 되었다. 그리고 본격적인 대학구성원의 리더십개발 및 훈련을 위해 숙명 리더십센터를 설립하였고, 2004년에는 이를 '숙명 리더십개발원'으로 확대 개원하여 명실상부한 여성 리더십교육의 산실로 자리매김하였다.

2003년에는 제2창학 캠퍼스의 상징인 르네상스 플라자가 완공되었다. 이곳은 국내 최초 국제환경경영시스템ISO 14001인증을 받았다.

2004년과 2005년에는 지속적인 리더십 교육 시스템 구축과 혁신 추진으로 교육부로부터 대학특성화지원사업 우수대학에 연속 선정되었으며, 2005년에는 과학기술부 신규 우수연구센터SRC 선정되는 등 숙명은 눈부신 발전을 거듭하였다.

이처럼 숙명여대는 시대를 통찰하는 지장智將이자 따뜻한 어머니 같은 덕장德將, 이경숙 총장의 '부드러운 여성 리더십'을 통하여 민족 100년의 전통을 넘어 1,000년의 빛을 꿈꾸는 미래 민족여성의 희망제작소로 발전하고 있다.

▶ 여성 리더 육성의 특성화 과업을 집중 수행하고자 합니다. 우리 학생들을 각 분야의 우수한 여성 리더로 키우면 학교의 위상이 높아지고 사회가 달라지며 국가의 미래도 바꿀 수 있습니다. 이러한 사명으로 우리 대학은 21세기 여성 리더십의 산실을 만들 것입니다.

2004년 신년사 중에서, 2004. 1. 2

▶ 대한민국 10%의 리더 양성의 비전을 가지고 '리더십계발을 위한 新대학교육시스템 구축'에 최선을 다하고 있는 우리 대학은, 이를 특성화사업으로 확대하는 데 주력할 계획입니다. 리더십 함양이 학생들에게 필요할 뿐만 아니라 구성원 역량 증대에 큰 영향을 미치는 만큼 리더십 프로그램의 질적 향상은 물론 리더십 문화 확산에 많은 노력을 기울일 것입니다.

2005년 신년사 중에서, 2005. 1. 2

▶ 숙명은 '세계적인 리더십 중심대학'이 되겠습니다. 창조적 지식과 미래형 기술, 봉사적 성품과 건강한 심신을 근간으로 하는 숙명 리더십이 21세기 리더십의 표준이 되도록 교육과 연구 및 봉사에 최선을 다하고자 합니다.

창학 100주년 기념사 중에서, 2006. 5. 22

▶ 세계적 리더십 중심대학으로 거듭날 것. 숙명여대의 미래는 시대 사명에 맞는 세계적 여성 지도자를 키우는 데 달려 있습니다. '21세기형 리더십 교육'에 많은 투자를 할 계획입니다. 특히 21세기에는 섬기는 리더십이 필요합니다. 다른 나라로부터 존경받고 사랑받는 리더를 길러낼 계획입니다.

「조선일보」 인터뷰 기사, 2006. 5. 22

숙명여대, 리더십 강좌 대폭 늘려

숙명여대에선 10년째 공사가 끊이지 않고 있다. 1995년 '제2창학創學'을 선포하면서부터다. 외양뿐이 아니다. 숙대는 교육 · 행정을 '리더십'이란 키워드에 결집해 대대적인 투자를 하고 있다. 숙대는 조선 황실이 1906년 세운 '명신여학교'의 후신. 이경숙 총장은 "지난 100년간 '최초의 민족여성대학'으로 먹고 살았다면, 다음 100년은 '리더십'으로 간다. 군림하는 남성 리더십이 아니라, 봉사하는 부드러운 여성 리더십"이라고 덧붙였다.

학교는 이에 따라 올해 '리더십 교양학부'를 신설하고 학부 신입생 2200명 전원을 등록시켰다. 전문가 7명을 교수로 영입하고 기업 CEO를 초청, 특강도 연다. 수학통계학부 1학년 한영은 양은 "각 분야의 리더십 사례를 공부하며 졸업 후 내 모습을 현실적으로 그려보게 됐다."고 말했다.

「조선일보」 2005. 4. 14

대한민국 뛰어 넘는 세계 여성 리더 산실로

'2020년까지 대한민국 리더의 10%를 양성한다.' 창학 100주년을 맞은 숙명여대가 추구하는 비전이다. '여성을 넘어 리더로', '대한민국을 넘어 세계로' 등을 제2창학의 이념으로 삼고 있다. 이를 위해 리더십 특화교육, 글로벌화, 학문 간 융합화를 전략으로 리더십 연구를 강화하고 있다. 또 학교의 유비쿼터스 화를 통해 정보화 교육 터전을 강화하고 있다.

리더십 특화교육을 위해 입학과 동시에 리더십 교양학부를 통해 리더십의 기초역량을 키운다. 이어 전공별 리더십 함양을 위한 교과과정과 리더십 연계 전공 등이 마련되어 있다.

「동아일보」 2006. 5. 3

현모양처의 학교서 글로벌 리더 사관학교로

숙명여대는 리더십의 정의부터 바꾸고 있다. 수직적인 리더십을 지양하고 상대방을 배려하고 존중하는 '섬기는 리더십'을 표방하고 있다.

… 리더십 주간도 숙명여대만의 독특한 제도. 이 학교 학생들은 1학기 중간고사가 끝나면 정규 수업을 받는 대신 각 과별로 리더십과 관련된 체험을 한다.

… 리더십에 봉사를 빼놓을 수 없다. 숙명여대는 학생의 48%가 장학금을 받는데 한 학기에 15시간 봉사활동을 해야 한다는 조건이 있다.

… 리더십을 기르기 위해서는 의사소통 능력이 중요하다. 이를 위해 말하고 글 쓰는 능력을 집중적으로 가르치고 있다. 모든 숙명여대생들은 1학년 때 읽기, 쓰기, 발표, 토론을 필수적으로 해야 한다.

… 이어령 전 문화부 장관은 "숙명여대생들이 토론하는 걸 보니 TV심야토론보다 우수하다."고 칭찬했다.

「주간 조선」 2006. 5. 22. 10-12쪽

[그림 4] 숙명여대 리더십 관련 기사 사례

참고문헌

1. 『서번트 리더십』 김광수 역 · 제임스 C 헌터 저(2000), 시대의 창

2. 『섬김의 리더십-실천사례 : 숙명여자대학교』 이경숙(2005), 숙명 리더
   십연구(제1집) 숙명 리더십개발원

3. 『세상을 바꾸는 부드러운 힘』 이경숙 · 강형철 · 조병남 저(2004), 숙
   명여대 출판국

4. 숙명 리더십개발원 홈페이지(http://leadership.sookmyung.ac.kr)

5. 숙명여자대학교 전략기획팀 홈페이지(www.sookmyung.ac.kr)

차세대 여성 리더들에게

산업사회에서 정보화, 지식기반, 문화적 다원화 사회로 전환되면서 부드러움과 화합, 섬김 정신과 신뢰가 바탕이 되는 역량과 품성에 기반을 둔 새로운 리더십이 절실히 요구되고 있다.

올해 창학 100주년을 맞이한 숙명여자대학교는 '세상을 바꾸는 부드러운 힘Gentle Power To Change The World' 이라는 슬로건을 필두로, 시대가 요구하는 섬기는 여성 리더 육성, 세계적인 여성 리더십 교육의 메카이자 실천의 산실로 새로운 천년을 향해 거듭나고 있다.

이러한 숙명여대의 시대를 선도하는 여성 교육과 리더십에 대한 확고한 접목은 국가경쟁력의 새로운 원천으로 대두되고 있는 여성 인력에 대한 활용과 상생의 능력, 섬김 정신 등에 바탕을 둔 새로운 리더십에 대한 시대의 필요성을 꿰뚫어 통찰한 이경숙 총장의 혜안과 탁월한 리더십이 있었기에 가능한 것이었다.

숙명여대는 현재 전면적인 리더십 계발 교육 시스템개발과 운영을 통하여, 재학생들을 역량과 품성을 겸비한 21세기형 여성 리더로 육성 국가사회 발전에 기여하게 하고, 더 나아가 사회 전반에 새로운 리더십 문화를 확산시킴으로써 세계 최고의 리더십 대학을 구현해 나가고 있다.

이러한 숙명여대의 여성 리더 육성과 리더십 교육구현은 한국 사회에 리더십에 대한 일반적인 관심은 물론 여성 리더십에 대한 관심을 크게 제고하고 있다.

이즈음에 이 책은 여성과 리더십에 대한 보다 깊이 있는 사고를 새롭고 명쾌한 시각으로 해박하게 담고 있어, 리더로서의 내일을 꿈꾸며 준비하고 있는 이 시대 수많은 역량 있는 여성들과 차세대 여성 리더들에게 많은 실질적인 도움이 될 것으로 기대한다.

정 기 은